Wissenschaftliche Beiträge aus dem Tectum Verlag

Reihe Rechtswissenschaft

Wissenschaftliche Beiträge
aus dem Tectum Verlag

Reihe Rechtswissenschaft
Band 178

Cedric Vornholt

Baumschutzrecht

Rechtliche Instrumente und Spannungsverhältnisse

Tectum Verlag

Nomos

Cedric Vornholt
Baumschutzrecht
Rechtliche Instrumente und Spannungsverhältnisse

Wissenschaftliche Beiträge aus dem Tectum Verlag
Reihe: Rechtswissenschaft; Bd. 178

Zugl. Diss. Philipps-Universität Marburg 2022

Eingereicht unter dem Originaltitel „Baumschutzrecht: Rechtliche Instrumente und Spannungsverhältnisse“

ISBN 978-3-8288-4762-0
ePDF 978-3-8288-7868-6
ISSN 1861-7875

Gesamtverantwortung für Druck und Herstellung:
Nomos Verlagsgesellschaft mbH & Co. KG
Printed in Germany

Besuchen Sie uns im Internet
www.tectum-verlag.de

Bibliografische Informationen der Deutschen Nationalbibliothek
Die Deutsche Nationalbibliothek verzeichnet diese Publikation in der Deutschen Nationalbibliografie; detaillierte bibliografische Angaben sind im Internet über http://dnb.d-nb.de abrufbar.

Vorwort

Die vorliegende Arbeit wurde von dem Fachbereich Rechtswissenschaften der Philipps-Universität Marburg im Wintersemester 2021/2022 als Dissertation angenommen. Rechtsprechung und Literatur sind bis Oktober 2021 berücksichtigt. Der Stand der untersuchten untergesetzlichen Rechtsquellen ist im jeweiligen Abschnitt angegeben.

Besonders danke ich meiner Doktormutter Prof. Dr. Monika Böhm. Sie hat die Arbeit konstruktiv betreut und mit wichtigen Impulsen und Ratschlägen zu ihrem Gelingen beigetragen. Prof. Dr. Steffen Detterbeck danke ich für die rasche Zweitbegutachtung und seine hilfreichen Anmerkungen. Prof. Dr. Roland Schimmel gilt mein Dank für sein stets offenes Ohr und seine Anregungen.

Den starken Fokus auf die Rechtspraxis verdankt die Arbeit auch der Unterstützung durch verschiedene Institutionen und Kollegen. Hervorzuheben sind das Stadtplanungsamt und die Bauaufsicht sowie das Rechtsamt der Stadt Frankfurt am Main und dort insbesondere Dr. Martin Baumbach, Kerstin Feldmann, Carola Steber sowie Martina Rose-Algari.

Die vielen Berührungspunkte der Arbeit mit botanischen und baumpflegerischen Aspekten verlangten einen regelmäßigen Austausch mit Baumfachleuten diverser Disziplinen. Mein wichtigster Ratgeber war dabei stets mein Vater Peter Vornholt. Ihm verdanke ich nicht nur den Anstoß zu dieser Arbeit. Seine jahrzehntelange Erfahrung und Expertise als Gärtnermeister und Leiter des Bad Homburger Schlossparks sowie anderer historischer Gärten waren unverzichtbar.

Schließlich wäre diese Arbeit ohne den Rückhalt und die Unterstützung meiner Familie undenkbar gewesen. Meine Frau Melanie und meine lieben Kinder Theo und Marlene haben mich stets motiviert und in allen Schaffensphasen unterstützt. Ohne Euch hätte diese Arbeit kein so erfolgreiches Ende genommen.

Wehrheim, im März 2022 Cedric Pierre Vornholt

Inhaltsverzeichnis

Abkürzungsverzeichnis

(Abkürzungen, die nicht bei *Kirchner, Abkürzungsverzeichnis der Rechtssprache, 9. Auflage 2018* aufgeführt sind)

AFJZ	Allgemeine Forst- und Jagd-Zeitung
AFZ	Allgemeine Forstzeitschrift für Waldwirtschaft und Umweltvorsorge
AGIT	Journal für angewandte Geoinformatik
BdB	Bund deutscher Baumschulen e.V.
BfN	Bundesamt für Naturschutz
BSS	Baumschutzsatzung
DGGL	Deutsche Gesellschaft für Gartenkunst und Landschaftskultur e.V.
GALK	Deutsche Gartenamtsleiterkonferenz e.V.
ICOMOS	International Council on Monuments and Sites
LANA	Länderarbeitsgemeinschaft Naturschutz, Landschaftspflege und Erholung
LWF	Bayerische Landesanstalt für Wald und Forstwirtschaft
NuL	Natur und Landschaftsplanung – Zeitschrift für angewandte Ökologie
StGRat	Städte- und Gemeinderat (Verbandsorgan des Städte- und Gemeindebundes Nordrhein-Westfalen)

A. Einleitung

Bäumen kommt in der europäischen Kultur- und Rechtsgeschichte seit der Antike eine besondere Bedeutung zu, die sich im Laufe der Zeit gewandelt hat. In der griechischen, römischen und germanischen Mythologie waren zahlreiche Bäume Göttern geweiht oder galten als Symbol und Lebensstätte von Göttern und mythologischen Wesen wie etwa den Baumnymphen.[1] Das Christentum stand dieser Mystifizierung von Bäumen kritisch gegenüber. Dies zeigt sinnbildlich die Fällung der Donareiche durch Bonifatius, die dem germanischen Donnergott Thor geweiht war. Gleichzeitig besitzen Bäume aber auch nach jüdisch-christlichem Verständnis eine große theologische Symbolkraft, was bereits an der Schöpfungsgeschichte mit dem Lebensbaum und dem Baum der Erkenntnis, dessen verbotene Frucht zur Vertreibung aus dem Paradies führte, deutlich wird.[2] Im Neuen und Alten Testament wird daneben auch von der versorgenden Funktion von Bäumen berichtet. Ölbäume, Feigenbäume oder auch Granatapfelbäume dienten in biblischen Zeiten und weit darüber hinaus als wichtige Nahrungsquelle.[3] Baumfrüchte waren zudem in der Landwirtschaft für die Tiermast jahrhundertelang bedeutsam und seit jeher sind Bäume als Rohstoffquelle für Bauholz und für die Wärmeerzeugung unverzichtbar.

Wegen dieser Bedeutungsfülle von Bäumen sind baumschützende Regelungen in der europäischen Rechtstradition keine Seltenheit. Bereits der corpus iuris civilis regelte mit der actio arborum furtim caesarum nicht nur einen Schadensersatzanspruch des Baumeigentümers, son-

1 Baudy, Baumkult, in: Cancik/Schneider, Der Neue Pauly, Bd. II, Sp. 505; Heizmann, in: LWF, Beiträge zur Esche, 62–69.

2 Gen 2, 9; Zur Symbolik von Bäumen in der Bibel: Böhme, In den Himmel wachsen, 18–58.

3 Dtn 8, 8;24, 20; Num 13, 23; LK 13, 6–9; Mk 11, 12 f.

dern setzte die Baumzerstörung auch mit dem Straßenraub gleich.[4] In mittelalterlichen Rechtsquellen waren bei der widerrechtlichen Beschädigung von Bäumen (Baumfrevel) teils drakonische Strafen wie Verstümmelungen vorgesehen[5] und noch im 19. Jahrhundert drohte bei Baumfrevel im Königreich Sachsen eine Freiheitsstrafe.[6]

Die Motive der rechtlichen Unterschutzstellung von Bäumen sowie die Sanktionen haben sich mittlerweile grundlegend gewandelt. Im Vordergrund steht heute die ökologische Bedeutung der Bäume. Im Umgang mit den Herausforderungen des Klimawandels und den damit verbundenen Umweltauswirkungen kommt den Ökosystemleistungen von Bäumen eine entscheidende Bedeutung zu. Vor allem steigende Temperaturen sowie zunehmende Wetterextreme machen einen vitalen Baumbestand unverzichtbar und lassen Bäume sowie ihre Schutzbedürftigkeit immer mehr in das öffentliche Bewusstsein rücken.

Bäume verbessern die Luftqualität und kühlen ihre Umgebung spürbar ab. Sie schützen zudem vor Bodenerosionen. Eine gute Durchwurzelung erhöht die Wasseraufnahmefähigkeit des Bodens, wodurch Bäume die Folgen der vermehrt auftretenden Starkregenereignisse mildern können. Aus anthropozentrischer Sicht ist ein gesunder und wachsender Baumbestand deswegen ein wesentlicher Baustein zur Schaffung und zum Erhalt einer lebenswerten Umwelt. Daneben sind Bäume wertvolle Habitate und helfen, die Artenvielfalt zu bewahren.

Eine starke Durchgrünung steigert die Lebensqualität in Städten und Wohnquartieren und wertet das Ortsbild auf. Der Schutz des Baumbestands und die Anpflanzung neuer Bäume finden auch deswegen in der Stadtplanung immer größere Berücksichtigung.

Trotz der vielfältigen Vorteile von Bäumen für den Menschen und seine Umwelt sind dennoch regelmäßig Fällungen und entstellende Rückschnitte gesunder Bäume zu beobachten, da viele Grundstückseigentümer den Pflege- und Erhaltungsaufwand als lästig empfinden.

---

4 Dig. 47.7.2.: *Sciendum est autem eos, qui arbores et maxime vites ceciderint, etiam tamquam latrones puniri.*

5 Werkmüller, Baumfrevel, in: Cordes et al., HRG, Bd. I, Sp. 476 f.

6 Art. 291 Criminalgesetzbuch für das Königreich Sachsen (1838).

Auch das mit Bäumen verbundene Haftungsrisiko für Verkehrssicherungspflichten und die damit einhergehenden Aufwendungen motivieren oft zum rücksichtslosen Griff zur Säge. Mit rechtlichen Mitteln lassen sich solche Maßnahmen umfangreich untersagen und Bäume schützen. Daneben lässt sich auch die Anpflanzung neuer Bäume zur Stärkung der lokalen Durchgrünung rechtsverbindlich steuern.

Den rechtlichen Rahmenbedingungen des Baumschutzes widmet sich die vorliegende Arbeit. Ausgehend von der Bedeutung der verschiedenen Ökosystemleistungen, die den rechtlichen Schutz von Bäumen rechtfertigen, werden der Begriff und der Gegenstand des Baumschutzrechts bestimmt. Darauf baut die Untersuchung einzelner baumschutzrechtlicher Instrumente auf, wobei sowohl die Möglichkeiten kommunaler Satzungen als auch unmittelbar baumschützende Vorschriften des Bundes- und Landesrechts einbezogen werden.

Die Durchsetzung baumschutzrechtlicher Vorschriften sowie weitere verwaltungspraktische und verfahrensrechtliche Aspekte werden dabei besonders berücksichtigt und in die Untersuchung der einzelnen baumschutzrechtlichen Instrumente einbezogen. Die Rechtsschutzmöglichkeiten gegen beeinträchtigende Maßnahmen an Bäumen werden in einem eigenen Abschnitt dargestellt.

Das abschließende inhaltliche Kapitel behandelt das Baumschutzrecht in rechtlichen Spannungsverhältnissen, die aus der Kollision baumschutzrechtlicher Verbote und Erhaltungspflichten mit eigentums- und zivilrechtlichen Rechten und Pflichten sowie mit öffentlichen Interessen entstehen können. Im Mittelpunkt des Kapitels steht die kritische Auseinandersetzung mit vorhandenen Lösungsansätzen sowie deren Ergänzung und die Entwicklung neuer Lösungsmöglichkeiten für verschiedene rechtliche Spannungsverhältnisse.

B. Stand der Forschung

In der Rechtswissenschaft wurde das Baumschutzrecht trotz des wachsenden gesellschaftlichen Bewusstseins für den Umweltschutz in den letzten beiden Jahrzehnten zunehmend vernachlässigt. Umfangreichere Arbeiten zum Baumschutzrecht sind rar und überwiegend älteren Datums. Seit Mitte der 1990er Jahre wird die Literaturlage immer überschaubarer und die wenigen neueren Beiträge beschränken sich auf Aufsätze zu einzelnen Fragestellungen.

Inhaltlich konzentriert sich die Auseinandersetzung mit dem Baumschutzrecht bislang auf die satzungsrechtlichen Instrumente der Gemeinden. Dabei finden die rechtlichen Möglichkeiten abseits von Baumschutzsatzungen wie die öffentlich-baurechtlicher Satzungen wenig Beachtung.

In Bezug auf Baumschutzsatzungen sind die Beiträge von *Günther* (1994)[7], *Dreßler/Rabbe* (2001)[8] und *Führen* (2002)[9] hervorzuheben. Neuere Darstellungen[10] orientieren sich weitgehend an *Günthers* Monographie und lassen die umfangreiche Rechtsprechung der letzten Jahre nahezu unberücksichtigt, weswegen sie kaum neue Erkenntnisse liefern. Zudem stellen die Autoren älterer Arbeiten wegen der Novellierung des Bundesnaturschutzgesetzes 2010[11] und der damit verbundenen Änderungen der Landesnaturschutzgesetze mittlerweile eine in weiten Teilen überholte Rechtslage dar.

7 Günther, Baumschutzrecht.

8 Dreßler/Rabbe, Kommunales Baumschutzrecht.

9 Führen, in: Lübbe-Wolff/Wegener, Umweltschutz durch kommunales Satzungsrecht, Rn. 480–527.

10 Dreier, in: Hoppenberg/de Witt, Handbuch des öffentlichen Baurechts, Kap. E, Rn. 392–429.; Meßerschmidt, § 29 BNatSchG, Rn. 61–124; Timmermann/Wieringer, ZUR 2020, 521.

11 BGBl. I 2009, 2542.

Regelungen baurechtlicher Satzungen zum Erhalt und zur Anpflanzung von Bäumen sind bislang nicht umfangreich untersucht worden. Bauleitplanerische Festsetzungen, die zum Erhalt von Bäumen oder zu deren Anpflanzung verpflichten, werden gelegentlich am Rande genannt. *Reimer* (2019)[12] hat den Fokus zuletzt erweitert und neben den Festsetzungsmöglichkeiten von Bebauungsplänen auf die Regelungsmöglichkeiten von örtlichen Bauvorschriften hingewiesen, diese aber nicht im Detail untersucht. Einen ersten Überblick liefert der Aufsatz von *Kraus/Zettl* (2017), die die baurechtlichen Instrumente mit Blick auf die Rechtslage in Bayern zusammenfassen.[13]

Unmittelbar anwendbare Vorschriften des Landes- und Bundesrechts zum Schutz von Bäumen, die keiner Umsetzung durch kommunale Satzungen bedürfen, sind bisher nicht in nennenswertem Umfang untersucht worden. Die Beiträge zum gesetzlichen Schutz von Alleen sind stark auf denkmalschutzrechtliche Aspekte fokussiert,[14] wobei die zwischen den Bundesländern durchaus variierenden naturschutzrechtlichen Vorschriften nicht ausführlich behandelt werden.

Zum Baumschutz durch die naturschutzrechtliche Eingriffsregelung finden sich vereinzelt Überlegungen. Während *Louis* in seinem Aufsatz zum Schutz von Einzelbäumen durch die naturschutzrechtliche Eingriffsregelung die wesentlichen Fragen der Tatbestandsvoraussetzungen übergeht,[15] dienen *Reimers*[16] Ausführungen zur Eingriffsregelung als Ausgangspunkt für die weitere Diskussion.

Mit den rechtlichen Spannungsverhältnissen hat sich die Rechtswissenschaft bislang wenig befasst. Teilweise haben die Rechtslage und die Rechtsentwicklung die Beiträge – wie zum Beispiel *Steinbergs* Auseinandersetzung mit dem Spannungsverhältnis zwischen Baum-

12 Reimer, in: Durner et al., Das sinnvoll Denkbare denken, das davon Machbare machen, 569 [578–581].
13 Kraus/Zettl, KommunalPraxis Bayern 2017, 392 [393–396].
14 Hönes, ZUR 2006, 304 [305–310]; LKV 2007, 337 [340–343].
15 Louis, DVBl. 2017, 823 [825 f.].
16 Reimer, in: Durner et al., Das sinnvoll Denkbare denken, das davon Machbare machen, 569 [576 f.].

schutzrecht und der Eigentumsfreiheit (1981)[17] – überholt. Eine Gesamtschau über die rechtlichen Spannungsverhältnisse, mit denen das Baumschutzrecht konfrontiert ist, fehlt gänzlich. Auch *Führen* und *Günther* greifen die Spannungsverhältnisse nur punktuell auf.

17 Steinberg, NJW 1981, 550 [555–557].

C. Ziel und Gang der Arbeit

Diese Lücken in der rechtswissenschaftlichen Literatur erstaunen. Denn die Rechtsprechung ist regelmäßig mit baumschutzrechtlichen Fällen – nicht nur im Zusammenhang mit Baumschutzsatzungen und Baumschutzverordnungen – befasst und wird in dieser Arbeit umfangreich miteinbezogen. Eine aktuelle und umfassende Begutachtung der rechtlichen Instrumente des Baumschutzrechts sowie der Spannungsverhältnisse, mit denen baumschutzrechtliche Vorschriften konfrontiert sind, fehlt bislang. Mit der vorliegenden Dissertation soll dazu beigetragen werden, diese Lücke zu schließen.

Im ersten Kapitel wird die Schutzbedürftigkeit von Bäumen wegen ihrer Ökosystemleistungen beleuchtet (Kapitel D.I). Sodann werden der Begriff und der Inhalt des Baumschutzrechts bestimmt. Dabei ist unter anderem kritisch zu prüfen, ob das Baumschutzrecht Waldbäume erfasst (Kapitel D.II).

Daran schließt sich die Darstellung der einzelnen Instrumente des Baumschutzrechts an. Die Untersuchung dieser Instrumente ist normenhierarchisch aufgebaut und beginnt mit dem kommunalen Baumschutzrecht, das bislang den Schwerpunkt baumschutzrechtlicher Arbeiten darstellt. Dem folgt die Analyse baumschutzrechtlicher Vorschriften des Landes- und Bundesrechts.

I. Kommunales Baumschutzrecht

Im Mittelpunkt der Untersuchung des kommunalen Baumschutzrechts (Kapitel E.I) stehen konkrete Satzungsbeispiele. Anders als frühere Arbeiten zu Baumschutzsatzungen, in denen der Fokus allenfalls auf jeweils einem Satzungsbeispiel lag, werden in dieser Arbeit sämtliche hessische Baumschutzsatzungen[18] und somit ein größerer zusammenhängender Regelungskomplex untersucht. Das erlaubt zum einen eine repräsentative Darstellung der Regelungsinhalte von Baumschutzsatzungen. Zum anderen werfen die individuellen Regelungen einiger Baumschutzsatzungen neue Rechtsfragen auf.

Diese Herangehensweise wird auch für die Untersuchung der Bebauungspläne und örtlichen Bauvorschriften gewählt. Untersuchungsgegenstand für bauplanungsrechtliche Festsetzungen sind die Bebauungspläne der Stadt Frankfurt am Main, die von 2015 bis 2019 in Kraft getreten sind. Die Stadt Frankfurt am Main verfügt nicht nur über eine ausreichende Zahl aktueller Bebauungspläne. Die diverse städtebauliche Situation von Hessens größter Stadt – dörfliche Gebiete im Norden der Stadt, eine stark verdichtete Innenstadt, große Gewerbe- und Industrieflächen – erlaubt auch allgemeine Rückschlüsse auf das baumschutzrechtliche Potential von Bebauungsplänen.

Örtliche Bauvorschriften können im Gegensatz zu Baumschutzsatzungen nicht zum Erhalt von Bäumen beitragen, aber umfangreich deren Anpflanzung vorschreiben. Dadurch können sie Baumschutzsatzungen ergänzen. Eine umfassende grünordnerische örtliche Bauvorschrift ist in Hessen bislang nur in Frankfurt am Main in Planung. Der Entwurf der Satzung dient als primäres Untersuchungsobjekt.

Die Untersuchung der Instrumente des kommunalen Baumschutzrechts schließt mit der Frage ab, ob und welche Möglichkeiten der indirekten Verhaltenssteuerung die Gemeinden neben den regulativen Möglichkeiten nutzen können. Auch dabei wird der vorherige Ansatz beibehalten und es werden praktische Beispiele hessischer Gemeinden herangezogen.

II. Baumschutzrechtliche Vorschriften des Landes- und Bundesrechts

Die Untersuchung der baumschutzrechtlichen Vorschriften des Landes- und Bundesrechts, die keiner Umsetzung durch kommunale Satzun-

18 Stand: 30.08.2020.

gen bedürfen, ist auf das Naturschutzrecht und das öffentliche Baurecht fokussiert (Kapitel E.II).

Durch das Bundesnaturschutzgesetz ist es den Bundesländern erlaubt, Alleen und somit einen speziellen Typ einer Baumgruppe umfangreich unter Schutz zu stellen und das Schutzregime weitgehend selbst auszugestalten. Zu prüfen ist, ob und gegebenenfalls in welchem Umfang die allgemeine Eingriffsregelung Möglichkeiten bietet, Bäume vor Eingriffen zu schützen. Kritisch ist zu hinterfragen, ob das für die gartenbauliche Praxis besonders bedeutsame Schnittverbot gemäß § 39 Abs. 5 S. 1 Nr. 2 BNatSchG wegen seiner saisonalen Befristung dem Baumschutzrecht zuzuordnen ist.

Das baumschutzrechtliche Potential des Bauplanungsrechts erschöpft sich in den Festsetzungsmöglichkeiten von Bebauungsplänen. Die Vorschriften des Baugesetzbuchs enthalten keine unmittelbar geltenden baumschutzrechtlichen Regelungen, sodass die Untersuchung öffentlich-baurechtlicher Instrumente auf das Bauordnungsrecht beschränkt ist. Neben dem Baumschutz auf Baustellen stehen die gesetzlichen Vorschriften über die Gestaltung und Bepflanzung von Grundstücksfreiflächen im Vordergrund.

III. Rechtsschutzfragen

Auch die Rechts- und die Verwaltungspraxis werden in den Blick genommen. Dies betrifft sowohl die Verwaltungsverfahren als auch die verwaltungsgerichtlichen Verfahren. Die Verwaltungsverfahren werden dazu im Zusammenhang mit den einzelnen Instrumenten des Baumschutzrechts betrachtet, sofern sie Besonderheiten oder Schwierigkeiten aufweisen.

Die prozessrechtlichen Fragen betreffen überwiegend die Zulässigkeit von Rechtsbehelfen gegen Erlaubnisse für Eingriffe in den Baumbestand und dabei – wie häufig im Umweltrecht – die Klagebefugnis Dritter (Kapitel F).

IV. Rechtliche Spannungsverhältnisse

In dem abschließenden Kapitel wird die Kollision baumschutzrechtlicher Vorschriften mit anderen Rechtspositionen und Interessen untersucht (Kapitel G). Soweit die Verfügungsbefugnis des Baumeigentümers eingeschränkt ist, gilt es, zuerst die Vereinbarkeit mit der grundgesetzlichen Eigentumsgarantie zu untersuchen. Dabei werden auch mögliche additive Grundrechtseingriffe durch eine Agglomeration baumschutzrechtlicher Vorschriften berücksichtigt.

Die eingeschränkte Verfügungsbefugnis über Bäume kann sich auch auf zivilrechtliche Eigentumspositionen auswirken. Baumschutzrechtliche Verbote können erstens nachbarrechtlichen Abwehransprüchen wegen überwachsender Bäume entgegenstehen. Lösungsansätze sind dabei über Dispensmöglichkeiten von den baumschützenden Verboten zu suchen, die vor allem verfahrensrechtliche Fragen aufwerfen.

Zweitens kann die Unterschutzstellung und die damit einhergehende Einschränkung der Verfügungsbefugnis erforderlichen Maßnahmen zur Herstellung der Verkehrssicherheit von Bäumen entgegenstehen. Dadurch kann sich das Haftungsrisiko für Baumeigentümer erhöhen, weswegen ein Übergang der Haftung für Verkehrssicherungspflichten auf die zuständige Behörde kritisch zu diskutieren ist.

Darüber hinaus können baumschutzrechtliche Vorschriften auch mit öffentlichen Interessen kollidieren. Diverse Verbote zum Erhalt von Bäumen können in historischen Gärten und Parkanlagen gartendenkmalpflegerische Maßnahmen, die empfindliche Eingriffe in Baumbestände erfordern können, erschweren. Zur Auflösung dieses Spannungsverhältnisses bedarf es eines sachgerechten Ansatzes, der neben rechtlichen Aspekten insbesondere auch das sich annähernde Verhältnis zwischen Baumschutz bzw. Naturschutz im Allgemeinen und der Gartendenkmalpflege berücksichtigt. Schließlich können Baumschutz und Klimaschutz miteinander in Konflikt geraten, wenn Bäume Solaranlagen verschatten und deswegen beseitigt werden sollen. Dann ist zu fragen, welcher Belang vorgeht bzw. wie die beiden Interessen miteinander in Einklang gebracht werden können. Diese Fragen treten nicht nur bei Baumschutzsatzungen auf, sondern können auch die Bauleitplanung beschäftigen.

D. Grundlagen des Baumschutzrechts

Während in zahlreichen technischen und naturwissenschaftlichen Fachdisziplinen bereits eine ausführliche Beschäftigung mit dem Schutz des Baumbestandes sowie mit seiner nachhaltigen Transformation aufgrund der Herausforderungen des Klimawandels stattfindet, wurde die Aufgabe und Verantwortung von Rechtswissenschaft und Rechtspraxis in diesem Kontext bislang nur sehr eingeschränkt erkannt. Im Gegensatz zu den Umweltmedien Wasser und Boden existiert für Bäume trotz ihrer überragenden ökologischen und klimatischen Bedeutung kein zentraler oder auch nur zusammenhängender Regelungskomplex. Bereits der Begriff und der Inhalt des Baumschutzrechts haben die Rechtswissenschaft bislang kaum beschäftigt.

I. Ökosystemleistungen

Das Erfordernis baumschutzrechtlicher Vorschriften resultiert aus den Ökosystemleistungen von Bäumen. Gemeint sind damit die bedeutsamen Funktionen von Bäumen für Mensch und Umwelt.[19] Dabei wird zwischen regulierenden Leistungen (zum Beispiel Feinstaubfilterung, Kohlenstoffbindung), Versorgungsleistungen (zum Beispiel Nahrung, Habitat) und kulturellen Leistungen (zum Beispiel sozialer und gestalterischer Wert) unterschieden.[20] Die ökonomische Bedeutung von Bäumen ist hingegen zu vernachlässigen.

---

19 Potschin/Haines-Young, in: Potschin, Routledge Handbook of Ecosystem Services, 25 [26].

20 Potschin/Haines-Young, in: Potschin, Routledge Handbook of Ecosystem Services, 25 [36]; Stratópoulos-Le Chalony, Klimabäume für die Stadt, 6.

1. Regulierende Ökosystemleistungen

Regulierende Ökosystemleistungen steuern ökologische Prozesse, indem sie zum Beispiel die Luft- und Wasserqualität regulieren. Die ökologischen Prozesse sind zwar kaum sichtbar, aber durchaus unmittelbar wahrnehmbar, so zum Beispiel die kühlenden Effekte von Bäumen durch Schattenwurf und Transpiration.

a) Kohlenstoffbindung und Sauerstoffproduktion

Treibhausgasemissionen gelten als wesentlicher Faktor der globalen Klimaveränderungen. Bäume tragen unerlässlich zur Bindung von Kohlenstoff aus der Atmosphäre bei. Sie produzieren durch Photosynthese für Mensch und Tier lebensnotwendigen Sauerstoff und entziehen der Atmosphäre das für den Klimawandel mitverantwortliche Treibhausgas Kohlendioxid.

Waldbäume stellen zwar den Großteil des globalen Baumbestands dar und leisten mithin den größten Beitrag zur Bindung von Kohlenstoff durch Bäume.[21] Dennoch ist auch die Kohlenstoffbindung durch den übrigen Baumbestand bedeutsam.[22]

Werden Baumschutzvorschriften mit der Funktion als Kohlenstoffspeicher begründet, ist zu berücksichtigen, dass diese Ökosystemleistung von Bäumen lokal keine unmittelbare Wohlfahrtswirkung entfaltet, sondern einen mosaikhaften Beitrag leistet, um die Klimaschutzziele zu erreichen. Daraus ist jedoch nicht zu schließen, dass der Beitrag von Bäumen als Kohlenstoffspeicher zur Begründung baumschützender Regelungen beispielsweise in kommunalen Satzungen ungeeignet ist. Denn wegen § 13 Abs. 1 S. 1 KSG sind mittlerweile sämtliche Träger öffentlicher Aufgaben dazu verpflichtet, bei ihren Planungen und Entscheidungen den Schutz vor den Auswirkungen des Klimawan-

---

21 Breuste, Die Grüne Stadt, 155; zur globalen Bedeutung von Wäldern als Kohlenstoffsenke: Bartsch/Röhrig, Waldökologie, 352–355; zur Bedeutung des deutschen Walds: Riedel et al., AFZ 2019, 14–18; Hennig/Schnell/Riedel, AFZ 2019, 24–27.

22 Moser et al., AFJZ 2018, 94 [98]; Nowak et al., Environmental pollution 2013, 229 [231–235].

dels zu berücksichtigen.[23] Das Klimaschutzgesetz spricht daher dafür, baumschutzrechtliche Vorschriften auch mit der Kohlenstoffspeicherleistung begründen zu können.

b) Temperaturabsenkung

Bäume können das Kleinklima vor Ort positiv beeinflussen, indem sie ihre Umgebung durch Transpiration und als Schattenspender abkühlen. Vor allem in den stärker als der ländliche Raum erwärmten Städten werden diese Effekte immer relevanter.[24] In Städten können Bäume die Umgebungstemperatur spürbar um mehrere Grad Celsius absenken. Die Kühlleistung hängt dabei primär von der städtischen Umgebung sowie von den Baumarten ab.[25] Bei dichtem Kronenbewuchs können Bäume zudem die einfallende UV-Strahlung um bis zu 90 % reduzieren.[26]

c) Immissionsminderung

Den durch Industrie- und Fahrzeugabgase verursachten Feinstaub können Bäume in erheblichem Maße filtern und dadurch die Luftqualität verbessern. Als Schutz gegen Lärmimmissionen sind Bäume hingegen nicht von großer Bedeutung.

aa) Feinstaubfilter

In den letzten Jahren haben die zahlreichen auf die Fortschreibung von Luftreinhalteplänen gerichteten Klagen von Umweltverbänden ein breites öffentliches Interesse an der Feinstaubbelastung und Luftqualität in den Städten geweckt. Ausgangspunkt hierfür sind die gesund-

23 Wickel, ZUR 2021, 332 [337].
24 Ennos, in: Johnston, Trees, people and the built environment, 113 [114].
25 Moser et al., AFJZ 2018, 94 [99] m.w.N.; Konarska et al., International Journal of Biometeorology 2016, 159 [165–172].
26 Armson/Rahman/Ennos, Journal of Arboriculture 2013, 157.

heitlichen, insbesondere die pneumologischen Risiken einer zu hohen Feinstaubbelastung für den Menschen.[27]

Bei der Reduktion der Feinstaubbelastung dominieren in der öffentlichen Diskussion bislang Dieselfahrverbote und das Zurückdrängen des motorisierten Individualverkehrs. Daneben spielt zunehmend auch die Durchgrünung der Stadtgebiete eine wesentliche Rolle für die Reduktion der Feinstaubbelastung. Denn Bäume können – vor allem als Straßenbegleitgrün – Feinstaub binden und helfen, die Feinstaubbelastung zu reduzieren.[28] In den Fortschreibungen der Luftreinhaltepläne sind deswegen zunehmend Maßnahmen zur Anpflanzung neuer Bäume vorgesehen.[29] Eine besonders hohe Filterleistung weisen verschiedene bisher wenig als Straßenbaum genutzte Kiefernarten auf.[30]

ab) Lärmschutz

Erhöhte Lärmimmissionen können schwerwiegende gesundheitliche Folgen nach sich ziehen. In der verwaltungsgerichtlichen Rechtsprechung wird bei Lärmimmissionen oberhalb von 70 dB ein gesundheitsschädlicher Lärmpegel angenommen.[31]

Die Idee einer Lärmschutzwand durch Bäume erscheint deswegen auf den ersten Blick reizvoll. Jedoch ist die lärmreduzierende Wirkung von Bäumen sehr gering, sofern sich Bäume nicht nahe der Lärmquelle befinden und so den Lärm zerstreuen können.[32] Erst mit einem

27 Deutsche Akademie der Naturforscher Leopoldina e. V., Saubere Luft, 27–30; Köck, ZUR 2020, 464 [466]; Plietzsch, Probaum 2019, 8 f.; Kroeger, et al., Landscape and Urban Planning 2018, 227 [234 f.].

28 Hewitt/Ashworth/MacKenzie, Ambio 2020, 62 [66 f.]; Moser et al., AFJZ 2018, 94 [99 f.]; jeweils m.w.N. zu Studien über die Filterleistung in Großstädten verschiedener Kontinente.

29 Z.B. Luftreinhalteplan Berlin, 2. Fortschreibung, 240, in Verbindung mit 1. Fortschreibung, Maßnahmenblatt 1.3; Luftreinhalteplan Leipzig, Fortschreibung 2018, 111.

30 Sæbø et al., The Science of the total environment 2012, 347 [350, 353]; Kappis, Studie zum wissenschaftlichen Erkenntnisstand über das Feinstaubfilterungspotential (qualitativ und quantitativ) von Pflanzen, 117–121, 162.

31 BVerwG, Urteil vom 15.12.2011, 7 A 11/10, Rn. 30, juris.

32 Moser et al., AFJZ 2018, 94 [100].

ca. 100 m breiten und dicht bewachsenen Waldstreifen mit entsprechendem Unterholz lässt sich eine Pegelminderung von 5 bis 10 dB erreichen.[33] Baumpflanzungen sind daher nur sehr eingeschränkt zur Lärmreduktion geeignet.

Nicht zu unterschätzen ist jedoch die psychologische Wirkung von Bäumen, die Lärmquellen verdecken. Denn Lärm wird als weniger störend empfunden, wenn die Lärmquelle nicht sichtbar ist. Verdecken Bäume Lärmquellen wie Straßen, Sportflächen oder andere lärmemittierende Anlagen, können sie als optischer Lärmschutz das subjektive Belästigungsempfinden reduzieren.[34]

d) Wasser- und Bodenschutz

Bäume sind für den Schutz der Umweltmedien Boden und Wasser von besonderem Wert. Auf versiegelten Flächen gelangt das Niederschlagswasser unmittelbar und verunreinigt in die Abwassersysteme. Bei Starkregen kann das Oberflächenwasser die Abwassersysteme überlasten und Überschwemmungen verursachen. Auf gut durchwurzelten und entsiegelten Flächen kann der Boden dagegen Regenwasser zurückhalten, sodass das Wasser gefiltert in das Grundwasser versickern kann und die Gefahr von Überflutungen sinkt.[35] Zudem halten Bäume durch ihr Blätterwerk selbst Teile des Niederschlags zurück und können dadurch die Auswirkungen von Starkregen abmildern.[36]

Bäume schützen außerdem vor Bodenerosionen, indem sie die Windgeschwindigkeit vermindern und die Wasserspeicherkapazität von Böden erhöhen. Bei unversiegelten Böden mit schwacher Wasserspeicherkapazität drohen Erosionen durch den Oberflächenabfluss (Wasse-

---

33 Ministerium für Wirtschaft, Arbeit und Wohnungsbau Baden-Württemberg, Städtebauliche Lärmfibel, 162; Breuste, Die grüne Stadt, 158.

34 Ministerium für Wirtschaft, Arbeit und Wohnungsbau Baden-Württemberg, Städtebauliche Lärmfibel, 162; Topp, in: Braum/Bartels, Wo verkehrt die Baukultur?, 40 [41].

35 Moser et al., AFJZ 2018, 94 [100 f.].

36 Zölch et al., Environmental Research 2017, 135 [137].

rerosionen). Dem kann die Durchwurzelung des Bodens entgegenwirken.[37]

2. Versorgungsleistungen

Die Ökosystemleistungen von Bäumen sind nicht nur anthropozentrisch zu betrachten, denn Bäume sind auch bedeutsame Habitate für diverse Lebewesen. Von der Wurzel bis zur Krone bieten sie Pilzen, Mikroorganismen, Insekten oder Vögeln vielfältige Lebensräume und dienen als Futterspender. Ein hoher Baumanteil ist daher ein wesentlicher Baustein zum Schutz der Biodiversität.[38] Rechtlich können Bäume demnach schutzwürdig sein, wenn sie Lebensraum bedrohter Tierarten sind.[39]

3. Gestalterische und soziale Bedeutung

Bäume können das Erscheinungsbild und die Charakteristik eines Ortes maßgeblich prägen. Aus diesem Grund sind sie unverzichtbare Gestaltungselemente für das Ortsbild und die Stadtplanung. Stark durchgrünte Gebiete werden als besonders attraktiv und anziehend wahrgenommen.[40] Als Bestandteil öffentlicher Grünflächen tragen Bäume dazu bei, Erholungs- und Bewegungsräume sowie Begegnungspunkte zu schaffen.[41]

---

37 Nahm/Morhart, in: Böhm, Bäume in der Land(wirt)schaft, 17 [18].

38 Breuste, Die Grüne Stadt, 151–153, m.w.N.; Gürlich, in: Dujesiefken, Jahrbuch der Baumpflege 2009, 189–198.

39 OVG Lüneburg, Beschluss vom 26.10.2015, 4 ME 229/15, Rn. 7, juris.

40 Haase, in: Breuste et al., Stadtökosysteme, 129 [147].

41 Kaspar, Erlebnis Stadtpark, 17.

4. Ökonomische Bedeutung

Neben den Ökosystemleistungen wird Bäumen auch ein ökonomischer Wert beigemessen, der für das Baumschutzrecht jedoch allenfalls nachrangig ist. Sofern Bäume als wertsteigender Faktor für Grundstücke angesehen werden,[42] begründet dies keine naturschutzrechtlichen oder anderen umweltrechtlichen Maßnahmen zum Schutz von Bäumen. Denn die Aufgabe des Naturschutz- und des Umweltrechts besteht nicht darin, den Wert privater Güter zu erhalten oder zu steigern.

Darüber hinaus sind Bäume nicht zwangsläufig als wertsteigender Faktor einer Immobilie anzusehen. Insbesondere förmlich unter Schutz gestellte Bäume können das Entwicklungspotential eines Grundstücks einschränken und bergen aufgrund erforderlicher Dispensanträge Risiken, die sich in einem geminderten Immobilienwert und Kaufpreis niederschlagen können.[43]

II. Begriff und Gegenstand des Baumschutzrechts

In der Rechtswissenschaft wird der Begriff des Baumschutzrechts nachweislich seit den 1980er Jahren verwendet, ohne dass dieser jedoch näher erläutert wird.[44] Der Inhalt sämtlicher Beiträge zum Baumschutzrecht lässt hingegen ein einheitliches Begriffsverständnis erkennen: Das Baumschutzrecht gelte erstens nur für Bäume außerhalb von Wäldern im Sinne des Forstrechts und im bauplanungsrechtlichen Innenbereich – also nur für Stadtbäume – und sei zweitens ausschließlich kommunales Satzungsrecht.[45]

---

42 Tyrväinen et al., in: Konijnendijk et al., Urban Forests and Trees, 81 [82, 100 f.]; Hasan/Othman/Ahmad, Procedia – Social and Behavioral Sciences 2016 (222), 493 [495].

43 Kleiber, in: Ernst/Zinkahn/Bielenberg, § 21 ImmoWertV, Rn. 29.

44 Engel, NVwZ 1985, 252; Bartholomäi, UPR 1988, 241; Günther, Baumschutzrecht, 1 f., 9 f.

45 So auch: Reimer, in: Durner et al., Das sinnvoll Denkbare denken, das davon Machbare machen, 569, [570 f.].

Dieses Begriffsverständnis scheint sich sukzessive verfestigt zu haben, ohne dass eine Auseinandersetzung mit der Regelungsmaterie des Baumschutzrechts stattgefunden hat. Da mit den Waldbäumen der größte Baumbestand ausgeschlossen ist sowie sämtliche Vorschriften außerhalb der kommunalen Satzungskompetenz unberücksichtigt bleiben, ist eine Begriffsbestimmung überfällig.

1. Keine Waldbäume

Der größte Baumbestand befindet sich landesweit und global in den Wäldern. In Deutschland bedecken Wälder ca. ein Drittel des Bundesgebiets.[46] Für das Ausklammern der Waldbäume und somit für eine umfangreiche Reduktion des sachlichen Anwendungsbereichs des Baumschutzrechts sprechen trotz der Quantität der Waldbäume gute Gründe.

Im Forstrecht wird der Wald nicht nur aus ökologischer Sicht betrachtet. Der Wald und vor allem seine Bäume sind auch Wirtschaftsgut. So wird in § 1 Nr. 1 BWaldG als erster Gesetzeszweck die Sicherung des Waldes wegen seines wirtschaftlichen Nutzens genannt (Nutzfunktion). Das Forstrecht ist daher immer auch Forstwirtschaftsrecht und somit Teil des Wirtschaftsverwaltungsrechts.[47]

Baumschutzrechtliche Regelungen zielen hingegen allein auf den Schutz von Bäumen ab und lassen die ertragswirtschaftliche Bedeutung von Bäumen unberücksichtigt. Dies wird auch daran deutlich, dass Baumschutzsatzungen ertragswirtschaftlich genutzte Obstbäume und Bäume in Baumschulen von ihrem Anwendungsbereich ausnehmen.

Des Weiteren stellen baumschutzrechtliche Regelungen in der Regel auf einzelne Bäume oder überschaubare Baumgruppen wie Alleen ab.

---

46 Bartsch/Röhrig, Waldökologie, 9; detaillierte Angaben zum bundesweiten Waldbestand liefert die Bundeswaldinventur (zuletzt 2012), deren Ergebnisse das Bundesministerium für Ernährung und Landwirtschaft bereitstellt: https://bwi.info/?lang=de, zuletzt abgerufen am 15.07.2021.

47 Kloepfer, Umweltrecht, § 12, Rn. 570.

Bäume dominieren zwar das Erscheinungsbild von Wäldern. Der Wald ist jedoch ein komplexes Ökosystem, das durch diverse Faktoren geprägt ist.[48] Den Schutz des Waldes auf den Baumschutz zu reduzieren, würde der Komplexität des Ökosystems Wald folglich nicht gerecht werden.

Für eine Trennung von Baumschutzrecht und Forstrecht sprechen außerdem systematische Gründe. Denn in § 1 Abs. 6 BNatSchG sind Wälder und Bäume jeweils als eigene naturschutzrechtliche Schutzgüter benannt. Aus § 1 Abs. 6 BNatSchG folgt zudem ebenso wie aus der – nach der Nutzfunktion in § 1 Nr. 1 BWaldG genannten – Schutzfunktion des Bundeswaldgesetzes, dass das Forstrecht auch Gegenstand des Umweltrechts ist und der Schutz der ökologischen Funktionen von Wäldern bereits Bestandteil des Forstrechts ist. Baumschutzrecht und Forstrecht stellen zwei eigenständige Teilgebiete des Umweltrechts dar, wobei sich das Forstrecht aufgrund seiner forstwirtschaftlichen Regelungen dauerhaft in einem Spannungsverhältnis zwischen Umweltschutz und auskömmlicher Bewirtschaftung befindet, das durch nachhaltige Waldbewirtschaftung gelöst werden soll.[49]

2. Keine Beschränkung auf kommunale Satzungen

Nicht nachvollziehbar ist hingegen, das Baumschutzrecht auf kommunales Satzungsrecht oder sogar nur auf Baumschutzsatzungen zu reduzieren. Ausdrücklich baumschützende Vorschriften enthalten nämlich auch das Landes- sowie das Bundesrecht. Dabei ist zu beobachten, dass die Regelungen spiegelbildlich zum kommunalen Baumschutzrecht im Naturschutzrecht und im öffentlichen Baurecht zu finden sind. Alleen sind in einigen Bundesländern unmittelbar durch das jeweilige Landesnaturschutzgesetz geschützt[50] und einige Landesbauordnungen verlangen bei der Baustelleneinrichtung explizit baum-

48 Bartsch/Röhrig, Waldökologie, 106–110.
49 Kloepfer, Umweltrecht, § 4, Rn. 62, § 12, Rn. 573 f.; Leisner, NVwZ 1991, 40 [41]; von Strenge, Naturschutzrecht außerhalb der Naturschutzgesetze, 344–346.
50 Z.B. § 14 Abs. 3 ThürNatSchG; § 31 Abs. 4–7 BWNatSchG.

schützende Maßnahmen.[51] Bayern und Bremen implementieren den Baumschutz sogar in das Baugenehmigungsverfahren.[52]

Ob den baumschutzrechtlichen Möglichkeiten durch Landes- und Bundesrecht die gleiche Bedeutung beizumessen ist wie kommunalen Baumschutzvorschriften, ist eine andere Frage. Weniger umfangreiche regulative Möglichkeiten solcher Vorschriften verlangen zumindest nicht, das Baumschutzrecht auf kommunales Baumschutzrecht zu beschränken.

3. Baumerhalt und Baummehrung

Baumschutzrecht darf nicht verkürzt als bloßer Bestandsschutz verstanden werden. Dies legt die defensive Terminologie zwar nahe, ist aber nicht begriffsnotwendig. Ansonsten würde nämlich außer Acht gelassen, dass Bäume vor allem aufgrund ihrer Ökosystemleistungen auch Gegenstand der Stadtplanung zur stärkeren Durchgrünung besiedelter Gebiete sein können. Mit der Erhöhung der Durchgrünung lassen sich die Wohlfahrtswirkungen der Ökosystemleistungen von Bäumen steigern und somit vor allem die Folgen des Klimawandels abmildern. Anpflanzungen neuer Bäume lassen sich – so viel sei hier schon vorweggenommen – bislang fast ausschließlich über öffentlich-baurechtliche Vorschriften bestimmen.

Das Baumschutzrecht auf Vorschriften zum dauerhaften Erhalt von Bäumen zu reduzieren, würde auch die umweltpolitische Realität außer Acht lassen. Baumpflanzprogramme haben sich mittlerweile in zahlreichen Städten sowie Gemeinden etabliert und schlagen sich rechtlich in Förderprogrammen nieder. Sogar im privaten Sektor sind eigene Baumpflanzprogramme oder die Unterstützung gemeinnütziger Baumpflanzprogramme mittlerweile fester Bestandteil nachhaltiger Unternehmenspolitik.

---

51 § 11 Abs. 4 MBO; § 11 Abs. 4 BauONRW; § 11 Abs. 5 BauOSaar.
52 § 7 Abs. 3 Nr. 15 BayBauVorlV; § 3 S. 1 Nr. 10 BremBauvorlVO.

Gegenstand des Baumschutzrechts müssen mithin auch solche Vorschriften sein, in denen Anpflanzungen und somit eine Vermehrung des Baumbestands geregelt sind. Kurzum: Baumschutz ist auch Baummehrung!

III. Zwischenfazit

Bäume erfüllen zahlreiche Ökosystemleistungen, die sowohl aus anthropozentrischer Sicht sowie für die gesamte Umwelt unerlässlich sind. Diese Ökosystemleistungen rechtfertigen den normativen Schutz von Bäumen. Der Regelungsgegenstand des Baumschutzrechts geht über den bloßen Bestandserhalt hinaus und erfasst auch Vorschriften zur Neuanpflanzung von Bäumen, mit denen sich die Durchgrünung und die damit verbundenen Wohlfahrtswirkungen stärken lassen. Ausgenommen sind vom Begriffsverständnis hingegen Waldbäume, für die das Forstrecht einen gesonderten Regelungskomplex bildet, sodass sich die nachfolgende Darstellung der baumschutzrechtlichen Instrumente vor allem auf Stadtbäume und teilweise auch auf Bäume im Außenbereich konzentriert.

E. Instrumente des Baumschutzrechts

Die Instrumente des Baumschutzrechts sind dezentral in den Vorschriften des Naturschutzrechts und des öffentlichen Baurechts geregelt. Die einzelnen Instrumente werden im Folgenden normenhierarchisch dargestellt, beginnend mit dem kommunalen Baumschutzrecht. Bislang existieren keine europarechtlichen Vorschriften, die unmittelbar baumschützend sind oder eine Umsetzung durch nationales Recht verlangen. Die Bedeutung des Europarechts ist auf verfahrensrechtliche Fragen beschränkt, die im Anschluss an die Untersuchung der baumschutzrechtlichen Instrumente behandelt werden.

I. Kommunales Baumschutzrecht

Das kommunale Baumschutzrecht ist fast ausschließlich kommunales Satzungsrecht. Durch das Naturschutz- und das öffentliche Baurecht werden Städte und Gemeinden dazu ermächtigt, Baumschutzsatzungen zu erlassen sowie baumschützende Festsetzungen in Bebauungspläne und örtliche Bauvorschriften aufzunehmen. Die Gemeinden greifen in ihren verschiedenen Satzungen dabei auf Ver- und Gebotsvorschriften und somit auf Instrumente direkter Verhaltenssteuerung zurück. Daneben existieren auf kommunaler Ebene auch Instrumente zur indirekten Verhaltenssteuerung, unter anderem durch Zuschüsse zu Pflanzkosten für neue Bäume.

Das kommunale Baumschutzrecht wird im Folgenden anhand der verschiedenen Satzungen hessischer Gemeinden und Städte untersucht. In bisherigen Arbeiten zu Baumschutzsatzungen stehen bislang primär die gesetzlichen Grundlagen und die einschlägige Rechtsprechung im

Vordergrund.[53] Konkrete Satzungsbeispiele werden meist nur punktuell oder gar nicht herangezogen. Ausnahmen sind *Führen* und *Dreßler/Rabbe*, die ihren Arbeiten die nordrhein-westfälische Musterbaumschutzsatzung aus dem Jahr 1996 bzw. eine frühere Fassung der Baumschutzsatzung der Stadt Wiesbaden[54] zugrunde legten.[55]

In dieser Arbeit wird zwar auch die Musterbaumschutzsatzung der deutschen Gartenamtsleiterkonferenz (GALK) von 2012[56] – eine Musterbaumschutzsatzung ist für Hessen nicht bekannt – berücksichtigt, der Schwerpunkt liegt aber auf der Untersuchung sämtlicher hessischer Baumschutzsatzungen. Dazu wurden die digital zugänglichen Ortsrechtssammlungen aller hessischer Gemeinden herangezogen.

Für die Bebauungspläne ist eine derart umfangreiche landesweite Untersuchung schon praktisch kaum möglich. Daher konzentriert sich dieser Abschnitt auf die Bebauungspläne der Stadt Frankfurt am Main, die zwischen 2015 und 2019 in Kraft getreten sind. Als größte hessische Stadt bietet die Stadt Frankfurt am Main wegen ihrer regen Planungstätigkeit und aufgrund der diversen Planungskonstellationen eine gute Vergleichsmenge.

Die städtebauliche Praxis ist in Frankfurt am Main wie in zahlreichen deutschen Metropolen ebenfalls vom Kampf gegen den Wohnungsmangel und von dem Bedürfnis nach schneller Flächenausweisung für den Wohnungsbau geprägt. Städtebauliche Projekte befinden sich regelmäßig im Konflikt zwischen dem zunehmenden Flächenbedarf und dem Schutz der verbliebenen Grünflächen im Stadtgebiet. Jüngste Beispiele dafür sind die Planung eines neuen Stadtteils im Frankfurter Norden (*Josefstadt*)[57] oder das Projekt *Günthersburghöfe*,[58] denen unter

53 Günther, Baumschutzrecht, dem spätere Darstellungen methodisch und auch inhaltlich im Wesentlichen folgen.

54 In der Fassung vom 06.07.1990.

55 Führen, in: Lübbe-Wolff/Wegener, Umweltschutz durch kommunales Satzungsrecht, Rn. 480–518; Dreßler/Rabbe, 28–71.

56 Veröffentlicht unter: https://www.galk.de/arbeitskreise/stadtbaeume/themenuebersicht/musterbaumschutzsatzung, zuletzt abgerufen am 03.02.2021.

57 Bericht des Magistrats der Stadt Frankfurt am Main vom 22.02.2021, B 79; Vortrag des Magistrats der Stadt Frankfurt am Main vom 08.09.2017, M 176.

58 Vortrag des Magistrats der Stadt Frankfurt am Main vom 22.04.2016, M 83.

anderem Grünflächen und Kleingärten weichen sollen. Die bauleitplanerische Praxis Frankfurts ist daher ein geeigneter Untersuchungsgegenstand, um zu erörtern, welchen Raum die moderne Stadtplanung dem Baumschutz einräumt und ob das geltende Bauplanungsrecht geeignete baumschutzrechtliche Instrumente zur Verfügung stellt.

Die Auswahl der zu untersuchenden örtlichen Bauvorschriften knüpft an die untersuchten Baumschutzsatzungen an. Örtliche Bauvorschriften können wie Baumschutzsatzungen für das gesamte Gemeindegebiet gelten und stellen auf den ersten Blick ein mögliches Gegenstück zu Baumschutzsatzungen dar. Denn mit ihnen lassen sich Anpflanzungspflichten regeln, wohingegen Baumschutzsatzungen auf Erhaltungspflichten beschränkt sind. Daher wurden für die Städte und Gemeinden mit Baumschutzsatzung die isolierten und nicht gemäß § 9 Abs. 4 BauGB in Bebauungspläne integrierten örtlichen Bauvorschriften auf baumschutzrechtliche Festsetzungen untersucht.

Bei den Instrumenten indirekter Verhaltenssteuerung liegt der Schwerpunkt auf den hessischen Großstädten. Neben kommunalen Zuschussprogrammen wird auch der Sonderweg der Stadt Gießen berücksichtigt.

1. Baumschutzsatzungen

Baumschutzsatzungen dominieren die bisherige rechtswissenschaftliche Auseinandersetzung mit dem Baumschutz. Rechtsgrundlage von Baumschutzsatzungen ist § 29 BNatSchG in Verbindung mit den Landesnaturschutzgesetzen. Danach können Gemeinden Bäume durch Satzungen (in Bayern und den Stadtstaaten durch Verordnungen) als geschützte Landschaftsbestandteile unter Schutz stellen.[59] Trotz des umfangreichen Spielraums, der den kommunalen Satzungsgebern zu-

59 Sofern im Folgenden nicht die bayerische Rechtslage oder die in den drei Stadtstaaten Gegenstand der Ausführungen ist, impliziert der Begriff *Baumschutzsatzungen* die Baumschutzverordnungen.

steht, haben sich zahlreiche gemeinsame Regelungsinhalte überörtlich etabliert, die im Detail aber variieren können.

a) Untersuchungsgegenstand und empirische Beobachtungen

In Hessen gibt es 422 eigenständige Gemeinden, davon 191 Städte im Sinne von § 13 Abs. 1 HGO.[60] In 26 der 422 hessischen Gemeinden gelten Baumschutzsatzungen.[61] Damit wurde in knapp 6 % der hessischen Gemeinden die Entscheidung getroffen, den örtlichen Baumbestand durch eine Baumschutzsatzung zu schützen. Dabei fällt auf, dass vor allem Städte Baumschutzsatzungen erlassen. Von den 93 hessischen Städten mit mehr als 15.000 Einwohnern haben 20 Städte Baumschutzsatzungen erlassen; davon gelten acht in den zehn größten hessischen Städten.[62] In kleinen Gemeinden gelten dagegen nur wenige Baumschutzsatzungen.

Für andere Bundesländer liegen diesbezüglich nur in geringem Umfang aussagekräftige Statistiken vor. Jüngere Erhebungen sprechen aber dafür, dass in Hessen vergleichsweise wenige Baumschutzsatzungen existieren.

In Bayern haben etwas mehr als 10 % der Gemeinden Baumschutzverordnungen erlassen (Stand 2018). Im Saarland galten 2015 immerhin in zwölf von 52 Gemeinden (~20 %) Baumschutzsatzungen.[63]

In Brandenburg antwortete die Landesregierung auf eine parlamentarische Anfrage aus dem Jahr 2017, dass in elf von 14 Landkreisen und in allen vier kreisfreien Städten Baumschutzsatzungen existieren.[64] Die Zahlen für Brandenburg sind jedoch nicht sehr aussagekräftig, da sie – wie die brandenburgische Landesregierung selbst zugibt – keinen Aufschluss darüber geben, wie viele der Gemeinden in den einzelnen

60 Hessisches Ministerium des Innern und für Sport, https://innen.hessen.de/kommunales/kommunen/gemeinden-und-landkreise, zuletzt abgerufen am 17.09.2020.

61 Stand: 30.08.2020.

62 Ausnahmen: Fulda und Gießen, wobei Gießen stattdessen eine Fördersatzung erlassen hat, die unter E.I.3 untersucht wird.

63 Mühlleitner/Busch/Frobel, Naturschutz und Landschaftsplanung – Zeitschrift für angewandte Ökologie 2019, 322 [323]; Saarl. LT-Drs. 15/1560, 2.

64 Bbg. LT-Drs. 6/7555, 2.

Landkreisen eine Baumschutzsatzung erlassen haben. Die Antwort besagt nur, dass in elf der 14 Landkreisen überhaupt Baumschutzsatzungen in nicht näher bekanntem Umfang existieren.[65]

Für Nordrhein-Westfalen liegen lediglich ältere und mittlerweile nicht mehr repräsentative Zahlen vor. Danach galten Anfang der 1990er Jahre in ca. 40 % der Gemeinden Baumschutzsatzungen.[66] Diese Zahl stimmt in etwa mit einer Abfrage unter 32 (von insgesamt 396) Gemeinden und Städten in Nordrhein-Westfalen aus 2011 überein.[67]

Angesichts der vorhandenen Zahlen liegt der Schluss nahe, dass vielerorts Vorbehalte gegen Baumschutzsatzungen bestehen. Daher wird am Schluss dieses Kapitels zu den in der politischen Auseinandersetzung regelmäßig vorgetragenen Kritikpunkten an Baumschutzsatzungen aus rechtlicher Sicht Stellung genommen.

b) Rechtsgrundlage

Das Bundesnaturschutzgesetz und die Landesnaturschutzgesetze bilden die rechtliche Grundlage für den Erlass von Baumschutzsatzungen. §§ 22, 29 BNatSchG ermächtigen die Bundesländer, die Unterschutzstellung von Bäumen als geschützter Landschaftsbestandteil durch Landesrecht zu regeln.

Bereits das Reichsnaturschutzgesetz[68] erlaubte es, Bäume als Landschaftsteile förmlich unter Schutz zu stellen (§ 5 RNG), um sie vor verunstaltenden, die Natur schädigenden oder den Naturgenuss beeinträchtigenden Änderungen zu schützen (§ 9 Abs. 2 RNG). Auf dem Reichsnaturschutzgesetz, das nach 1945 als Landesrecht fortgalt,[69] basiert auch die bereits 1948 erlassene Hamburger Baumschutzverord-

65 Bbg. LT-Drs. 6/7555, 2.

66 Führen, in: Lübbe-Wolff/Wegener, Umweltschutz durch kommunales Satzungsrecht, Rn. 486.

67 GALK, Kurzabfrage Stand Baumschutzsatzungen in NRW 2011, https://www.galk.de/component/jdownloads/send/17-arbeitspapiere/529-auswertung-umfrage-bschs-nrw-2011, zuletzt abgerufen: 03.03.2021.

68 In der Fassung vom 26.06.1935, RGBl. I 1935, 821.

69 BVerfG, Beschluss vom 14.10.1958, 2 BvO 2/57, Rn. 24–31, juris; BVerwG, Urteil vom 21.06.1956, I C 202.54, Rn. 8, juris.

nung.[70] In den ersten Nachkriegsjahrzehnten ersetzten die Bundesländer sukzessive das Reichsnaturschutzgesetz durch eigene Landesnaturschutzgesetze und regelten in ihnen die Rechtsgrundlagen für Baumschutzsatzungen.

Mit dem Bundesnaturschutzgesetz in der Fassung vom 20.12.1976[71] hat dann der Bundesgesetzgeber eine zentrale Rechtsgrundlage für den Erlass von Baumschutzsatzungen geschaffen. § 18 Abs. 1 BNatSchG 1976 regelte die verbotenen Handlungen sowie die Möglichkeit, Ersatzmaßnahmen bei Bestandsminderungen vorzusehen. Die konkrete Ausgestaltung des Schutzregimes wurde näheren Bestimmungen durch die Bundesländer überlassen (§ 12 Abs. 3 BNatSchG 1976).

Durch die Novelle des Bundesnaturschutzgesetzes 2002[72] wurde das Schutzregime des § 29 Abs. 2 BNatSchG 2002 um eine abschließende Ausnahmeregelung erweitert. Danach waren Ausnahmen von den Verboten nur aus zwingenden Gründen der Verkehrssicherheit zulässig (§ 29 Abs. 2 S. 3 BNatSchG 2002). Mit der Novelle des Bundesnaturschutzgesetzes 2010 verschwand diese Beschränkung der Ausnahmemöglichkeiten wieder und in § 29 Abs. 2 BNatSchG sind seitdem keine konkreten Vorgaben mehr zu den Ausnahmen von den Verboten enthalten. Dadurch sind die näheren Bestimmungen den Landesnaturschutzgesetzen überlassen.[73] Nach wie vor sind die Bundesländer für den Erlass der Ausführungsbestimmungen zuständig (§ 22 BNatSchG).

In dem nicht umgesetzten Entwurf des Umweltgesetzbuches wurden die Regelungen über geschützte Landschaftsbestandteile im Wesentlichen übernommen und es waren auch sonst keine Besonderheiten für das Baumschutzrecht enthalten.

Im Zuge der Novelle des Bundesnaturschutzgesetzes 2010 flammte kurzzeitig ein Streit darüber auf, ob die Novelle überhaupt noch den Erlass von Baumschutzsatzungen und Baumschutzverordnungen zulässt. Dazu wurde vorgetragen, dass die in *Kapitel 3 – Allgemei-*

70 Zur heutigen und früheren Rechtslage in Hamburg: Kahrmann, NordÖR 2012, 269.
71 BGBl. I 1976, 3573.
72 BGBl. I 2002, 1193.
73 BT-Drs. 16/12274, 62.

ner Schutz von Natur und Landschaft geregelte allgemeine Eingriffsregelung den in Baumschutzsatzungen bestimmten Verbots- und Ausgleichsregelungen vorgehe und Baumschutzsatzungen daher obsolet seien.[74]

Dabei wird jedoch verkannt, dass die Vorschriften in *Kapitel 4 – Schutz bestimmter Teile von Natur und Landschaft* und somit auch § 29 BNatSchG spezieller sind als die allgemeinen Vorschriften des 3. Kapitels des Bundesnaturschutzgesetzes. Des Weiteren werden durch Baumschutzsatzungen Maßnahmen unterhalb der Eingriffsschwelle nach den Maßstäben von § 14 BNatSchG untersagt. Denn Baumschutzsatzungen verbieten bereits die Beseitigung und die Schädigung von Einzelbäumen, die oft nicht geeignet sind, im Sinne von § 14 Abs. 1 BNatSchG die Funktionsfähigkeit des Naturhaushalts oder das Landschaftsbild erheblich zu schädigen.[75] Baumschutzsatzungen gewähren mithin einen umfangreicheren und spezielleren Schutz als die allgemeinen Eingriffsvorschriften im 3. Kapitel des Bundesnaturschutzgesetzes.[76]

c) Umsetzung durch die Bundesländer

Aufgrund von § 22 BNatSchG regeln die Bundesländer das Verfahren und teilweise auch den zulässigen Inhalt der Baumschutzsatzungen durch ihre Landesnaturschutzgesetze. Sämtliche Bundesländer – sowohl die Stadtstaaten als auch die Flächenstaaten – haben in ihren Landesnaturschutzgesetzen Ausführungsbestimmungen über den Schutz von Landschaftsbestandteilen im Sinne von § 29 BNatSchG erlassen. Im Detail beschreiten die Bundesländer unterschiedliche Wege. Dennoch sind im bundesweiten Vergleich vergleichbare Modelle zu erkennen, die in den beiden folgenden Unterabschnitten skizziert werden.

74 Schröer, NZBau 2010, 98 [99].
75 Bruns, NZBau 2010, 232.
76 de Witt/Wolf, NZBau 2010, 493 [494].

Hessen ging in der Vergangenheit einen Sonderweg, indem es die Rechtsgrundlage zeitweise in der Hessischen Bauordnung regelte.[77] Mittlerweile hat aber auch Hessen - nach einem zeitweisen Nebeneinander der bauordnungsrechtlichen und naturschutzrechtlichen Rechtsgrundlage[78] - die Rechtsgrundlage zuerst 1994 in das Hessische Naturschutzgesetz (HENatG)[79] und seit 2010 in § 12 HAGBNatSchG[80] überführt. In Hessen gelten heute noch einige Baumschutzsatzungen, die auf Grundlage dieser früheren Vorschriften erlassen wurden. Das Hessische Naturschutzgesetz sowie das Hessische Ausführungsgesetz zum Bundesnaturschutzgesetz haben diese alten Satzungen kontinuierlich übergeleitet.[81]

aa) Landesweiter Baumschutz

Als einziges Flächenland schützt Mecklenburg-Vorpommern Bäume landesweit unmittelbar durch Gesetz. Bereits 2006 hat sich Mecklenburg-Vorpommern für einen landesweiten gesetzlichen Baumschutz entschieden. Auch nach der Novelle des Landesnaturschutzgesetzes hat Mecklenburg-Vorpommern dieses Modell beibehalten, um ein Mindestschutzniveau für Bäume sicherzustellen.[82] § 18 NatSchAG M-V (vormals § 26a LNatG M-V[83]) bestimmt den Schutzbereich, die Verbote und Ausnahmetatbestände sowie die Ersatzleistungen bei Bestandsminderungen unmittelbar. Gemeinden können zusätz-

---

77 Allgemein zur alten Rechtslage in Hessen: Bartholomäi, UPR 1988, 241; Allgeier/von Lutzau, § 87 HBO, Rn. 87.5.

78 VGH Kassel, Beschluss vom 06.12.1988, 3 TH 4358/88, Rn. 9, juris.

79 Hess. GVBl. I 1994, 775; Hess. LT-Drs. 13/6234, 38.

80 Hess. GVBl. I 2010, 629.

81 § 26 S. 7 HENatG, in der Fassung vom 16.04.1996, Hess. GVBl. I 1996, 145; § 60 Abs. 4 HENatG, in der Fassung vom 19.11.2007, Hess. GVBl. I 2006, 619; § 32 Abs. 3 HAGBNatSchG; Baum, LKRZ 2011, 401 [405]; zur Überleitung und Fortgeltung von Baumschutzsatzungen in anderen Bundesländern: OVG Berlin-Brandenburg, Beschluss vom 16.02.2016, OVG 11 S 84.15, Rn. 17–20, juris; OVG Hamburg, Beschluss vom 28.05.2014, 2 Bf 139/12.Z, Rn. 3, 5 f., juris; VGH München, Urteil vom 25.04.2012, 14 B 10.1750, Rn. 30 f., juris.

82 M-V LT-Drs. 4/1710, 474.

83 M-V GOVBl. 2006, 194.

lich Baumschutzsatzungen für solche Bäume erlassen, die in § 18 NatSchAG M-V nicht erfasst sind, und das Schutzniveau erhöhen.[84]

Einen solchen flächendeckenden Baumschutz kennen sonst nur die Baumschutzverordnungen der Stadtstaaten, die der jeweilige Senat erlässt.[85] Ähnlich war die Rechtslage früher auch in Brandenburg, das Bäume landesweit durch eine zentrale Baumschutzverordnung bis 2011 unter Schutz stellte.[86]

ab) Lokaler Baumschutz

In den übrigen Flächenländern hat sich ein System etabliert, wonach entweder nur die Gemeinden oder die Naturschutzbehörden und die Gemeinden Bäume zu geschützten Landschaftsbestandteilen erklären können. Die Unterschutzstellung ist aber in jedem Fall auf das Gemeindegebiet begrenzt.

In Baden-Württemberg, Sachsen und im Saarland sind ausschließlich die Gemeinden für Baumschutzsatzungen auf dem gesamten Gemeindegebiet zuständig.[87] Hessen, Nordrhein-Westfalen und Thüringen beschränken diese Kompetenz auf Baumschutzsatzungen im bauplanungsrechtlichen Innenbereich (§§ 30, 34 BauGB).[88] Auf den Außenbereich können sich Baumschutzsatzungen dort nicht erstrecken. Bäume im Außenbereich können in Hessen und Thüringen als geschützte Landschaftsbestandteile nur durch Rechtsverordnung der unteren Naturschutzbehörden geschützt werden.[89]

Eine Kompetenzaufteilung zwischen Gemeinde und Naturschutzbehörde ist auch in Sachsen-Anhalt, Schleswig-Holstein, Niedersachsen und Brandenburg vorgesehen. In Sachsen-Anhalt, Schleswig-Holstein und Niedersachsen können die Gemeinden subsidiär auch Bäume

84 M-V LT-Drs. 5/176, 2; 6/5265, 2.

85 §§ 21, 27 BlnNatSchG; §§ 20, 21 BremNatSchG; §§ 10, 11 HmbBNatSchAG.

86 Bbg. GVBl. II 2004, 553; Zerbel, LKV 2005, 536.

87 §§ 23 Abs. 6, 31 Abs. 2 NatSchG BW; §§ 19 Abs. 1 S. 1, 48 Abs. 1 S. 1 Nr. 3 SächsNatG; § 39 Abs. 1 Nr. 1 SaarlNG.

88 § 12 Abs. 2 S. 2 HAGBNatSchG; § 49 LNatSchG NRW; § 14 Abs. 1 ThürNatG.

89 § 12 Abs. 2 S. 1 Nr. 3 HAGBNatSchG; § 9 Abs. 1 S. 1 Nr. 5 ThürNatG.

im Außenbereich unter Schutz stellen, wenn die untere Naturschutzbehörde keine Verordnung für den Außenbereich erlassen hat.[90]

Umgekehrt geht Brandenburg vor: Hat die Gemeinde keine Satzung für den Baumbestand im Innenbereich erlassen, kann sich in Brandenburg die Verordnung der Naturschutzbehörde auch auf den Innenbereich erstrecken. Die Baumschutzsatzungen gehen entsprechenden Rechtsverordnungen zur Unterschutzstellung geschützter Landschaftsbestandteile vor.[91]

In Bayern können die Gemeinden Baumschutzverordnungen für das gesamte Gemeindegebiet erlassen. Die Baumschutzverordnungen sind gegenüber denen der Naturschutzbehörden subsidiär.[92] Dies gilt unabhängig davon, ob der Baumbestand im Innen- oder im Außenbereich liegt. Auch in Rheinland-Pfalz können Gemeinden Bäume gemeindeweit durch Baumschutzsatzungen schützen. Allerdings darf eine solche Baumschutzsatzung nur für wirtschaftlich nicht genutzte Bäume gelten.[93] Ansonsten sind die unteren Naturschutzbehörden dafür zuständig, geschützte Landschaftsbestandteile durch Verordnung auszuweisen. Diese Verordnungen verdrängen jedoch nicht die Baumschutzsatzungen.[94]

d) Satzungszweck und Erforderlichkeit

Die hessischen Baumschutzsatzungen bezeichnen einleitend den mit ihnen verfolgten Zweck und wiederholen dabei überwiegend den Katalog von § 29 Abs. 1 S. 1 Nr. 1 bis 4 BNatSchG. Vereinzelt haben sich die Satzungsgeber für ausführliche Erläuterungen entschieden, in denen unter anderem die Ökosystemleistungen sowie die Bedeutung von Bäumen für die jeweilige Stadt hervorgehoben werden.[95]

---

90 § 15 Abs. 1 S. 2, 3 NatSchG LSA; § 18 Abs. 3 S. 1 LNatSchG S-H; § 22 Abs. 1 NdsAGBNatSchG; OVG Magdeburg, Beschluss vom 08.02.2011, 2 L 32/10, Rn. 8, juris.

91 § 8 Abs. 1, 2 BbgAGNatSchG.

92 Art. 12 Abs. 1, Art. 51 Abs. 1 Nr. 5 BayNatSchG.

93 § 14 Abs. 1 RPLNatSchG.

94 § 12 Abs. 1 S. 1 Hs. 2; § 13 Abs. 6 S. 2 RPLNatSchG.

95 Präambeln der Baumschutzsatzungen der Kurstädte Bad Homburg und Bad Soden.

§ 1 Abs. 1 der Musterbaumschutzsatzung der GALK ist an die allgemeinen Schutzzwecke des § 29 Abs. 1 S. 1 BNatSchG angelehnt. Die Mustervorschrift konkretisiert die Schutzzwecke in Bezug auf die besonderen Funktionen von Bäumen, indem sie beispielsweise die Verbesserung des Kleinklimas sowie die Luftreinhaltung ausdrücklich hervorhebt.

Nachvollziehbare und umfangreiche Prologe zu den mit der Baumschutzvorschrift verfolgten Zielen sind sicherlich geeignet, um die Akzeptanz von Baumschutzsatzungen zu erhöhen. Rechtlich erforderlich sind sie indes nicht. Denn das Bundesverwaltungsgericht stellt keine hohen Anforderungen an die Begründung einer Baumschutzsatzung. Als Rechtfertigung für die Unterschutzstellung von Bäumen genügt es danach, wenn mit der Baumschutzsatzung der Erhalt des Baumbestands bezweckt ist, weswegen schon die ausdrückliche Erwähnung der einzelnen Zwecke nicht erforderlich ist.[96] Das Bundesverwaltungsgericht hat diese Auffassung mittlerweile insgesamt auf Schutzgebietsausweisungen nach den §§ 20 ff. BNatSchG ausgeweitet.[97]

e) Räumlicher Geltungsbereich

aa) Umfang des räumlichen Geltungsbereichs

Gemäß § 29 Abs. 2 S. 2 BNatSchG dürfen Bäume für den Bereich eines Landes oder für Teile eines Landes unter Schutz gestellt werden. § 12 Abs. 2 S. 2 HAGBNatSchG beschränkt den zulässigen räumlichen

96 BVerwG, Beschluss vom 29.12.1988, 4 C 19/86, NVwZ 1989, 555 [556]; zustimmend Kloepfer, Umweltrecht, § 12, Rn. 328; dem folgend: OVG Berlin-Brandenburg, Urteil vom 10.02.2011, OVG 11 A 1.08, Rn. 49–51, juris; VGH München, Urteil vom 31.10.2007, 14 N 05.2125, Rn. 32, juris; OVG Saarlouis, Urteil vom 07.03.2007, 1 N 3/06, Rn. 60, juris; VGH Kassel, Urteil vom 18.12.2006, 4 N 1571/06, Rn. 37, juris; Übersicht zur früheren abweichenden Rechtsprechung: Führen, in: Lübbe-Wolff/Wegener, Umweltschutz durch kommunales Satzungsrecht, Rn. 489.

97 BVerwG, Beschluss vom 20.12.2017, 4 BN 8/17, Rn. 8 f., juris; daran anschließend: OVG Lüneburg, Urteil vom 04.03.2020, 4 KN 390/17, Rn. 82, juris; VGH München, Urteil vom 29.10.2018, 14 N 16.1253, Rn. 33, juris; VGH Kassel, Urteil vom 25.01.2017, 4 C 2759/15.N, Rn. 32, juris.

Geltungsbereich von Baumschutzsatzungen auf Teile des Landes, da es den hessischen Gemeinden lediglich erlaubt ist, Baumschutzsatzungen für Bäume innerhalb der im Zusammenhang bebauten Ortsteile zu erlassen. Trotz der an § 34 Abs. 1 S. 1 BauGB angelehnten Formulierung ist damit der gesamte bauplanungsrechtliche Innenbereich, also auch das nach § 30 BauGB beplante Gebiet,[98] erfasst.

Für die hessischen Gemeinden bieten sich zwei Varianten an, um den räumlichen Geltungsbereich festzulegen:

1. Die Baumschutzsatzung gilt nur für ausgewählte Bereiche (punktueller, differenzierter Baumschutz).
2. Die Baumschutzsatzung gilt für den gesamten Baumbestand im Innenbereich, d. h. innerhalb im Zusammenhang bebauter Ortsteile und im Geltungsbereich der Bebauungspläne (flächendeckender Baumschutz).

Die erste Variante ist praktisch kaum von Bedeutung. In Hessen hat nur die Gemeinde Diemelsee den räumlichen Geltungsbereich auf eine kleine Teilfläche des Gemeindegebietes beschränkt.[99]

Die übrigen hessischen Gemeinden haben sich für die zweite Variante und somit für den flächenhaften Baumschutz im bauplanungsrechtlichen Innenbereich entschieden. Die jeweilige Baumschutzsatzung gilt dort entweder *innerhalb der im Zusammenhang bebauten Ortsteile und im Geltungsbereich der Bebauungspläne*[100] oder *im baurechtlichen Innenbereich.*[101]

Zeitweise war umstritten, ob der Geltungsbereich das gesamte Gemeindegebiet bzw. wie in Hessen den bauplanungsrechtlichen Innenbereich einer Gemeinde umfassen darf. Bis zur Novelle des Bundesnaturschutzgesetzes 2010 konnte sich die Schutzausweisung gemäß § 29 Abs. 1 S. 2 BNatSchG a.F. *in bestimmten Gebieten auf den gesam-*

98 Hess. LT-Drs. 18/2749, 30.

99 § 2 BSS Diemelsee.

100 Z.B. § 1 Abs. 1 S. 1 BSS Bad Homburg; § 2 Abs. 1 BSS Dreieich; § 1 Abs. 1 BSS Langenselbold; § 2 Abs. 1 BSS Offenbach.

101 Z.B. § 2 BSS Alsfeld; § 3 Abs. 1 BSS Königstein; § 2 BSS Wetzlar.

ten Bestand an Bäumen, einseitigen Baumreihen, Hecken oder anderen Landschaftsbestandteilen erstrecken.[102]

Umstritten war, ob der Begriff *bestimmte Gebiete* überhaupt eine flächendeckende Schutzausweisung zum Beispiel des gesamten bauplanungsrechtlichen Innenbereichs zuließ.[103] Diese Diskussion hat das Bundesverwaltungsgericht mit seiner Entscheidung zur Hamburger Baumschutzverordnung 1996 beendet. Danach können *bestimmte Gebiete* das gesamte Gemeindegebiet und sogar die Fläche eines Bundeslandes umfassen.[104]

Diese Entscheidung des Bundesverwaltungsgerichts zugunsten des flächendeckenden Geltungsbereichs entspricht auch dem damaligen gesetzgeberischen Willen. Denn der Bundesgesetzgeber hat deutlich zum Ausdruck gebracht, dass durch die Vorschrift vor allem der gebietsweise Schutz von Bäumen erlaubt ist:

> *„Absatz 1 Satz 2 ermöglicht gebietsweise einen generellen Bestandsschutz, etwa den Baumbestand eines ganzen Gemeindegebiets […] zu schützen.“*[105]

Durch die Novelle des Bundesnaturschutzgesetzes 2010 wurde § 29 BNatSchG nicht grundlegend geändert. Gleichwohl hat der Gesetzgeber die Vorschrift bei den Vorgaben zum Geltungsbereich im Sinne der Auffassung des Bundesverwaltungsgerichts angepasst. Der Schutz ist mittlerweile nicht mehr auf *bestimmte Gebiete* beschränkt, sondern kann sich auf *den Bereich eines Landes oder Teile eines Landes* erstrecken und ist damit weiter gefasst. Mit der Änderung im Zuge der Novelle 2010 hat der Gesetzgeber folglich die notwendige rechtliche Klarheit in Bezug auf die gebietsweite Schutzausweisung geschaffen.[106]

Hessen wich von der Entscheidung des Bundesverwaltungsgerichts noch eine Zeit lang ab. Nach dem Willen des Landesgesetzgebers

---

102 In der Fassung vom 25.03.2002, BGBl. I 2002, 1193 [1203].

103 Bartholomäi, UPR 1988, 241 [244]; zusammenfassend: Günther, Baumschutzrecht, 14–16.

104 BVerwG, Beschluss vom 01.02.1996, 4 B 303/95, Rn. 7, juris.

105 BT-Drs. 7/3879, 25; so auch: OVG Lüneburg, Beschluss vom 17.10.1984, 3 C 2/84, NuR 1985, 242.

106 Heugel, in: Lütkes/Ewer, BNatSchG, § 29, Rn. 5.

durfte sich der räumliche Geltungsbereich nicht auf den gesamten Innenbereich erstrecken:

> *„Die Gemeinden können das Schutzniveau ihrer Grünbestände in weiten Grenzen aber nicht flächendeckend sondern [sic!] entsprechend der jeweiligen Schutzbedürftigkeit durch Satzung bestimmen.“*[107]

Spätestens seit der Novellierung des Bundesnaturschutzgesetzes und des Landesnaturschutzrechts 2010 ist dieses eingeschränkte Verständnis auch in Hessen passé.[108]

ab) Bestimmtheit der Festsetzung des räumlichen Geltungsbereichs

Bei der Definition des räumlichen Geltungsbereichs anhand bauplanungsrechtlicher Kategorien sind bei Veränderungen der bauplanungsrechtlichen Situation vor Ort keine Anpassungen des räumlichen Geltungsbereichs erforderlich. Der Geltungsbereich verändert sich nämlich dynamisch bei bauplanungsrechtlichen Veränderungen des Innenbereichs, ohne dass Anpassungen der Baumschutzsatzung erforderlich werden.

Ob diese dynamische Definition des räumlichen Geltungsbereichs dem Bestimmtheitsgebot genügt, war zeitweise umstritten. Ein wesentlicher Kritikpunkt bestand darin, dass der unbeplante Innenbereich im Sinne von § 34 BauGB nicht eindeutig erkennbar sei. Das Bundesverwaltungsgericht und der Bundesgerichtshof, der im Zusammenhang mit einem Ordnungswidrigkeitenverfahren darüber inzident zu entscheiden hatte, haben diesen Streit mittlerweile geklärt und sehen die Formulierung als hinreichend bestimmt an.[109]

Allgemein gilt, dass eine Satzung nur dann die rechtsstaatlichen Anforderungen erfüllt, wenn und soweit sich aus ihr mit ausreichender Bestimmbarkeit ermitteln lässt, was von den pflichtigen Personen verlangt wird. Der Satzungsgeber muss Rechtsvorschriften so genau fas-

---

107 Hess. LT-Drs. 15/3544, 34; VG Frankfurt (Main), Urteil vom 14.09.2004, 8 E 2137/01, Rn. 21, juris.

108 Hess. LT-Drs. 18/2749, 30.

109 BVerwG, Urteil vom 16.06.1994, 4 C 2/94, Rn. 9–20, juris; BGH, Beschluss vom 15.03.1996, 3 StR 506/95, Rn. 11–21, juris.

sen, wie dies nach der Eigenart der zu ordnenden Lebenssachverhalte mit Rücksicht auf den Normzweck möglich ist.[110] Durch den Rückgriff auf unbestimmte Rechtsbegriffe wird der Vorschrift indes noch nicht ihre Bestimmtheit genommen, denn es genügt, wenn die Adressaten der Vorschrift *„die Rechtslage anhand objektiver Kriterien erkennen und ihr Verhalten danach einrichten können."*[111]

Das Oberlandesgericht Hamm forderte von Baumschutzsatzungen noch die *„optimale Bestimmtheit"* und *„größtmögliche Präzision"*, weswegen der Geltungsbereich in einer Karte festzuhalten sei.[112] Das Bundesverwaltungsgericht und der Bundesgerichtshof halten eine zeichnerische Darstellung des Geltungsbereichs dagegen nicht für erforderlich. Denn sowohl der beplante Innenbereich als auch der unbeplante Innenbereich seien in der Regel ohne weiteres anhand der Siedlungsstruktur erkennbar. Sollte die Abgrenzung in Einzelfällen dennoch unklar sein, könne sich der Betroffene entweder bei der Gemeinde erkundigen oder sich Rechtsrat suchen. Den Anforderungen des Bestimmtheitsgebots sei damit genüge getan.[113]

Dieser pragmatische Ansatz des Bundesverwaltungsgerichts und des Bundesgerichtshofs ist zu begrüßen und auch zumutbar, denn Baumfällmaßnahmen sind selten von derart großer Dringlichkeit, dass eine Erörterung mit der Behörde nicht möglich wäre. Falls doch Eile geboten ist, verzichten Baumschutzsatzungen oft auf das Genehmigungserfordernis und verlangen nur eine Mitteilung.[114]

Die zeichnerische Darstellung des unbeplanten Innenbereichs ist aus Sicht des Bundesverwaltungsgerichts schließlich nur mit einem unver-

---

110 BVerfG, Beschluss vom 24.11.1981, 2 BvL 4/80, Rn. 14, juris; BVerwG, Urteil vom 17.06.2020, 8 C 2/19, Rn. 9, juris; Urteil vom 16.10.2013, 8 CN 1/12, Rn. 2, juris.

111 BVerwG, Urteil vom 16.06.1994, 4 C 2/94, Rn. 8, juris.

112 OLG Hamm, Beschluss vom 25.02.1993, 3 Ss Owi 1060/92, NVwZ-RR 1993, 615, so auch schon: VG Gelsenkirchen, Urteil vom 13.12.1989, 10 K 4289/88, NWVBl 1990, 390.

113 BVerwG, Urteil vom 16.06.1994, 4 C 2/94, Rn. 9–20, juris; BGH, Beschluss vom 15.03.1996, 3 StR 506/95, Rn. 18–21, juris.

114 Z.B. § 4 Abs. 5 Nr. 1 BSS Frankfurt (Main); § 5 Abs. 4 BSS Marburg; § 5 Abs. 6 BSS Neu-Isenburg; § 3 Abs. 10 BSS Rüsselsheim.

hältnismäßigen Aufwand umsetzbar und letztendlich ungeeignet.[115] Das Bundesverwaltungsgericht weist dabei auf den kontinuierlichen Anpassungsbedarf des Kartenwerks und somit der Satzung hin. Dieses Argument hat vor allem in Ballungsgebieten und Großstädten nicht an Bedeutung verloren. Aufgrund der dynamischen Siedlungstätigkeit verschiebt sich nämlich der bauplanungsrechtliche Innenbereich und somit der räumliche Geltungsbereich einer Baumschutzsatzung ständig.

In kleineren Gemeinden mögen die Satzungsänderungen noch umsetzbar sein. Dort gelten aber – zumindest in Hessen – kaum Baumschutzsatzungen. In großen Städten wie Frankfurt am Main, Darmstadt oder Wiesbaden müssten die für Baumschutzsatzungen zuständigen Stellen – im ständigen Austausch mit den Stadtplanungs- und Bauaufsichtsämtern – das Kartenmaterial kontinuierlich anpassen. Von einer praktischen Handhabung kann dann keine Rede mehr sein.

Erweitert sich der Innenbereich und passt die Gemeinde die Karte nicht an, hat dies zur Folge, dass die zusätzlichen Flächen außerhalb des Geltungsbereichs der Baumschutzsatzung liegen. Verkleinert sich hingegen der Innenbereich, ist der Geltungsbereich zu weit und verstößt plötzlich gegen § 12 Abs. 2 S. 2 HAGBNatSchG, weil er sich dann auch auf den Außenbereich erstreckt. Dieses Risiko besteht bei der dynamischen Verweisung nicht.

Ein Blick auf die hessischen Baumschutzsatzungen, die den Geltungsbereich in einer Geltungsbereichskarte darstellen, zeigt, dass die Gemeinden ihr Kartenwerk nicht anpassen. In Bensheim, Kronberg, Rüsselsheim und Wiesbaden befinden sich die Karten auf dem ursprünglichen Stand des Satzungsbeschlusses. Dort wird deswegen bei Maßnahmen nach der Baumschutzsatzung oftmals zu prüfen sein, ob das betroffene Grundstück noch im Geltungsbereich der Baumschutzsatzung, wie ihn die Karte definiert, liegt.

In den letzten Jahren hat die Frage der Bestimmtheit der flächenhaften Schutzausweisung die Gerichte nur noch vereinzelt beschäftigt. Soweit

115 BVerwG, Urteil vom 16.06.1994, 4 C 2/94, Rn. 16, juris.

ersichtlich sind keine neuen Aspekte hinzugekommen und die Obergerichte haben die Rechtsprechung des Bundesverwaltungsgerichts und des Bundesgerichtshofs übernommen.[116]

ac) Individuelle Festsetzungen einzelner Baumschutzsatzungen

Die Baumschutzsatzungen der Städte Hünfeld und Neu-Isenburg, Bad Camberg und Bad Hersfeld weichen von den etablierten Formulierungen zur Bestimmung des räumlichen Geltungsbereichs ab. Bei den Baumschutzsatzungen der Städte Neu-Isenburg, Bad Camberg und Bad Hersfeld führt dies zu rechtlichen Problemen.

(1) Hünfeld

Die Baumschutzsatzung der Stadt Hünfeld gilt gemäß § 1 Abs. 1 unter anderem im Bereich *rechtskräftiger Bebauungspläne*. Die Inbezugnahme der Rechtskraft hat nur deklaratorischen Charakter und wird auch ohne ihre explizite Nennung allgemeine Voraussetzung sein. Nicht rechtskräftige Bebauungspläne sind lediglich für bauplanungsrechtliche Fragen (zum Beispiel für die Zulässigkeit von Bauvorhaben nach § 33 BauGB), nicht aber für Baumschutzsatzungen von rechtlicher Relevanz. Die Formulierung ist daher rechtlich unbedenklich.

(2) Neu-Isenburg

Kritisch ist hingegen die erst im März 2020 beschlossene Baumschutzsatzung der Stadt Neu-Isenburg zu beurteilen, die den räumlichen Geltungsbereich darin sehr eigenwillig bestimmt. Nach § 3 Abs. 1 BSS Neu-Isenburg umfasst der räumliche Geltungsbereich *alle Siedlungs- und Gewerbeflächen*. Es lässt sich erahnen, was der Satzungsgeber damit zu regeln beabsichtigt. Den Anforderungen gemäß § 12 Abs. 1 S. 3, Abs. 2 S. 2 HAGBNatSchG genügt die gewählte Formulierung jedoch nicht.

116 VGH München, Beschluss vom 08.03.2016, 14 ZB 15.1373, Rn. 9 f., juris; OVG Saarlouis, Beschluss vom 27.04.2009, 2 A 286/09, Rn. 14, juris.

Der Landesgesetzgeber hat sich in § 12 Abs. 1 S. 3, Abs. 2 S. 2 HAGBNatSchG dazu entschieden, den räumlichen Geltungsbereich anhand bauplanungsrechtlicher Vorgaben (*innerhalb der im Zusammenhang bebauten Ortsteile*) zu bestimmen. Die Vorschrift lässt es auch zu, nicht den gesamten baurechtlichen Innenbereich unter Schutz zu stellen, sondern nur Teile davon (punktueller, differenzierter Baumschutz). Dabei ist aber wegen des Gesetzeswortlauts, der dem Bauplanungsrecht entnommen ist, ein Rückgriff auf bauplanungsrechtliche Kategorien unumgänglich. Entweder kann die Baumschutzsatzung nur für Gebiete näher bezeichneter Bebauungspläne gelten oder der räumliche Geltungsbereich wird auf bestimmte Baugebietstypen gemäß § 1 Abs. 2, §§ 2 bis 11 BauNVO beschränkt.

Wegen des numerus clausus der Baugebietstypen dürfen die satzungsgebenden Gemeinden keine zusätzlichen Arten der baulichen Nutzung dazuerfinden.[117] Die Gemeinden könnten beispielsweise den räumlichen Geltungsbereich ihrer Baumschutzsatzungen auf bauleitplanerisch festgesetzte allgemeine Wohngebiete beschränken oder Industrie- und Gewerbegebiete vom Geltungsbereich ausnehmen.

Die Baumschutzsatzung der Stadt Neu-Isenburg nimmt aber keine solche an den Baugebietstypen orientierte Einschränkung vor. Schon gar nicht lässt sich erkennen, welche Flächen konkret gemeint sind, weswegen die Stadt Neu-Isenburg den räumlichen Geltungsbereich ihrer Baumschutzsatzung zu unbestimmt definiert. Gewerbeflächen ließen sich bei großzügiger Auslegung noch als Gewerbegebiete gemäß § 8 BauNVO verstehen. Siedlungsflächen im Sinne der Neu-Isenburger Baumschutzsatzung lassen allerdings keinen Rückschluss auf einen konkreten Baugebietstyp gemäß der Baunutzungsverordnung zu.

(3) Bad Camberg und Bad Hersfeld

Auch die Städte Bad Camberg und Bad Hersfeld bestimmen den räumlichen Geltungsbereich ihrer Baumschutzsatzungen nicht gesetzeskonform. Dort gilt die Baumschutzsatzung jeweils für das *Gebiet*

117 BVerwG, Urteil vom 27.10.2011, 4 CN 7/10, Rn. 17, juris.

der Stadt[118] und somit nicht nur für den baurechtlichen Innenbereich, sondern auch darüber hinaus für das gesamte Stadtgebiet.

Die Baumschutzsatzungen stammen aus 1989 (Bad Camberg) bzw. aus 2001 (Bad Hersfeld) und wären schon nach dem Hessischen Naturschutzgesetz, das durch das Hessische Ausführungsgesetz zum Bundesnaturschutzgesetz abgelöst wurde, aufzuheben gewesen. Nach der Übergangsvorschrift des § 60 HENatG[119] waren frühere Baumschutzsatzungen, die den Anforderungen von § 30 HENatG[120] nicht genügten, aufzuheben. Bereits § 30 HENatG beschränkte den räumlichen Geltungsbereich auf den baurechtlichen Innenbereich,[121] weswegen die beiden Städte den räumlichen Geltungsbereich ihrer Baumschutzsatzungen sowohl nach alter als auch nach aktueller Rechtslage rechtswidrig bestimmen.

f) Sachlicher Geltungsbereich

Durch § 29 BNatSchG und § 12 HAGBNatSchG sowie durch zahlreiche andere Landesnaturschutzgesetze ist nicht vorgegeben, welche Bäume die Gemeinden unter Schutz stellen dürfen. Die Gemeinden können deswegen nach eigenem Ermessen entscheiden, für welche Bäume die Satzung gelten soll, und sie dürfen die Kriterien wie zum Beispiel den Mindeststammumfang oder die Baumart selbstständig festlegen.[122]

aa) Stammumfang

Bäume sind durch Baumschutzsatzungen erst geschützt, wenn sie in einem Meter Höhe über dem Bodenniveau einen bestimmten Stammumfang erreicht haben.[123] Bis 2010 galt das Schutzregime von Baum-

118 § 2 BSS Bad Camberg; § 2 Abs. 1 BSS Bad Hersfeld.
119 In der Fassung vom 04.12.2006, Hess. GVBl. I 2006, 619 [643].
120 In der Fassung vom 04.12.2006, Hess. GVBl. I 2006, 619 [632].
121 So auch schon vorher § 26 S. 1 HENatG in der Fassung vom 16.04.1996, Hess. GVBl. I 1996, 145 [157 f.].
122 VG Weimar, Urteil vom 04.08.2014, 7 K 1392/12 We, Rn. 88, juris.
123 Gemessen wird der Stammumfang immer in 1,00 m Höhe über Bodenniveau.

schutzsatzungen wegen § 26 S. 4 HENatG nur für Bäume mit einem Stammumfang von mehr als 0,60 m. Im Gegensatz zu Sachsen[124] hat Hessen die Vorgabe mittlerweile aufgehoben und stellt etwaige Vorgaben an die Größe des Baums in das Ermessen des Satzungsgebers.

Hintergrund des Mindeststammumfangs ist, dass Bäume erst ab einer gewissen Größe ihre ökologischen Vorteile vollständig entfalten. Zudem ist ein Mindeststammumfang auch erforderlich, um den eigentumsrechtlichen Belangen Rechnung zu tragen. Bei der Abwägung zwischen Baumerhalt und der Eigentumsgarantie wäre ein radikaler Vorrang des Baumschutzes aufgrund der geringen ökologischen Bedeutung kleiner Stämme unangemessen.[125]

Einige Verwaltungsgerichte halten bereits einen Stammumfang von mindestens 0,30 m für rechtmäßig, wenn der örtliche Baumbestand sehr gering und deswegen besonders schutzbedürftig ist.[126] Gelegentlich wird für einen Stammumfang von mindestens 0,80 m plädiert, wie ihn unter anderem die Musterbaumschutzsatzung der GALK vorsieht.[127] Für diesen Grenzwert wird angeführt, dass die meisten Baumarten einen solchen Stammumfang erst im Alter von 50 bis 70 Jahren erreichen würden. Erst dann hätten sie ihren benötigten Standraum weitgehend eingenommen und besäßen eine so große ökologische und landschaftsgestalterische Bedeutung, dass sich ihr Schutz und der damit verbundene Verwaltungsaufwand lohnen würden.[128]

Diese Argumentation überzeugt nicht. Denn Bäume leisten bereits in den Jahrzehnten, bevor sie weitgehend ausgewachsen sind, einen wertvollen ökologischen Beitrag. Des Weiteren ist nicht nachvollziehbar, warum erst ausgewachsene Bäume schützenswert sein sollen. Damit ein ausgewachsener Bestand entstehen kann, muss auch seine Wachs-

124 § 19 Abs. 2 S. 1 Nr. 3 SächsNatSchG; die Regelung ist umstritten, vgl. Sächs. LT-Drs. 7/4539.

125 Höreth-Marquardt/Wedekind, DÖV 2001, 1034.

126 VG Potsdam, Urteil vom 25.06.2010, 4 K 2392/07, BeckRS 2010, 50752; VG Frankfurt (Oder), Urteil vom 29.04.2003, 7 K 3385/99, Rn. 30, juris.

127 § 2 Abs. 2 lit. a) MusterBSS GALK.

128 VG Potsdam, Urteil vom 25.06.2010, 4 K 2392/07, BeckRS 2010, 50752; VG Frankfurt (Oder), Urteil vom 29.04.2003, 7 K 3385/99, Rn. 30, juris.

tumsphase ab einem bestimmten Zeitpunkt geschützt sein. Für langsam wachsende Baumarten kann es deswegen angebracht sein, einen geringeren Mindeststammumfang festzusetzen.

In den hessischen Baumschutzsatzungen variiert der Stammumfang überwiegend zwischen 0,60 m und 1,00 m. Vereinzelt sind Bäume auch erst ab einem Stammumfang von mehr als 1,20 m geschützt.[129] Auffällig ist, dass zahlreiche hessische Baumschutzsatzungen Laubbäume gegenüber Nadelbäumen schon bei einem geringeren Stammumfang unter Schutz stellen. Diese Unterscheidung lässt sich darauf zurückführen, dass Nadelhölzer schneller wachsen und bei gleichem Stammumfang ein geringeres Alter gegenüber Laubbäumen aufweisen. Der Ausgleich gefällter Laubbäume dauert daher länger, was wiederum ihre besondere Schutzbedürftigkeit erklärt. Allerdings gilt dies nicht pauschal, da zu den schnell wachsenden Pioniergehölzen auch einige Laubbäume wie Pappeln, Weiden oder Birken zählen.[130] Es ist daher zu überlegen, die zu den Pionierbaumarten zählenden Laubbäume in Bezug auf den Stammumfang wie Nadelgehölze zu behandeln.

In einigen Baumschutzsatzungen ist auch geregelt, wie bei mehrstämmigen Bäumen der Stammumfang zu ermitteln ist. Dabei ist regelmäßig die Summe des Stammumfangs der einzelnen Triebe in einem Meter Höhe maßgeblich.[131] Enthält die Baumschutzsatzung für mehrstämmige Bäume keine Regelung zur Ermittlung des Stammumfangs, ist eine Addition der einzelnen Triebe allerdings unzulässig.[132] Dann ist der Umfang der einzelnen Triebe entscheidend, die rechtlich wie eigenständige Bäume zu behandeln sind.

Dass Ersatzpflanzungen geschützt sind, auch wenn sie den Mindeststammumfang noch unterschreiten, ist selbstverständlich. Denn andernfalls wäre die Anordnung von Ersatzpflanzungen sinnlos, weil sie sonst folgenlos beseitigt werden könnten. Zur Klarstellung ist in

129 Z.B. § 1 Abs. 2 BSS Bad Homburg; § 3 Abs. 3 BSS Königstein.

130 Veste/Schillem/Böhm, in: Veste/Böhm, Agrarholz – Schnellwachsende Bäume in der Landwirtschaft, 81.

131 Z.B. § 2 Abs. 3 lit. b) BSS Rüsselsheim; § 3 Abs. 1 lit. a) BSS Maintal; § 2 Abs. 2 lit. a) BSS Hünfeld.

132 VGH München, Urteil vom 25.06.1984, 9 B 84 A.253, NuR 1985, 115.

einigen hessischen Baumschutzsatzungen der Schutz von Ersatzpflanzungen explizit geregelt.[133]

ab) Baumarten

Durch Baumschutzsatzungen ist nicht jeder Baum geschützt, der den Mindeststammumfang erreicht hat. Während sämtliche hessische Baumschutzsatzungen Laubbäume schützen, nehmen einige Baumschutzsatzungen Nadelbäume pauschal oder teilweise vom sachlichen Geltungsbereich aus.[134]

Einigen Kiefernarten wird allerdings eine sehr gute Feinstaubfilterleistung zugesprochen.[135] Deswegen kann ihre Unterschutzstellung vor dem Hintergrund der anhaltenden Diskussionen und Verfahren um Luftreinhaltepläne sinnvoll sein. Dies hat die Stadt Neu-Isenburg bei ihrer 2020 erlassenen Baumschutzsatzung vermutlich berücksichtigt, indem sie Waldkiefern als einzige Nadelbäume unter Schutz stellt.[136]

Eine besondere Stellung nimmt der von Goethe lyrisch besungene Ginkgo biloba[137] ein, den unter anderem Goethes Geburtsstadt Frankfurt am Main und die Stadt Marburg in ihren Baumschutzsatzungen ausdrücklich neben Laub- und Nadelbäumen schützen.[138] Der Ginkgo biloba ist in Deutschland heute als anspruchsloser und abgastoleranter Stadtbaum geschätzt.[139] Er ist aber auch eine botanische Besonderheit. Denn er ist weder den Laub- noch den Nadelbäumen eindeutig

---

133 Z.B. § 2 Abs. 2 lit. c) BSS Bad Soden; § 3 Abs. 2 BSS Bensheim; § 3 Abs. 3 BSS Offenbach.

134 Z.B. § 3 Abs. 2 lit. a) BSS Alsfeld; § 3 Abs. 3 Nr. 2 BSS Bensheim; § 3 Abs. 2 Nr. 2 BSS Edertal; § 2 Abs. 3 S. 1 lit. e) BSS Hünfeld.

135 Moser et al., AFJZ 2018, 100; Sæbø et al., The Science of the total environment 2012, 347 [350, 353]; Kappis, Studie zum wissenschaftlichen Erkenntnisstand über das Feinstaubfilterungspotential (qualitativ und quantitativ) von Pflanzen, 117–121, 162.

136 § 3 Abs. 2 BSS Neu-Isenburg.

137 Der Legende nach schmückte Goethe das nach dem Baum benannte Gedicht 1815 mit zwei Ginkgo-Blättern und übersandte es so seiner damaligen Geliebten Marianne von Willemer.

138 § 1 Abs. 2 S. 1 BSS Frankfurt (Main); § 3 Abs. 1 S. 1 BSS Marburg.

139 Dörken, Der Palmengarten 2009, 99.

zugeordnet, obwohl er wie Nadelbäume ein Nacktsamer ist.[140] Dies zeigt sich auch in den Baumschutzsatzungen der Städte Frankfurt am Main und Marburg. In der Frankfurter Baumschutzsatzung sind Ginkgobäume den Laubbäumen gleichgestellt,[141] während sie in der Marburger Satzung als Nadelbäume behandelt werden.[142]

Diese botanischen Feinheiten sind aus rechtlicher Sicht nicht entscheidend. Maßgeblich ist für die rechtliche Einordnung hingegen, wie die Allgemeinheit aus botanischer Laiensicht Bäume wahrnimmt. Da der Ginkgo erstens Blätter hat und zweitens nicht immergrün ist, ist er baumschutzrechtlich als Laubbaum zu behandeln, wenn sein Schutz nicht explizit durch eine Baumschutzsatzung geregelt ist.

ac) Ausschluss von Baumbeständen

Die hessischen Baumschutzsatzungen gelten regelmäßig nicht für bestimmte Baumbestände. Unter anderem schließen Baumschutzsatzungen zahlreiche Obstbäume und gewerblich genutzte Baumbestände, Straßenbäume und Waldbäume von ihrem Geltungsbereich aus.

(1) Obstbäume und gewerbliche Baumbestände

Diverse Obstbäume sowie Bäume in Gärtnereien und Baumschulen sind vom Geltungsbereich der hessischen Baumschutzsatzungen ausgenommen. Bei diesen Baumbeständen steht der ertragswirtschaftliche Nutzen im Vordergrund und weniger die Ökosystemleistungen. Dies kann auch bedeuten, dass gesunde Bäume weichen müssen. Die Verbote der Baumschutzsatzungen könnten den Schutzbereich von Artikel 12 Abs. 1 GG tangieren, wenn auch ertragswirtschaftliche Bäume erhalten werden müssten. Dadurch wird die baumschutzrechtliche Privilegierung aus rechtlicher Sicht nachvollziehbar.

Im Gegenzug besteht kein Bedürfnis, solche Bäume aus dem Geltungsbereich herauszunehmen, die keinen Ertragswert haben. Dies sind

140 Dörken, in: Bochumer Botanischer Verein, Jahrbuch für das Jahr 2012, 181.
141 § 1 Abs. 2 S. 1 BSS Frankfurt (Main).
142 § 3 Abs. 1 S. 1 BSS Marburg.

sowohl Obstbäume in Privatgärten als auch Bäume in kleinen Privatgärtnereien. In beiden Fällen besitzen die Bäume keine nennenswerte ertragswirtschaftliche Bedeutung. In einigen hessischen Baumschutzsatzungen ist deswegen klargestellt, dass die Bäume nur bei gewerblicher bzw. ertragswirtschaftlicher Nutzung vom sachlichen Geltungsbereich ausgenommen sind.[143]

Aus den gleichen Gründen verbleiben in zahlreichen hessischen Baumschutzsatzungen bestimmte Obstbäume wie die Esskastanie, die Walnuss oder der Speierling im Anwendungsbereich der Satzung.[144] Diese Bäume besitzen heute kaum noch einen Ertragswert,[145] weswegen eine Privilegierung rechtlich nicht notwendig ist.

(2) Öffentliche Flächen, Straßen und Friedhöfe

Vom Geltungsbereich hessischer Baumschutzsatzungen sind vielfach Bäume an Straßen, auf öffentlichen Flächen und Friedhöfen ausgeschlossen. Dabei ist die Wortwahl der Satzung genau zu beachten, da einige Baumschutzsatzungen nicht für Bäume auf *öffentlichen Grünflächen* gelten.[146] Es sprechen gute Gründe dafür, dass es sich dabei nur um öffentliche Grünflächen handelt, die gemäß § 9 Abs. 1 Nr. 15 BauGB festgesetzt sind, denn § 12 Abs. 1 S. 3, Abs. 2 S. 2 HAGBNatSchG macht schon den räumlichen Geltungsbereich der Baumschutzsatzungen von bauplanungsrechtlichen Kategorien abhängig. Zur Sicherung eines rechtseinheitlichen Verständnisses und aus Gründen der Bestimmtheit ist es daher angebracht, dem Bauplanungsrecht entstammende Begriffe in Baumschutzsatzungen ihrem bauplanungsrechtlichen Verständnis entsprechend auszulegen. Will die sat-

143 Z.B. § 3 Abs. 3 lit. c) BSS Bad Camberg; § 1 Abs. 3 lit. c) BSS Bad Homburg; § 3 Abs. 3 Nr. 1 BSS Bensheim; § 3 Abs. 2 Nr. 4 BSS Kassel; § 3 Abs. 3 lit. a) BSS Königstein; § 3 Abs. 2 lit. c) BSS Maintal; § 3 Abs. 2 lit. a) BSS Wiesbaden; § 3 Abs. 2 Nr. 1 BSS Wetzlar.

144 Z.B. § 1 Abs. 3 lit. a) BSS Hanau; § 3 Abs. 3 lit. a) BSS Königstein; § 3 Abs. 3 lit. d) BSS Rüsselsheim; § 3 Abs. 2 Nr. 2 BSS Wetzlar.

145 Eidgenössisches Department für Wirtschaft, Bildung und Forschung WBF, Die Bewertung von Obstkulturen, 11; Schwade, StGRat 1992, 108 [114].

146 § 3 Abs. 5 BSS Bad Hersfeld; § 2 Abs. 3 BSS Langenselbold.

zungsgebende Gemeinde diese Diskussion vermeiden, kann sie die Ausnahme vom sachlichen Geltungsbereich stattdessen für *öffentliche Grünanlagen* formulieren.[147]

Die Ausnahme für Straßenbäume ist sinnvoll, denn damit wird durch die Baumschutzsatzung ein Konflikt zwischen den baumschutzrechtlichen Verboten und den Amtspflichten des Straßenbaulastträgers, die unter anderem auch den Rückschnitt oder die Beseitigung von Bäumen zur Verkehrssicherung erfordern, vermieden.[148]

Soweit die Gemeinde selbst für den Baumbestand an Gemeindestraßen, auf öffentlichen Flächen und Friedhöfen zuständig ist, ist eine Unterschutzstellung nicht zwangsläufig erforderlich, wenn sich die Gemeinde durch interne Regelungen wie etwa Verwaltungsvorschriften an die Maßgaben einer Baumschutzsatzung bindet.[149] Dadurch ergibt sich indes der Nachteil, dass verwaltungsinterne Entscheidungen über Baumfällungen rechtlich nicht überprüfbar sind. Mangels Außenwirkung sind solche Entscheidungen keine Verwaltungsakte und deswegen vor allem nicht durch anerkannte Umweltvereinigungen überprüfbar. Wegen § 1 Abs. 1 S. 1 Nr. 5 UmwRG ist der Anwendungsbereich des Umwelt-Rechtsbehelfsgesetzes nur für Entscheidungen durch Verwaltungsakt oder öffentlich-rechtlichen Vertrag eröffnet. Realakte sind der gerichtlichen Überprüfung durch die Verbandsklage damit entzogen.[150]

(3) Wälder

Sämtliche hessische Baumschutzsatzungen gelten nicht für Waldbäume. Der rechtliche Waldbegriff ist in § 2 BWaldG legaldefiniert. Danach ist Wald jede mit Forstpflanzen bestockte Grundfläche. Die

147 So z.B. § 1 Abs. 2 Nr. 3 BSS Darmstadt; § 3 Abs. 3 lit. d) BSS Dreieich; § 1 Abs. 3 lit. c) BSS Frankfurt (Main); § 3 Abs. 3 lit. c) BSS Königstein.

148 VG Düsseldorf, Urteil vom 27.01.2016, 28 K 8502/14, Rn. 26, juris.

149 VGH Kassel, Urteil vom 18.12.2006, 4 N 1571/06, Rn. 38, juris; Beispiele für interne Vorgaben: § 1 Abs. 2 Nr. 3 BSS Darmstadt; § 1 BSS Königstein; § 3 Abs. 5 BSS Offenbach.

150 OVG Münster, Beschluss vom 08.03.2019, 8 B 1651/18, Rn. 4, juris; ausführlich zur Klagebefugnis von Umweltverbänden bei Realakten: F.II.1.b).

Bundesländer können gemäß § 2 Abs. 3 BWaldG den Waldbegriff für bestimmte Flächen einschränken.[151]

Der rechtliche Waldbegriff gilt unabhängig davon, wie das Bauplanungsrecht die Fläche einordnet. Dass die hessischen Baumschutzsatzungen gemäß § 12 Abs. 2 S. 2 HAGBNatSchG nur den Baumbestand im bauplanungsrechtlichen Innenbereich schützen können, schließt deswegen nicht aus, dass sich Waldflächen im räumlichen Geltungsbereich einer Baumschutzsatzung befinden können. Maßgeblich für die Waldeigenschaft ist vor allem die Flächenhaftigkeit (*bestockte Grundfläche*), wonach bereits Flächen ab 0,2 Hektar als Wald zu beurteilen sein können.[152] Für die forstrechtliche Einordnung eines Baumbestands als Wald ist auch nicht entscheidend, ob die Waldfläche durch gezielte Aufforstung entstanden ist. Auch unkontrollierter Sukzessivbewuchs kann sich zu einem Wald im forstrechtlichen Sinne entwickeln.[153] Dies hat letztlich zur Folge, dass Waldflächen auch im bauplanungsrechtlichen Innenbereich und somit im räumlichen Geltungsbereich von Baumschutzsatzungen entstehen können und nicht zwangsläufig Außenbereichsinseln sein müssen.[154]

Indem Baumschutzsatzungen Waldgebiete aus ihrem Geltungsbereich herausnehmen, stellt sich nicht die Frage, welche Vorschriften bei der geplanten Beseitigung von Waldbäumen zu beachten sind. Denn in diesen Fällen sind bei Eingriffen in den Waldbestand primär die Vorschriften des Bundes- und der Landeswaldgesetze, insbesondere über die Waldumwandlung, zu beachten.

Weitreichende baumschutzrechtliche Folgen hätte ein Vorschlag zur Baulandmobilisierung auf Waldflächen haben können. Die von der Bundesregierung eingerichtete Expertenkommission *Nachhaltige Baulandmobilisierung und Bodenpolitik – Baulandkommission* (Bauland-

151 OVG Münster, Urteil vom 17.11.2000, 8 A 1973/97, Rn. 22, juris.

152 BT-Drs. 7/889, 25.

153 OVG Berlin-Brandenburg, Beschluss vom 27.03.2014, OVG 11 S 73.12, Rn. 24, juris; OVG Münster, Urteil vom 06.07.2000, 7a D 101/97.NE, Rn. 14, juris; Albrecht, NuR 2014, 817; Thomas, § 2 BWaldG, Kap. 5.7.

154 VG Hannover, Urteil vom 12.06.2018, 4 A 2002/18, Rn. 34, juris; VG Greifswald, Urteil vom 11.09.2003, 1 A 2371/00, Rn. 33, juris.

kommission) sah in ihrer 2019 vorgelegten Handlungsempfehlung unter anderem eine Änderung der Walddefinition des Bundeswaldgesetzes vor.

Im Abschnitt über die Innenentwicklung empfahl die Baulandkommission, „*in der Definition des Waldbegriffes in § 2 Abs. 2 Nr. 5 des BWaldG klarzustellen, dass Flächen im Geltungsbereich von Bebauungsplänen sowie innerhalb der im Zusammenhang bebauten Ortsteile kein Wald im Sinne des BWaldG sind, sofern sie nicht als Wald im Bebauungsplan festgesetzt sind.*“[155]

Wäre dieser Vorschlag umgesetzt worden, hätte es außerhalb bauleitplanerischer Festsetzungen nach § 9 Abs. 1 Nr. 18 lit. b) BauGB keine Waldflächen im forstrechtlichen Sinne mehr im bauplanungsrechtlichen Innenbereich und somit im Geltungsbereich von hessischen Baumschutzsatzungen gegeben. Für die Beseitigung von Waldflächen im Innenbereich zur Generierung von Bauland wäre in der Konsequenz keine Umwandlungsgenehmigung nach § 9 BWaldG mehr erforderlich gewesen.

Die Baulandkommission übersieht dabei jedoch, dass mit der Änderung des Waldbegriffs Waldbäume nicht zwangsläufig zur Rodung freigegeben wären. Denn in Gemeinden mit Baumschutzsatzungen wären die ehemaligen Waldflächen in den Geltungsbereich der Baumschutzsatzungen gelangt. Die Beseitigung der zu Stadtbäumen degradierten Waldbäume hätte dann das Kompensationssystem der Baumschutzsatzungen ausgelöst. Das hätte im Ergebnis bedeuten können, dass für unzählige Bäume Ersatzleistungen fällig geworden wären. Aus juristischer Sicht mag dieser Rechtsreflex noch zufriedenstellend sein, weil das Schutz- und Kompensationsregime der Baumschutzsatzungen das des Forstrechts ersetzt hätte. Der Wald ist als Ökosystem aber mehr als die Summe seiner Bäume. Der Verlust von Waldflächen kann in Baumschutzsatzungen mit ihren Ersatzmaßnahmen deswegen nicht aufgefangen werden.

155 Baulandkommission, Empfehlungen vom 02.07.2019, 8.

Aus Sicht des Umweltschutzes ist es daher zu begrüßen, dass die Bundesregierung den Vorschlag der Baulandkommission im Baulandmobilisierungsgesetz nicht umgesetzt hat.[156]

(4) Rückausnahme vom Ausschluss der Baumschutzsatzung Hünfeld

Unzulässig ist eine Rückausnahme der Hünfelder Baumschutzsatzung. Durch § 2 Abs. 3 S. 2 der Baumschutzsatzung ist es dem Magistrat erlaubt, ortsbildprägende oder selten vorkommende Bäume durch gesonderte Erklärung unter Schutz zu stellen, obwohl sie die Baumschutzsatzung eigentlich von ihrem Geltungsbereich ausnimmt:

> *„Der Magistrat der Stadt Hünfeld entscheidet im Einzelfall über den Schutz ortsbildprägender, Solitär- oder selten vorkommender Bäume, auch wenn sie unter Abs. 3 aufgeführt sind."*

Dass der Magistrat im Einzelfall entscheiden will, läuft darauf hinaus, dass die Entscheidung durch Verwaltungsakt ergehen soll. Dazu fehlt aber die erforderliche Ermächtigungsgrundlage, denn gemäß § 12 Abs. 2 S. 2 HAGBNatSchG dürfen hessische Gemeinden Bäume nur durch Satzung zu geschützten Landschaftsbestandteilen erklären.

Dass bestimmte Bäume vor Ort selten vorkommen, rechtfertigt zudem keine Unterschutzstellung durch eine Baumschutzsatzung. Wegen ihrer individuellen Seltenheit dürfen Bäume nur als Naturdenkmäler gemäß § 28 Abs. 1 Nr. 2 Alt. 1 BNatSchG unter Schutz gestellt werden. Dazu bedarf es in Hessen gemäß § 12 Abs. 1 S. 1, Abs. 2 S. 1 Nr. 3 HAGBNatSchG allerdings einer Rechtsverordnung der unteren Naturschutzbehörde. Die Baumschutzsatzung ist also weder das richtige rechtliche Vehikel noch ist die kreisangehörige Stadt Hünfeld zuständig, da der Kreisausschuss des Landkreises Fulda gemäß § 1 Abs. 3 S. 1 HAGBNatSchG die zuständige untere Naturschutzbehörde ist.

156 BGBl. I 2021, 1802.

g) Regelungsinstrumente von Baumschutzsatzungen

Das zentrale Instrument von Baumschutzsatzungen ist das Verbot, Bäume zu beseitigen oder zu schädigen. Die Verbote stehen unter einem Erlaubnisvorbehalt, den die Satzungsgeber gemäß § 29 Abs. 2 S. 2 BNatSchG näher ausgestalten können.[157]

In Baumschutzsatzungen wird Baumschutz nur als Schutz des Baumbestands vor Bestandsminderung verstanden, wobei die behördliche Befugnis, Anordnungen zum Erhalt und zur Pflege von Bäumen gegenüber Baumverantwortlichen treffen zu dürfen, die Verbote flankieren.

Das hier vertretene erweiterte Verständnis des Baumschutzrechts, das auch rechtliche Instrumente zur Bestandsmehrung einschließt,[158] hat bislang weder Eingang in § 29 BNatSchG, dessen Abs. 2 nur den Schutz vor Bestandsminderungen nennt, noch in die Landesnaturschutzgesetze gefunden. Anpflanzungsanordnungen sind daher in Baumschutzsatzungen zwangsläufig auf Ersatzpflanzungen beschränkt.

aa) Verbotene Maßnahmen

Durch Baumschutzsatzungen ist es verboten, Bäume zu beseitigen, sie zu schädigen oder ihr charakteristisches Erscheinungsbild zu verändern. Die Baumschutzsatzungen sind dabei an § 29 Abs. 2 S. 1 BNatschG und seine Vorgängervorschriften angelehnt. Schon nach § 19 Abs. 2 RNG[159] war die Beschädigung geschützter Landschaftsteile verboten.

Mit § 29 Abs. 2 S. 1 BNatSchG ist die Ausgestaltung der Verbote und somit auch der Erlaubnistatbestände näheren Bestimmungen der Landesnaturschutzgesetze überlassen. Da § 12 HAGBNatSchG keine Vorgaben zu verbotenen Handlungen macht, können die untergesetz-

157 Meßerschmidt, § 29 BNatSchG, Rn. 80; Dreier, in: Hoppenberg/de Witt, Handbuch des öffentlichen Baurechts, Kap. E, Rn. 319; Otto, VersR 2007, 1492.

158 S.o.: D.II.3.

159 In der Fassung vom 26.06.1935, RGBl. I 1935, 821 [824].

lichen Baumschutzvorschriften Verbote und den Dispens von diesen Verboten eigenständig ausgestalten.

(1) Beseitigung und Zerstörung

Die Verbote der Beseitigung und der Zerstörung von Bäumen weisen keine rechtlichen Schwierigkeiten auf. Gemeint sind damit Eingriffe, die unmittelbar zum Verlust eines Baumes führen. Bei der Beseitigung wird der Baum vollständig entnommen und entwurzelt.[160]

Der zerstörte Baum bzw. das, was von ihm übrig ist, bleibt zwar noch stehen. Er stirbt jedoch durch den Eingriff unmittelbar ab. Das Verwaltungsgericht Arnsberg spricht etwas umständlich von einer „*Aufhebung der Funktionsfähigkeit*“[161], was eine starke Ähnlichkeit mit dem strafrechtlichen Zerstörungsbegriff der Sachbeschädigung erkennen lässt.[162] Beispiele für eine Zerstörung sind das Fällen ohne Entwurzeln (auf den Stock setzen)[163] oder das Abbrennen eines Baums.[164]

(2) Beschädigung

Strittig ist gelegentlich, ob einzelne Maßnahmen wie beispielsweise intensive Kronenrückschnitte den Baum zerstören oder beschädigen.[165] Für die hessischen Baumschutzsatzungen ist diese Abgrenzung indes nur von untergeordneter Bedeutung, da sie allesamt sowohl die Zerstörung als auch die Beschädigung verbieten. Allerdings kann die Abgrenzung für die Bemessung eines Bußgelds wegen Verstoßes gegen ein Verbot der Baumschutzsatzung bedeutsam sein, weil die Zerstörung eines Baums strenger zu ahnden sein wird als seine Beschädigung.

---

160 Hendrischke/Kieß, in: Schlacke, § 28 BNatSchG, Rn. 19; § 29 BNatSchG, Rn. 15.
161 VG Arnsberg, Urteil vom 15.03.2010, 1 K 3305/09, Rn. 17, juris.
162 KG Berlin, Beschluss vom 04.05.2000, 2 Ss 344/99, Rn. 10, juris.
163 § 2 Abs. 1 BSS Frankfurt (Main); § 2 Abs. 2 BSS Langenselbold; § 3 Abs. 4 BSS Niederdorfelden.
164 Meßerschmidt, § 29 BNatSchG, Rn. 82.
165 OVG Münster, Beschluss vom 22.10.2010, 8 A 507/09, Rn. 22, juris; VG Arnsberg, Urteil vom 15.03.2010, 1 K 3305/09, Rn. 15 f., juris.

Im Gegensatz zur Zerstörung führt die Beschädigung nicht unmittelbar zum Abgang des Baums. In den hessischen Baumschutzsatzungen ist die Beschädigung legaldefiniert, wobei zusätzlich Regelbeispiele aufgeführt sind. Der Wortlaut der einzelnen Legaldefinitionen weicht zwar teilweise voneinander ab, dies wirkt sich jedoch nicht auf das allgemeine Verständnis aus.

Beschädigungen sind demnach Eingriffe in den Wurzel-, Stamm- oder Kronenbereich, die Langzeitschäden oder ein vorzeitiges Absterben des Baums verursachen können.[166] Eine bloße Substanzverletzung genügt demnach nicht. Hinzukommen muss, dass der Eingriff geeignet sein muss, zum Abgang des Baumes führen zu können. Die Baumschutzsatzungen legen somit einen strengeren Maßstab an den Begriff der Beschädigung an als einige Kommentatoren. Denn Teile der Literatur lassen bereits eine Substanzverletzung genügen, während die möglichen Langzeitfolgen und somit die Intensität des Eingriffs unberücksichtigt bleiben. Auffallend ist dabei, dass diese Stimmen die Beschädigung im Sinne des § 29 Abs. 2 BNatSchG nicht in den Kontext der Norm einordnen, sondern auf das Begriffsverständnis anderer Vorschriften des Bundesnaturschutzgesetzes, insbesondere auf §§ 23, 28 BNatSchG, verweisen.[167]

Dieses verallgemeinernde Verständnis des Beschädigungsbegriffs in Teilen der Literatur ist zwar aus Gründen der Rechtseinheit nachvollziehbar. Es wird den Besonderheiten des Baumschutzes aber nicht gerecht, denn die Beschränkung der Definition auf den langfristigen Baumverlust ist für die Abgrenzung zwischen fachgerechten Pflegemaßnahmen und verbotenen Maßnahmen maßgeblich. Ein extensives Verbot, das jede Substanzverletzung und somit auch fachgerechte Maßnahmen der Baumpflege umfasst, wäre nicht sinnvoll. Denn fachgerechte Pflegemaßnahmen dienen unmittelbar dem Satzungszweck – dem langfristigen Erhalt von Bäumen.

166 Z.B. § 4 Abs. 2 BSS Wiesbaden; § 4 Abs. 2 BSS Marburg; § 2 Abs. 2 BSS Hanau.

167 Lütkes/Ewer, § 23 BNatSchG, Rn. 12; § 39 BNatSchG, Rn. 13; Gellermann, in: Landmann/Rohmer, § 23 BNatSchG, Rn. 17; § 29 BNatSchG, Rn. 13; Albrecht, in: Giesberts/Reinhardt, § 23 BNatSchG, Rn. 27; § 29 BNatSchG, Rn. 20.

Ein ausdrücklicher Hinweis in Baumschutzsatzungen darauf, dass Pflegemaßnahmen keine Beschädigungen sind,[168] ist zwar aufgrund der Legaldefinition durch die Baumschutzsatzungen nicht erforderlich. Die deklaratorische Klarstellung ist zugunsten der Verständlichkeit einer Baumschutzsatzung und zur Vermeidung von Auslegungsmissverständnissen dennoch sinnvoll.

Ob ein Eingriff geeignet ist, langfristig zum Abgang eines Baums zu führen, ist häufig eine baumpflegerische Frage, die der Laie nicht immer hinreichend beurteilen kann. Verständnisfördernd und zu begrüßen ist daher, dass die meisten hessischen Baumschutzsatzungen umfangreiche Regelbeispielkataloge enthalten. Anhand eines Vergleichs der Regelbeispiele zum Beschädigungsbegriff in den hessischen Baumschutzsatzungen lässt sich erkennen, dass sich mittlerweile zahlreiche Fallgruppen etabliert haben, die nachfolgend dargestellt werden.

(a) Schutz des Wurzelbereichs

Baumschutzsatzungen schützen Baumwurzeln insbesondere, indem die Bodenverdichtung und die Bodenversiegelung im Wurzelbereich sowie mechanische Einwirkungen auf Wurzeln untersagt sind.

Wurzeln versorgen Bäume mit Nährstoffen sowie mit Wasser und sind unerlässlich für deren Standfestigkeit.[169] Sie benötigen eine aufgelockerte Bodenstruktur, die eine ausreichende Belüftung und Durchfeuchtung des Bodens erlaubt. Bodenverdichtungen oder gar wasserundurchlässige Bodenversiegelungen blockieren die Versorgung von Bäumen durch das Wurzelwerk, was Bäume erheblich schädigen und ihre Standfestigkeit beeinträchtigen kann.[170]

Ursache von Bodenverdichtungen ist häufig, dass die Bodenfläche befahren und als Stellplatzfläche genutzt wird. Aber auch die intensive Nutzung von größeren Grünflächen für Veranstaltungen kann den Bo-

168 Z.B. § 4 Abs. 4 BSS Bensheim.

169 Bartsch/Röhrig, Waldökologie, 19.

170 OLG Düsseldorf, Urteil vom 21.05.2008, I-15 U 124/05, Rn. 21, juris; Formann, Stadt + Grün 01/2015, 25 [29]; Siewniak/Kusche, Baumpflege heute, 68 f.

den verdichten und die Wurzeln langfristig schädigen.[171] Schließlich können auch Aufschüttungen den Wurzelbereich verdichten.[172] In einigen hessischen Baumschutzsatzungen stellen Aufschüttungen einen eigenen Verbotstatbestand dar.[173] In der Praxis werden sich Bodenverdichtungen und Aufschüttungen wegen der bodenverdichtenden Wirkung der Aufschüttungen nicht immer voneinander abgrenzen lassen.

Die Bodenversiegelung durch Asphalt oder Beton kann Wurzeln ersticken und verdursten lassen. Neben der Bodenverdichtung verbieten die Baumschutzsatzungen daher auch die Bodenversiegelung.[174] Einige Verwaltungsobergerichte sprechen sich dafür aus, dass Rasengittersteine keine Bodenversiegelung seien.[175] Dagegen spricht, dass Rasengittersteine und auch andere wasserdurchlässige Bodenbeläge verschlämmen können, wodurch das Wasser kaum versickern kann.[176] Hinzu kommt, dass Rasengittersteine geeignet sind, den Boden durch ihr Gewicht zu verdichten, weshalb sie auch aus diesem Grund im Wurzelbereich geschützter Bäume unzulässig sind.

Einige Baumschutzsatzungen unterscheiden nicht zwischen Bodenverdichtungen und Bodenversiegelungen. Sie verbieten allgemein die Befestigung der Bodenoberfläche im Wurzelbereich.[177]

Untersagt sind auch Maßnahmen, die die Wurzeln unmittelbar schädigen können, wie etwa Abgrabungen und Ausschachtungen.[178] Dabei besteht nicht nur die Gefahr, dass die Wurzeln bei den Arbeiten direkt verletzt werden. Der Abtrag des Erdreichs schwächt auch die Standfestigkeit des Baums.

---

171 Formann, Stadt + Grün, 01/2015, 25 [29].

172 OVG Lüneburg, Beschluss vom 09.09.2004, 8 ME 52/04, Rn. 11, juris.

173 Z.B. § 4 Abs. 2 S. 2 Nr. 2 BSS Bensheim; § 4 Abs. 2 S. 2 Nr. 2 BSS Marburg; § 4 Abs. 4 S. 2 Nr. 2 BSS Offenbach.

174 Z.B. § 3 Abs. 2 lit. d) BSS Bad Soden; § 4 Abs. 2 lit. d) BSS Dreieich; § 2 Abs. 3 lit. a) BSS Frankfurt (Main); § 3 Abs. 2 lit. d) BSS Hünfeld.

175 OVG Koblenz, Urteil vom 23.08.2017, 6 A 11790/16, Rn. 38, juris; VGH Mannheim, Urteil vom 30.10.1991, 3 S 2273/90, Rn. 22 f., juris.

176 Siewniak/Kusche, Baumpflege heute, 67.

177 Z.B. § 4 Abs. 1 S. 3 lit. a) BSS Alsfeld; § 3 Abs. 1 lit. b) BSS Bad Camberg; § 3 Abs. 3 BSS Bad Hersfeld; § 4 Abs. 4 S. 2 Nr. 1 BSS Offenbach.

178 Z.B. § 4 Abs. 2 lit. d) BSS Maintal; § 4 Abs. 2 Nr. 2 BSS Marburg; § 4 Abs. 4 BSS Neu-Isenburg.

Die Verbote gelten meist nicht nur für den Bereich unterhalb der Baumkrone (Kronentraufe), sondern für den gesamten Wurzelbereich. Das Verbot wird damit den individuellen Wuchsformen von Bäumen gerecht. Wäre nur die Kronentraufe geschützt, könnten vor allem oberflächennah und breit wurzelnde Bäume nicht hinreichend durch das Verbot geschützt sein.

(b) Beschädigung von Rinde und Stamm

Beschädigungen am Baumstamm und an der Rinde hinterlassen meist Wunden, über die Pilze oder andere Erreger von Baumkrankheiten eindringen können. Besonders tückisch sind solche Baumkrankheiten, die von außen kaum zu erkennen sind, den Baum aber von innen zersetzen. Dies gilt zum Beispiel für den Brandkrustenpilz, der bereits in einem frühen Stadium den Stammkern zersetzt. Die Krone wird dabei noch lange versorgt, sodass der Befall nur schwer feststellbar ist.[179] So können auf den ersten Blick vitale Bäume plötzlich brechen und erhebliche Sach- und Personenschäden verursachen.[180]

Die hessischen Baumschutzsatzungen beschränken sich auf ein allgemeines Verbot, Stamm und Rinde zu beschädigen, und nennen keine konkreten Handlungen.[181] Nach § 3 Abs. 2 lit. b) der Musterbaumschutzsatzung der GALK ist auch das Befestigen von Gegenständen an Bäumen verboten. Dies betrifft nicht nur Werbeanschläge, sondern auch Sportgeräte wie Slacklines.

Beim Slacklinesport wird ein Band (Slackline), auf dem sich der Sportler bewegt, am Baumstamm befestigt. Die dabei auf den Baumstamm wirkenden Kräfte können zu Druck- und Abriebschäden führen. Dem Baum drohen dadurch auf Dauer erhebliche und substanzbedrohende Schäden. Zudem können die auf den Baum wirkenden Kräfte auch

179 LG Heidelberg, Urteil vom 03.08.2011, 5 O 39/11, Rn. 18, juris; Brandstetter, Forstschutz aktuell 2007, 18 f.

180 OLG Rostock, Urteil vom 10.07.2009, 5 U 334/08, Rn. 4, 16, 19, juris; LG Hildesheim, Urteil vom 16.08.2016, 5 O 26/16, Rn. 3–10, juris.

181 Z.B. § 3 Abs. 2 Lit. e) BSS Bad Camberg; § 3 Abs. 2 lit. b) BSS Diemelsee; § 2 Abs. 2 BSS Frankfurt (Main).

seine Standfestigkeit gefährden.[182] In besonderem Maße sind hiervon öffentliche Grünanlagen betroffen. Da diese meist vom Anwendungsbereich der Baumschutzsatzungen ausgenommen sind, finden sich entsprechende Regelungen nicht in den Baumschutzsatzungen, sondern eher in Satzungen über die Nutzung öffentlicher Grünanlagen.[183]

(c) Eingriffe in die Baumkrone

Baumkronen mit ihren Blättern spenden Schatten und sind für Bäume überlebensnotwendig. Durch massive Eingriffe in die Baumkrone, zum Beispiel durch ihre Kappung, fehlt einerseits der Baumkrone die erforderliche Blattmasse, um die Bäume zu versorgen. Dies gefährdet die Standsicherheit eines Baums und kann ihn im schlimmsten Fall absterben lassen. Andererseits können in die durch Kronenkappung verursachten Baumwunden Pilze eindringen und das Holz zersetzen.[184] Daher ist in einigen hessischen Baumschutzsatzungen das Verbot der Kappung von Baumkronen als Regelbeispiel aufgeführt.[185]

(d) Verbot von pflanzenschädlicher Stoffzuführung

Neben den physischen und mechanischen Einwirkungen zählt die Zuführung pflanzenschädlicher Stoffe zu den Fallgruppen der Verbotskataloge. Eine Gefahr geht besonders von Auftausalzen[186] und Unkrautvernichtungsmitteln[187] aus. Gelangen diese in den Boden, können sie ihn vergiften und dem Baum dauerhaft seine Versorgungsgrundlage entziehen. Der Einsatz von Auftausalzen lässt sich auch durch das

182 Thomann/Groß, Zur Druckverteilung durch den Slacklinesport auf den Baum als Anschlagpunkt, 15.

183 Z.B. § 3 Abs. 3 S. 3 Grünanlagensatzung Frankfurt (Main), in der Fassung vom 16.11.2017.

184 VG Minden, Urteil vom 01.04.2010, 9 K 1058/09, Rn. 23, juris; Klug, AFZ 2003, 285 [286]; Klug, Praxis Baumpflege – Kronenschnitt an Bäumen, 162.

185 Z.B. § 3 Abs. 2 lit. a) BSS Hünfeld; § 4 Abs. 2 lit. a) BSS Niederdorfelden; § 2 Abs. 3 S. 1 BSS Darmstadt; § 3 Abs. 2 Nr. 1 BSS Kronberg; § 3 Abs. 2 BSS Rüsselsheim.

186 VGH Kassel, Beschluss vom 28.09.1990, 2 N 1625/87, Rn. 63, juris.

187 OLG Düsseldorf, Beschluss vom 20.08.1991, 5 Ss (OWi) 313/91 – (OWi) 129/91 I, NStZ 1992, 43 [44].

Straßenrecht untersagen.[188] § 10 Abs. 3 HessStrG enthält beispielsweise die Ermächtigung, den Einsatz von Auftausalzen zum Schutz von Flora und Fauna durch Rechtsverordnung zu verbieten.

Zahlreiche andere Stoffe können ebenfalls unmittelbare Schäden am Baum hervorrufen.[189] In den hessischen Baumschutzsatzungen sind die verbotenen Stoffe (zum Beispiel Öle, Säuren oder Laugen) detailliert aufgelistet. Diese Aufzählungen sind im Wesentlichen identisch mit dem Katalog der Musterbaumschutzsatzung der GALK.[190]

Das Verbot umfasst auch die Zuführung schädlicher Gase.[191] Diese können Bäume unmittelbar sowie mittelbar durch die Reduzierung des Sauerstoffgehalts im Wurzelbereich schädigen.[192] Entscheidungen zu Gasschäden an Bäumen waren indes nicht auffindbar. Sie werden praktisch auch nur schwer nachweisbar sein.

Schließlich verbieten die Baumschutzsatzungen der Städte Bad Hersfeld und Neu-Isenburg *offenes Feuer mit Auswirkungen auf den Rinden- und Kronenbereich.*[193] Bei lebensnaher Betrachtung betrifft das Verbot vor allem das Abbrennen von Laubhaufen oder Lagerfeuer in Baumnähe.

(3) Veränderungsverbot

Das unmittelbar aus § 29 Abs. 2 S. 1 BNatSchG abzuleitende Verbot, geschützte Landschaftsbestandteile zu verändern, dient als Auffangtatbestand.[194] Erfasst sind Maßnahmen, die das charakteristische Erscheinungsbild eines Baumes oder sein Wachstum beeinträchtigen.[195]

188 Höreth-Marquardt/Wedekind, DÖV 2001, 1034 [1035].
189 Scherer-Leydecker/Schwetzel, NVwZ 2008, 388.
190 § 3 Abs. 2 lit. e), f) MusterBSS GALK.
191 Z.B. § 4 Abs. 2 Nr. 3 BSS Marburg; § 4 Abs. 4 BSS Neu-Isenburg; § 4 Abs. 4 S. 2 Nr. 3 BSS Offenbach; § 4 Abs. 2 Nr. 3 BSS Wetzlar.
192 Siewniak/Kusche, Baumpflege heute, 69.
193 § 3 Abs. 3 S. 2 BSS Bad Hersfeld; § 4 Abs. 4 BSS Neu-Isenburg.
194 Meßerschmidt, § 29 BNatSchG, Rn. 84.
195 Z.B. § 4 Abs. 4 BSS Kassel; § 2 Abs. 2 S. 6 BSS Langenselbold; § 4 Abs. 3 BSS Wiesbaden.

Teilweise lassen sich die verbotenen Veränderungen an Bäumen nicht eindeutig von Beschädigungen abgrenzen, weil die Satzungstexte – wie zum Beispiel der Offenbacher und der Darmstädter Baumschutzsatzung – die Maßnahmen miteinander vermengen:

> *„Zur Schädigung, wesentlichen Beeinträchtigung oder Veränderung des Aufbaues eines geschützten Baumes im Sinne des Abs. 1 zählen Eingriffe, die zum Absterben führen oder führen können […].“*[196]

ab) Dispens von Verboten

Von den Verboten der Baumschutzsatzungen können die Behörden in den Baumschutzsatzungen festgelegte Ausnahmen und Befreiungen gemäß § 67 Abs. 1 S. 1 BNatSchG[197] zulassen. Die Abgrenzung zwischen Ausnahmen und Befreiungen ist jedoch nicht immer eindeutig. Denn einige hessische Baumschutzsatzungen sowie die Musterbaumschutzsatzung der GALK haben ihre Ausnahmetatbestände in Teilen dem gesetzlichen Befreiungstatbestand des § 67 Abs. 1 S. 1 BNatSchG nachgebildet.[198] In diesen Fällen sind die Maßstäbe der gesetzlichen Befreiungsvorschrift zugrunde zu legen.[199]

§ 29 Abs. 2 S. 2 BNatSchG a. F. ließ bis 2010 Ausnahmen von den Verboten der Baumschutzsatzungen nur aus zwingenden Gründen der Verkehrssicherheit zu. Dennoch setzten die Gemeinden in den Baumschutzsatzungen auch schon nach alter Rechtslage zusätzliche Ausnahmen fest, was das Oberverwaltungsgericht Koblenz[200] als zulässig erachtete, von Teilen der Literatur aber kritisiert wurde.[201] Diese Einschränkung ist in § 29 Abs. 2 BNatSchG mittlerweile entfallen, weswegen der Streit heute keine Bedeutung mehr hat.

---

196 Gleichlautend: § 4 Abs. 3 BSS Offenbach; § 2 Abs. 3 S. 1 BSS Darmstadt.

197 Fischer-Hüftle, NuR 2012, 845.

198 Z.B. § 5 Abs. 2 lit. a) BSS Bad Soden; § 4 Abs. 2 lit. e) BSS Bad Hersfeld; § 5 Abs. 3 lit. c) BSS Diemelsee; § 6 Abs. 2 lit. d) BSS Dreieich; § 5 Abs. 3 S. 2 Nr. 3 BSS Wetzlar; § 5 Abs. 1 Alt. 2 MusterBSS GALK.

199 OVG Lüneburg, Beschluss vom 23.10.2019, 4 LA 71/19, Rn. 12, juris.

200 OVG Koblenz, Urteil vom 16.01.2008, 8 A 10976/07, Rn. 31, juris.

201 Zum Streitstand über die Zulässigkeit solcher Ausnahmen nach alter Rechtslage: Heugel, in: Lütkes/Ewer, § 29 BNatSchG, Rn. 14.

Die Verbote der Baumschutzsatzungen gelten gemäß § 29 Abs. 2 S. 1 Hs. 2 BNatSchG nach Maßgabe näherer Bestimmungen. Nähere Bestimmungen in diesem Sinne können nach dem Willen des Gesetzgebers Ausnahmen von den Verboten sein.[202] Der Umfang sowie der Inhalt der Ausnahmen liegen damit im Ermessen des Satzungsgebers.

(1) Ausnahmen

Weder in § 29 BNatSchG noch in § 12 HAGBNatSchG sind konkrete Anforderungen an die Ausnahmetatbestände formuliert, sodass es dem Satzungsgeber überlassen ist, das Schutzregime auszugestalten. Die hessischen Baumschutzsatzungen gehen bei den Ausnahmen, die sie in abgeschlossenen Katalogen aufzählen, keinen Sonderweg und sehen allgemein etablierte Tatbestände vor. Einzigartige Ausnahmen, die beispielsweise auf örtliche Gegebenheiten reagieren, finden sich in den hessischen Baumschutzsatzungen nicht.

(a) Gefahren für Sachen und Personen

Sämtliche hessische Baumschutzsatzungen sehen Ausnahmen von ihren Verboten vor, wenn von geschützten Bäumen Gefahren für Personen und Sachen ausgehen und die Gefahr nicht mit zumutbarem Aufwand behebbar ist.

Sofern sich die Verwaltungsgerichte mit dem baumschutzrechtlichen Gefahrbegriff näher befassen, verstehen sie darunter eine Sachlage, die *„in absehbarer Zeit mit hinreichender Wahrscheinlichkeit zu einem Schaden an geschützten Rechtsgütern […] führt. Der Eintritt eines solchen Schadens braucht weder gewiss zu sein noch unmittelbar bevorzustehen; es genügt, wenn in überschaubarer Zukunft damit gerechnet werden muss.“*[203]

202 BT-Drs. 16/12274, 62; BR-Drs. 278/09, 196.

203 VG Saarbrücken, Urteil vom 27.08.2008, 5 K 253/08, Rn. 35, juris; so auch: OVG Münster, Beschluss vom 04.01.2011, 8 A 2003/09, Rn. 4, juris.

Der baumschutzrechtliche Gefahrenbegriff entspricht danach dem des allgemeinen Polizeirechts.[204] Das Herabfallen von klebrigen Baumsäften und -honigen mag zwar vor allem für Autofahrer lästig sein, ist jedoch keine Gefahr und rechtfertigt als *„natürliche jahreszeitliche Lebensäußerung“*[205] keinen Dispens von einer Baumschutzsatzung.

(aa) Gefahrbäume

Abstrakte Gefahren, die auch von gesunden Bäumen ausgehen können, wie zum Beispiel Astbrüche und Baumwürfe bei Unwettern, rechtfertigen ebenfalls keine Ausnahme.[206] Eine hinreichend konkrete Gefahr ist anzunehmen, wenn Äste oder Baumstämme erkennbar zu brechen drohen, weil sie zum Beispiel vorgeschädigt sind.[207] Umstritten ist, ob bei Bäumen mit allgemein erhöhtem Astbruchrisiko wie Pappeln und anderen Weichhölzern (Gefahrbäume) allein deswegen eine den Dispens rechtfertigende Gefahr anzunehmen ist. Für Bäume im Straßenraum ist diese Frage durch den Bundesgerichtshof aufgrund einer Entscheidung zu Verkehrssicherungspflichten bei Bäumen teilweise geklärt. Der Bundesgerichtshof stuft das Astbruchrisiko bei Gefahrbäumen als naturgebundenes und daher hinzunehmendes Lebensrisiko ein.[208]

204 OVG Saarlouis, Urteil vom 29.09.1998, 2 R 2/98, Rn. 41, juris; Höreth-Marquardt/Wedekind DÖV 2001, 1034 [1035].

205 VG Gelsenkirchen, Urteil vom 09.10.2020, 6 K 6066/18, Rn. 30, juris; Urteil vom 01.02.2013, 6 K 4399/11, Rn. 29, juris.

206 VG Regensburg, Urteil vom 12.05.2015, RO 4 K 14.2097, Rn. 59, juris; VG Weimar, Urteil vom 04.08.2014, 7 K 1392/12 We, Rn. 60, juris; Schumacher/Schumacher/Fischer-Hüftle, in: Schumacher/Fischer-Hüftle, § 29 BNatSchG, Rn. 33.

207 Dreßler/Rabbe, Kommunales Baumschutzrecht, 43.

208 BGH, Urteil vom 06.03.2014, III ZR 352/13, Rn. 9–12, juris; so auch: OLG Saarbrücken, Urteil vom 26.11.2015, 4 U 64/14, Rn. 34, juris; OLG Koblenz, Urteil vom 02.03.1998, 12 U 246/97, Rn. 9, juris; Urteil vom 01.12.1997, 12 U 1370/96, Rn. 8, juris; OLG Hamm, Urteil vom 10.12.1996, 9 U 128/96, Rn. 8, juris; Gebhardt, Haftung und Strafbarkeit der Baumbesitzer und Bediensteten bei der Verkehrssicherungspflicht für Bäume, Rn. 408–414.

Die Entscheidung bezieht sich jedoch nur auf Bäume im Straßenraum und auf Parkplätzen.[209] Auf Risiken von Gefahrbäumen insbesondere in Privatgärten, die einen großen Teil des Anwendungsbereichs von Baumschutzsatzungen ausmachen, ist die Entscheidung allenfalls begrenzt anwendbar, da in Gärten die Verweildauer des Einzelnen unter dem Baum länger ist als im Straßenverkehr. Dies wiederum erhöht die Wahrscheinlichkeit des Schadenseintritts. Daher ist es geboten, Bäume mit erhöhtem Astbruchrisiko immer im Zusammenhang mit ihrem Standort und dem Kreis der potentiell Gefährdeten zu beurteilen. Insbesondere in Gärten und auf Spielplätzen kann daher die erhöhte Astbruchgefahr bestimmter Baumarten deren Beseitigung oder einen umfangreichen Rückschnitt rechtfertigen.

(ab) Baumwurzeln

Gefahren können auch von Baumwurzeln ausgehen. Durch Baumwurzeln verursachte Risse im Mauerwerk können bis zu einem gewissen Grad als übliche Auswirkungen von Bäumen anzusehen sein und noch keine Gefahr begründen.[210] Dies kann aber nur gelten, solange die Wurzeln die Standsicherheit der betroffenen Anlagen nicht gefährden. Dies wird im Einzelfall nur durch aufwendige Gutachten zu ermitteln sein. Deswegen erscheint es angebracht, bei solchen Schadbildern eine die Ausnahme rechtfertigende Gefährdungslage grundsätzlich anzunehmen, falls die Behörde Gegenteiliges nicht nachweisen kann.

(ac) Zumutbare Sicherungsmaßnahmen

Gefährden Bäume Personen oder Sachen, rechtfertigt dies nicht zwangsläufig eine Ausnahme von den Verboten einer Baumschutzsatzung für die erforderlichen Maßnahmen. In Baumschutzsatzungen steht die Ausnahme wegen Baumgefahren nämlich unter dem Vorbehalt, dass Sicherungsmaßnahmen nicht zumutbar sind. Die Zumutbar-

209 Entgegen dem Wortlaut der Entscheidung des Bundesgerichtshofs auf sämtliche Baumstandorte übertragend: OVG Berlin, Beschluss vom 16.02.2016, OVG 11 S 84.15, Rn. 10, juris.

210 VG München, Urteil vom 19.01.2009, M 8 K 08.2435, Rn. 80, juris.

keit ist vor allem anhand des erforderlichen Aufwands sowie der zu erwartenden Kosten zu beurteilen.

Aufgrund des Schutzzwecks von Baumschutzsatzungen, Bäume wegen ihrer Ökosystemleistungen zu erhalten, ist auch der ökologische Wert des Baums zu berücksichtigen. So werden für einen ausgewachsenen und gesunden Baum höhere Aufwendungen zumutbar sein als für einen kleineren und jüngeren Baum. Alter und Größe des Baums können deswegen mitentscheidend sein.[211]

Zum Schutz vor Astbrüchen kann auch eine Kronensicherung erforderlich sein (Abbildung 1). Solche Maßnahmen kommen in der Regel nur bei ausgewachsenen Bäumen in Betracht, deren besonderer ökologischer Wert erhöhte Aufwendungen inklusive fortlaufender Pflegekosten rechtfertigen kann.[212]

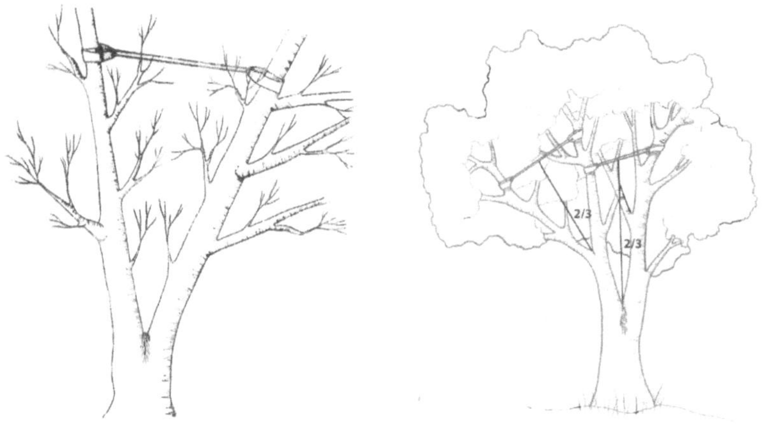

Abbildung 1: Kronensicherung bruchgefährdeter Stämmlinge[213]

211 VG Köln, Urteil vom 21.01.2014, 14 K 3913/12, Rn. 31, juris.
212 VG München, Beschluss vom 14.07.2020, M 19 S 20.2244, BeckRS 2020, 17005, Rn. 33; VG München, Urteil vom 14.05.2012, M 8 K 11.2134, Rn. 52, juris.
213 Klug, Praxis Baumpflege – Kronenschnitt an Bäumen, 172 f.

Drohen Wurzeln in Wasserleitungen hineinzuwachsen, wird hierdurch nicht unbedingt eine Baumfällung gerechtfertigt, denn auch die Sanierung der Rohre kann zumutbar sein, sodass dem Baumschutz ein weitreichender Vorrang einzuräumen ist.[214] Dies gilt erst recht, wenn die Rohre in absehbarer Zeit ohnehin saniert werden müssen.

(ad) Keine Ausnahme bei unmittelbarer Gefahr erforderlich

Bei unmittelbaren oder gegenwärtigen Gefahren ist für die erforderlichen Sicherungsmaßnahmen nach den Bestimmungen etlicher hessischer Baumschutzsatzungen keine Erlaubnis erforderlich und die Sicherungsmaßnahmen sind lediglich anzuzeigen.[215] Eine Ausnahme ist in diesen Fällen auch nicht nachträglich zu beantragen. Der Laie kann nicht immer ohne weiteres beurteilen, ob eine unmittelbare bzw. gegenwärtige Gefahr vorliegt. Deswegen sollten durch ein Baumgutachten das Schadbild und die Dringlichkeit der getroffenen Maßnahmen dokumentiert werden. Um spätere Auseinandersetzungen zwischen dem Baumverantwortlichen und der zuständigen Behörde zu vermeiden, ist daher die Vorgabe der Marburger Baumschutzsatzung sinnvoll, die einen Beleg der Notwendigkeit der Maßnahme verlangt.[216]

(b) Baumkrankheiten

Ist ein Baum krank, lässt sich damit eine Ausnahme von den Verboten einer Baumschutzsatzung rechtfertigen. Die Ausnahme steht indes unter dem Vorbehalt, dass der kranke Baum nur mit unzumutbarem Aufwand erhalten werden kann.[217]

---

214 VGH München, Beschluss vom 09.11.2012, 14 ZB 11.1597, Rn. 23, juris; VG Gelsenkirchen, Urteil vom 30.11.2012, 6 K 4641/10, Rn. 29, juris; VG Düsseldorf, Urteil vom 01.06.2007, 25 K 6526/06, Rn. 18, juris; so auch für Wurzelschäden an Wegbelägen auf Privatgrundstücken: VG Gelsenkirchen, Urteil vom 04.02.2015, 6 K 2442/12, Rn. 20, juris; VG Minden, Urteil vom 29.08.2005, 9 K 3761/04, Rn. 26, juris.

215 Z.B. § 4 Abs. 5 Nr. 1 BSS Edertal; § 4 Abs. 5 Nr. 1 BSS Frankfurt (Main); § 5 Abs. 4 BSS Marburg; § 5 Abs. 6 BSS Neu-Isenburg; § 3 Abs. 10 BSS Rüsselsheim.

216 § 5 Abs. 4 S. 2 BSS Marburg.

217 Z.B. § 4 Abs. 3 lit. e) BSS Gudensberg; § 5 Abs. 2 lit. l) MusterBSS GALK.

Ob ein Baum krank ist, ist oft nicht auf den ersten Blick erkennbar. Bei einem belaubten Baum ohne äußerlich erkennbare Schäden spricht der äußere Anschein gegen die Annahme einer Baumkrankheit.[218] Jahreszeitlich untypischer Blattverlust genügt als Nachweis dagegen auch nicht zwangsläufig.[219] Die Darlegungslast des Antragstellers erfordert deswegen einen fundierten Nachweis, der bestenfalls von einem botanischen oder dendrologischen Sachverständigen stammt.

Für die Zumutbarkeit der Sicherungsmaßnahmen gelten die gleichen Maßstäbe wie bei Baumgefahren. Bei kranken Bäumen ist besonders zu berücksichtigen, ob der Baum überhaupt erhalten werden kann oder kurzfristig absterben wird.

Die Ausnahme gilt auch für abgestorbene Bäume.[220] Bei abgestorbenen Bäumen stellt die Zumutbarkeit kein Problem dar, denn Erhaltungsmaßnahmen kommen bei ihnen schon aus logischen Gründen nicht in Betracht.

(c) Unzumutbare Härte

Für die Härtefallregelung gilt die Voraussetzung, dass die Erhaltung des Baumes für den Baumeigentümer oder seinen Nachbarn zu unzumutbaren Nachteilen oder Belästigungen führen würde und auf andere Weise als durch seine Beseitigung keine Abhilfe möglich ist.[221] Die in der Praxis relevantesten Fallgruppen sind allergieverursachende und verschattende Bäume.[222] Die Verschattung haben mehrere hessische Gemeinden als eigenes Regelbeispiel in ihre Baumschutzsatzungen

218 VG Gelsenkirchen, Urteil vom 04.02.2015, 6 K 2442/12, Rn. 26, juris.

219 OVG Münster, Beschluss vom 03.02.1997, 7 A 3778/94, Rn. 34, juris.

220 OVG Münster, Urteil vom 08.10.1993, 7 A 2021/92, Rn. 119, juris; VG München, Urteil vom 19.01.2009, M 8 K 08.2435, Rn. 72, juris.

221 § 5 Abs. 1 Alt. 2 MusterBSS GALK; § 4 Abs. 1 lit. d) BSS Bad Camberg; § 5 Abs. 3 lit. d) BSS Diemelsee; § 4 Abs. 3 S. 2 lit. d) BSS Gudensberg; § 3 Abs. 2 lit. g) BSS Bad Homburg; § 5 Abs. 2 S. 2 lit. d) BSS Königstein; § 4 Abs. 3 S. 2 Nr. 4 BSS Kronberg; § 6 Abs. 3 lit. d) BSS Maintal; § 6 Abs. 2 lit. d) BSS Niederdorfelden; § 4 Abs. 3 S. 2 lit. d) BSS Rüsselsheim.

222 VG München, Urteil vom 24.09.2019, M 19 K 18.5188, Rn. 23 f., juris; VG Weimar, Urteil vom 04.08.2014, 7 K 1392/12 We, Rn. 84, juris.

aufgenommen.[223] Zu überlegen ist zudem, ob die Härtefallregelung auch auf Bäume, die die barrierefreie Grundstücksnutzung einschränken, anwendbar ist.

(aa) Allergien

Umstritten ist, ob Allergien gegen bestimmte Bäume und deren Pollen oder gegen Schädlinge wie den Eichenprozessionsspinner und somit subjektive Umstände in der Person des Antragstellers eine Ausnahme wegen unzumutbarer Härte rechtfertigen.[224] Das Ziel entsprechender Ausnahmeanträge ist in der Regel die Beseitigung des Baums.

Der Verwaltungsgerichtshof München lehnt subjektive Umstände zur Begründung der Erlaubnis grundsätzlich ab. Das Gericht begründet seine Ablehnung damit, dass der baumschutzrechtliche Ausnahmetatbestand der bauplanungsrechtlichen Befreiung gemäß § 31 Abs. 2 Nr. 3 BauGB nachgebildet sei und deswegen nur grundstücksbezogene Umstände die Ausnahme begründen könnten.[225]

Diese Auffassung ist verfassungsrechtlich bedenklich, da hiermit der grundrechtliche Schutz der körperlichen Unversehrtheit (Art. 2 Abs. 2 S. 1 GG) nicht berücksichtigt wird. Zutreffend nimmt das Oberverwaltungsgericht Münster deswegen an, dass eine vom Antragsteller nachzuweisende „*gesundheitliche Beeinträchtigung aufgrund einer Pollenallergie unter verfassungsrechtlichen Gesichtspunkten wegen des Grundrechts aus Art. 2 Abs. 2 GG im Einzelfall die Beseitigung eines […] ge-*

---

223 Z.B. § 5 Abs. 3 Nr. 7 BSS Bensheim; § 5 Abs. 3 Nr. 7 BSS Marburg; § 5 Abs. 1 Nr. 6 BSS Wiesbaden.

224 VGH München, Urteil vom 25.04.2012, 14 B 10.1750, Rn. 48–53; zu gefahrenabwehrrechtlichen Anordnungen zur Beseitigung von Eichenprozessionsspinnern in Bäumen: VGH München, Beschluss vom 11.06.2019, 10 CS 19.684, Rn. 8 f., juris; Köster NuR 2020, 309.

225 VGH München, Urteil vom 25.04.2012, 14 B 10.1750, Rn. 53, juris; Beschluss vom 19.01.2005, 15 ZB 04.853, Rn. 13, juris; daran anschließend: OVG Saarlouis, Beschluss vom 27.04.2009, 2 A 286/09, Rn. 21, juris; VG Schleswig, Urteil vom 08.02.2013, 1 A 287/11, Rn. 76, juris; VG Hannover, Urteil vom 10.07.2012, 7 A 5059/11, Rn. 49, juris; VG Düsseldorf, Urteil vom 30.07.2008, 11 K 3691/07, Rn. 36–41, 46, juris; Gellermann, in: Landmann/Rohmer, § 67 BNatSchG, Rn. 15; Heugel, in: Lütkes/Ewer, § 67 BNatSchG, Rn. 15.

schützten Baumes rechtfertigen" kann.[226] Der Anspruch scheidet nach Auffassung des Oberverwaltungsgerichts Münster aber aus, wenn die Entfernung des Baums nicht dazu beiträgt, das Allergieleiden zu lindern, weil sich zum Beispiel in der näheren Umgebung weitere allergieauslösende Bäume befinden.[227]

(ab) Barrierefreiheit

Bäume können auch für mobilitätseingeschränkte Personen Hindernisse darstellen und die Barrierefreiheit auf einem Grundstück beeinträchtigen. In diesen Fällen gefährdet der Baum nicht unmittelbar die Gesundheit wie bei einer Allergie. Allerdings ist zu berücksichtigen, dass Art. 9 Abs. 1 der Behindertenrechtskonvention der Vereinten Nationen,[228] die als einfaches Bundesrecht gilt,[229] die Vertragsstaaten u.a. dazu verpflichtet, den gleichberechtigten und mithin barrierefreien Zugang zur physischen Umwelt für Menschen mit Behinderung sicherzustellen. Die Vorgaben der Landesbauordnungen an die Barrierefreiheit von Wohnungen verdeutlichen,[230] dass der barrierefreie Zugang nicht nur im öffentlichen Raum herzustellen ist, sondern auch der private Bereich erfasst ist. Steht ein Baum in unzumutbarer Weise dem barrierefreien Zugang von Grundstücken und Wohngebäuden durch einen Nutzungsberechtigten entgegen, wird ein Härtefall angenommen werden können. Ist der barrierefreie Zugang hingegen auf andere, zumutbare Weise möglich, besteht kein Grund für eine Ausnahme von den Verboten der Baumschutzsatzung.

Zuzustimmen ist deswegen dem Oberverwaltungsgericht Lüneburg, das zugunsten der Barrierefreiheit Raum für eine Ausnahme wegen unzumutbarer Härte zugelassen hat, ohne den vom Verwaltungsge-

---

226 OVG Münster, Urteil vom 21.09.1999, 23 A 875/97, BeckRS 1999, 23252.

227 OVG Münster, Beschluss vom 13.02.2003, 8 A 5373/99, Rn. 6, juris; Urteil vom 21.09.1999, 23 A 875/97, BeckRS 1999, 23252; daran anschließend: VG Köln, Urteil vom 18.09.2012, 14 K 5076/10, Rn. 23, juris; Dreier, in: Hoppenberg/de Witt, Kap. E, Rn. 343; Köster, NuR 2020, 309 (314).

228 BGBl. II 2008, 1419.

229 Welti, DÖV 2013, 795.

230 Z.B. § 49 Abs. 1 NBauO; § 54 Abs. 1 HBO.

richtshof München entwickelten Grundsatz, dass nur grundstücksbezogene Umstände eine unzumutbare Härte rechtfertigen können, gänzlich aufzugeben:

> *„Grundsätzlich muss die Belastung auf grundstückbezogene Besonderheiten zurückzuführen sein. Personenbezogene Umstände des jeweiligen Eigentümers können jedoch ausnahmsweise dann Berücksichtigung finden, wenn sie unabänderlich sind, die Rechtsordnung sie auch in anderen Zusammenhängen besonders berücksichtigt und sie sich typischerweise auf die Nutzung des umgebenden Raumes und die gestaltete Umwelt auswirken."*[231]

Das Oberverwaltungsgericht Lüneburg hat die Voraussetzungen der Ausnahme allgemein für personenbezogene Umstände formuliert, wenn die Rechtsordnung diese Umstände besonders berücksichtigt. Damit ist die Entscheidung nicht bloß auf Fälle der Barrierefreiheit beschränkt. Gleichwohl ist derzeit nicht erkennbar, dass die Rechtsordnung persönliche und gesundheitsbezogene Umstände in für das Baumschutzrecht maßgeblichen Regelungsbereichen so berücksichtigt wie die Landesbauordnungen und die Behindertenrechtskonvention die Barrierefreiheit.

(ac) Verschattung

Die Verschattung ist in mehreren hessischen Baumschutzsatzungen ausdrücklich als eigenständiger Ausnahmetatbestand geregelt.[232] Voraussetzung ist, dass der Baum die Belichtung oder Besonnung notwendiger Fenster unzumutbar beeinträchtigt.[233] Grundsätzlich gehört die Verschattung zu den allgemein hinzunehmenden Baumimmissionen, die nicht über typische Belästigungen hinausgehen.[234] Deswe-

231 OVG Lüneburg, Beschluss vom 23.10.2019, 4 LA 71/19, Rn. 14, juris.

232 Z.B. § 5 Abs. 3 Nr. 7 BSS Bensheim; § 5 Abs. 3 Nr. 7 BSS Marburg; § 5 Abs. 1 Nr. 6 BSS Wiesbaden.

233 § 6 Abs. 2 lit. e) BSS Alsfeld; § 5 Abs. 3 S. 2 Nur. 7 BSS Bensheim; § 4 Abs. 1 Nr. 8 BSS Darmstadt; § 3 Abs. 1 lit. c) BSS Frankfurt (Main); § 3 Abs. 1 lit. c) BSS Hanau; § 5 Abs. 3 S. 2 Nr. 7 BSS Marburg; § 5 Abs. 2 Nr. 2 BSS Neu-Isenburg; § 6 Abs. 2 Nr. 8 BSS Offenbach; § 5 Abs. 1 S. 2 Nr. 6 BSS Wiesbaden.

234 VGH Mannheim, Urteil vom 02.10.1996, 5 S 831/95, Rn. 26, juris; VG Weimar, Urteil vom 04.08.2014, 7 K 1392/12 We, Rn. 85, juris; VG Minden, Urteil 29.08.2005, 9 K 3761/04, Rn. 29, juris.

gen rechtfertigt die Verschattung von Gärten und sonstigen Grundstücksfreiflächen in der Regel keine Ausnahme von den Verboten der Baumschutzsatzungen. Selbst eine vollständige Verschattung der Grundstücksfreiflächen über mehrere Stunden vom Vormittag bis in den Nachmittag kann zumutbar sein.[235] Das Oberverwaltungsgericht Berlin hat sogar bei einer Verschattung der gesamten Grundstücksfreifläche durch Bäume eine Duldungspflicht angenommen und einen Dispens von der Baumschutzverordnung wegen der Verschattung abgelehnt.[236]

Diese nahezu ausnahmslose Duldungspflicht ist allerdings eigentumsrechtlich bedenklich, denn zu einer sinnvollen Grundstücksnutzung gehört auch die Möglichkeit, die Grün- und Freiflächen gärtnerisch nutzen zu können. Dazu müssen zumindest Teilflächen mehr als nur wenige Minuten am Tag besonnt sein.[237] Welcher Verschattungszeitraum eine Erlaubnis rechtfertigt, lässt sich nicht pauschal beurteilen und hängt vom Einzelfall ab. Dabei sind unter anderem die Grundstücksgröße und Grundstückslage maßgeblich.[238]

Andere Maßstäbe sind an die Verschattung von Gebäuden und Aufenthaltsräumen anzulegen, da die Belichtung für gesunde Wohnverhältnisse unverzichtbar ist.[239] Wenn wegen der Verschattung in Aufenthaltsräumen dauerhaft künstliches Licht zugeschaltet werden muss, wird die Verschattung in der Regel unzumutbar sein.[240] Der Verwal-

235 VGH München, Beschluss vom 08.12.2014, 14 ZB 12.1943, Rn. 8, juris.

236 OVG Berlin, Urteil vom 27.06.1990, OVG 2 B 13.88 (n.v.), zitiert nach: Günther, Baumschutzrecht, 53 (Fn. 103); ebendort allgemein zur Rechtsprechung bis 1992.

237 VG München, Urteil vom 24.09.2019, M 19 K 18.5188, Rn. 24, juris; Urteil vom 23.11.2015, M 8 K 14.2817, Rn. 61, juris.

238 VG Köln, Urteil vom 19.03.1991, 14 K 3840/89, red. Ls. 2, juris.

239 OVG Münster, Beschluss vom 05.02.1998, 10 A 3019/94, Rn. 7, juris; VG Köln, Urteil vom 18.06.2014, 23 K 5908/11, Rn. 19, juris; Möller, in: Spannowsky/Pützenbacher, § 50 HBO, Rn. 20.

240 VGH Mannheim, Urteil vom 02.10.1996, 5 S 831/95, Rn. 29, juris; VG München, Urteil vom 28.07.2021, M 19 K 20.5862, Rn. 23, juris; VG Ansbach, Urteil vom 11.03.2019, AN 11 K 17.00371, Rn. 35, juris; VG Bayreuth, Urteil vom 16.09.2015, B 2 K 15.493, Rn. 28, juris; VG Augsburg, Urteil vom 23.07.2015, Au 2 K 15.111, Rn. 30, juris; VG Düsseldorf, Urteil vom 30.07.2008, 11 K 3691/07, Rn. 19, juris.

tungsgerichtshof Kassel greift auf die baurechtlichen Anforderungen an die Besonnung von Aufenthaltsräumen zurück, um die Unzumutbarkeit zu ermitteln. Demnach kann eine Besonnungszeit von zwei Stunden pro Tag noch zumutbar sein.[241] Maßgeblich ist auch, welche Räume betroffen sind. Die Verschattung der Küche wird beispielsweise weniger schwer wiegen als die von Wohn- oder Schlafzimmer.

Verschatten Bäume Arbeitsstätten, lässt sich die Unzumutbarkeit anhand der technischen Regelwerke des Arbeitsschutzrechts zur Belichtung von Arbeitsstätten als Kriterium gesunder Arbeitsverhältnisse ermitteln. Im technischen Regelwerk für Arbeitsstätten ASR A3.4 – Beleuchtung (ASR A3.4) wird in Ziffer 4.1 Abs. 1 festgestellt, dass Tageslicht im Allgemeinen eine positive Wirkung auf die Gesundheit und das Wohlempfinden des Menschen hat. Im Gegensatz zum Bauordnungsrecht und seinen Anforderungen an die Belichtung von Aufenthaltsräumen[242] finden sich in Ziffer 4.1 Abs. 3 ASR A3.4 konkrete Vorgaben an den einzuhaltenden Tageslichtquotienten. Technische Regelwerke sind zwar nicht rechtsverbindlich, sofern Rechtsvorschriften sie nicht ausdrücklich einbeziehen. Verwaltung und Gerichte können sie aber als Orientierungshilfen heranziehen.[243]

Sinnvoll wäre es, ähnlich dem technischen Regelwerk ASR A3.4 auch Orientierungswerte für die Beleuchtungsstärke in Aufenthaltsräumen von Wohnungen festzulegen. Dagegen wird vorgebracht, dass durch solche konkreten Vorgaben die gebietstypischen Besonderheiten nicht beachtet werden könnten.[244] Diese Kritik überzeugt nicht. Denn in vergleichbaren technischen Vorschriften zum Lärm-[245] und Erschütterungsschutz[246] sind die Grenz- und Orientierungswerte nach Bauge-

241 VGH Kassel, Urteil vom 10.12.1993, 3 UE 1772/93, Rn. 26, juris; so auch: VG München, Urteil vom 07.05.2012, M 8 K 11.957, Rn. 23, juris.

242 Z.B. § 50 Abs. 2 S. 1 HBO.

243 BVerwG, Urteil vom 19.04.2012, 4 CN 3/11, Rn. 16, juris; Beschluss vom 28.07.2010, 4 B 29/10, Rn. 3, juris.

244 Günther, Baumschutzrecht, 58.

245 TA Lärm; DIN 18005.

246 DIN 4150-2.

bieten gestaffelt. Diese Differenzierung bietet sich auch für die Belichtungswerte an.

In welchem Ausmaß Bäume ein Gebäude verschatten, ist in der Praxis meist gutachterlich zu ermitteln. Kritisch ist die Beurteilung des Ausmaßes der Verschattung durch das Tatgericht im Rahmen eines Ortstermins zu beurteilen.[247] Denn im Rahmen eines Ortstermins wird das Tatgericht schon aus zeitlichen Gründen die Verschattung selten vollumfänglich ermitteln und würdigen können.

Schließlich rechtfertigt eine unzumutbare Verschattung nicht jede Maßnahme, um für ausreichende Belichtung zu sorgen. Nicht immer ist es erforderlich, einen verschattenden Baum zu fällen. Es kann bereits ausreichen, den Baum zurückzuschneiden. Verschatten mehrere Bäume ein Gebäude, sind zuerst die Bäume zu beseitigen, die nicht unter dem Schutz einer Baumschutzsatzung stehen.[248]

(d) Pflegehieb

In hessischen Baumschutzsatzungen ist der Pflegehieb, d. h. die Entfernung eines Baums zum Schutz eines größeren Baumbestands, erlaubt. Der Pflegehieb ist in den Baumschutzsatzungen einheitlich wie folgt definiert:

> *„Die Genehmigung zur Beseitigung eines geschützten Baumes ist zu erteilen, wenn […] einzelne Bäume eines größeren Baumbestandes im Interesse der Erhaltung des übrigen Baumbestandes entfernt werden müssen (Pflegehieb).“*[249]

Der Pflegehieb ist nicht mit grundsätzlich zulässigen Pflegemaßnahmen an einzelnen Bäumen zu verwechseln.[250] Wären Pflegehieb und

247 So in den folgenden Fällen geschehen: VGH München, Beschluss vom 08.12.2014, 14 ZB 12.1943, Rn. 8, juris; VGH Mannheim, Urteil vom 02.10.1996, 5 S 831/95, Rn. 10, juris; VG Augsburg, Urteil vom 23.07.2015, Au 2 K 15.111, Rn. 30, juris; VG Arnsberg, Urteil vom 22.02.2006, 1 K 435/05, Rn. 26, juris.

248 VG München, Urteil vom 04.05.2015, M 8 K 14.2652, Rn. 55, juris.

249 § 3 Abs. 1 lit. f) BSS Hanau; so u.a. auch: § 3 Abs. 2 lit. c) BSS Bad Homburg; § 3 Abs. 1 lit. f) BSS Frankfurt (Main); § 5 Abs. 2 lit. f) BSS Königstein.

250 Insoweit missverständlich: Meßerschmidt, § 29 BNatSchG, Rn. 99.

Pflegemaßnahmen identisch, wäre die Ausnahme für den Pflegehieb überflüssig.

(e) Bauvorhaben

Baumschutzsatzungen gelten abstrakt für sämtliche Bäume in ihrem Geltungsbereich. Dies führt zwangsläufig dazu, dass sich geschützte Bäume in einem Baufenster befinden und einem Bauvorhaben im Wege stehen können.[251]

In den hessischen Baumschutzsatzungen wird dieser Konflikt gelöst, indem Ausnahmen zugunsten von Bauvorhaben vorgesehen sind. Baurecht bricht Baumrecht aber nicht in jedem Fall. Denn der Vorrang von Bauvorhaben gegenüber dem Baumschutz wird sowohl durch die Baumschutzsatzungen als auch durch die Rechtsprechung eingeschränkt.

Der Ausnahmetatbestand zugunsten von Bauvorhaben gilt unter der Maßgabe, dass die Erhaltung des Baums die bauliche Nutzung des Grundstücks unzumutbar erschwert[252] oder wesentlich beschränkt.[253] Durch die Rechtsprechung ist mittlerweile geklärt, dass die Erhaltung des Baums die bauliche Nutzung des Grundstücks weder unzumutbar erschwert und noch wesentlich beschränkt, wenn sich das Vorhaben zum Beispiel durch Verschieben des Baukörpers auf dem Grundstück oder durch eine gleichwertige Umplanung (zum Beispiel durch Änderung des Grundrisszuschnitts) realisieren lässt.[254] Der Anspruch auf die Ausnahme entfällt dann. Einige hessische Gemeinden haben

251 Zum Spannungsverhältnis zwischen Eigentumsfreiheit und Baumschutzsatzungen: G.I.1.

252 Z.B. § 4 Abs. 3 S. 2 lit. b) BSS Gudensberg; § 5 Abs. 2 lit. b) BSS Königstein; § 4 Abs. 3 S. 2 Nr. 2 BSS Kronberg; § 6 Abs. 3 lit. b) BSS Maintal; § 5 Abs. 2 Nr. 6 BSS Neu-Isenburg; § 4 Abs. 3 S. 2 lit. b) BSS Rüsselsheim.

253 Z.B. § 5 Abs. 3 Nr. 6 BSS Bensheim; § 5 Nr. 2 BSS Edertal; § 5 Nr. 2 BSS Kassel; § 5 Abs. 3 Nr. 6 BSS Marburg; § 5 Abs. 3 BSS Wetzlar.

254 VGH München, Beschluss vom 25.02.2021, 9 ZB 19.2011, Rn. 16, juris; Beschluss vom 23.10.2018, 2 ZB 16.936, Rn. 6, juris; Urteil vom 10.07.1998, 2 B 96.2819, Rn. 31, juris; OVG Berlin-Brandenburg, Beschluss vom 20.11.2020, OVG 10 S 66/20, Rn. 12, juris; OVG Berlin, Urteil vom 24.11.1992, 2 B 29.90, LKV 1993, 233 [234].

auf diese Rechtsprechung reagiert und die Ausnahme zugunsten von Bauvorhaben ausdrücklich unter den Vorbehalt gestellt, dass sich das Bauvorhaben nicht verschieben oder umplanen lässt.[255]

Daneben wird in einigen Baumschutzsatzungen verlangt, dass auch eine Verpflanzung des Baums nicht möglich ist.[256] Wegen der Mindestgröße unter Schutz gestellter Bäume wird es meist nur mit enormem und unverhältnismäßigem Aufwand möglich sein, Bäume zu verpflanzen. Diese Voraussetzung wird einer Erlaubnis daher nur selten entgegenstehen können.

(1) Öffentlich-rechtliche Beseitigungspflicht

Ist ein Grundstückseigentümer oder ein sonstiger Nutzungsberechtigter aufgrund öffentlich-rechtlicher Vorschriften dazu verpflichtet, einen Baum zu beseitigen, kann dies nach den hessischen Baumschutzsatzungen einen Dispens begründen.

Mit dem Ausnahmetatbestand wird möglichen Kollisionen zwischen entgegenstehenden rechtlichen Pflichten vorgebeugt. Insbesondere die straßenverkehrsrechtliche Pflicht, den Verkehrsraum – auch den auf Wasserstraßen (§ 8 Abs. 1 S. 1 WaStrG) – freizuhalten, kann die Beseitigung von Bäumen erfordern. Die allgemeinen Grundsätze der Pflichtenkollision verlangen jedoch, dass dem Rechtsunterworfenen keine unmöglichen Pflichten auferlegt werden dürfen.[257] Einer ungelösten Pflichtenkollision lässt sich mit dem Ausnahmetatbestand zuvorkommen.

(2) Genehmigungsverfahren

Die bundes- und landesrechtlichen Vorschriften machen kaum Vorgaben zum Genehmigungsverfahren beim Dispens von den Verboten

255 Z.B. § 4 Abs. 1 Nr. 6 BSS Darmstadt; § 3 Abs. 1 lit. d) BSS Frankfurt (Main); § 3 Abs. 1 lit. d) BSS Hanau.

256 Z.B. § 4 Abs. 1 Nr. 6 BSS Darmstadt; § 3 Abs. 1 lit. d) BSS Frankfurt (Main); § 3 Abs. 1 lit. d) BSS Hanau; § 6 Abs. 2 lit. b) BSS Niederdorfelden; § 6 Abs. 2 S. 2 Nr. 6 BSS Offenbach.

257 Dreier, in: Hoppenberg/de Witt, Kap. E, Rn. 345.

der Baumschutzsatzungen, sodass die Gemeinden das Genehmigungsverfahren unter Berücksichtigung des allgemeinen Verwaltungsverfahrensrechts selbstständig ausgestalten können. Dennoch kollidieren die Vorschriften einiger hessischer Baumschutzsatzungen über das Genehmigungsverfahren mit höherrangigem Recht.

(a) Antragsform

In der Regel ist nach den hessischen Baumschutzsatzungen ein schriftlicher Antrag erforderlich. Mangels fachgesetzlicher Vorgaben kann die jeweilige Gemeinde die Form des Antrags selbst bestimmen. Deswegen bestehen keine Bedenken dagegen, wie die Alsfelder Baumschutzsatzung auch Anträge per E-Mail zuzulassen.[258]

(b) Genehmigungsfiktion

Die Baumschutzsatzungen der Städte Alsfeld, Frankfurt am Main, Hanau und Wiesbaden sehen eine Genehmigungsfiktion vor. Die dort genannten Fristen sind allesamt kürzer als drei Monate[259] und verstoßen damit gegen die Regelung des Hessischen Ausführungsgesetzes zum Bundesnaturschutzgesetz über die Genehmigungsfiktion.

Gemäß § 42a Abs. 2 S. 1 HessVwVfG gilt für Genehmigungsfiktionen allgemein eine Frist von drei Monaten, soweit durch Rechtsvorschrift nichts Abweichendes bestimmt ist. Die Bestimmung abweichender Fristen ist explizit nicht auf Gesetze beschränkt und somit auch durch untergesetzliche Normen möglich. Eine eigenständige Regelung über die Frist der Genehmigungsfiktion ist deswegen grundsätzlich auch in Satzungen zulässig. Dies gilt gleichwohl nur, sofern die konkrete Genehmigungsfiktion nicht bereits durch höherrangiges Recht geregelt ist.[260]

---

258 § 5 Abs. 4 S. 2 BSS Alsfeld.

259 § 5 Abs. 4 BSS Alsfeld (4 Wochen); § 3 Abs. 4 BSS Frankfurt (Main) (2 Monate); § 3 Abs. 4 BSS Hanau (2 Monate); § 6 Abs. 3 BSS Wiesbaden (6 Wochen).

260 OVG Münster, Beschluss vom 23.09.2010, 14a A 1400/10, Rn. 3, juris; Ramsauer, in: Ramsauer, § 42a VwVfG, Rn. 10; Stelkens, in: Stelkens/Bonk/Sachs, § 42a VwVfG, Rn. 29.

Das hessische Ausführungsgesetz zum Bundesnaturschutzgesetz enthält eine solche höherrangige Regelung über die Genehmigungsfiktion und eröffnet den Gemeinden daher keinen Spielraum, die Frist der Genehmigungsfiktion selbstständig in Baumschutzsatzungen zu bestimmen. Gemäß § 3 Abs. 2 S. 1 Nr. 3 lit. b) HAGBNatSchG beträgt die Frist der Genehmigungsfiktion bei Anträgen nach Satzungen über geschützte Landschaftsbestandteile und somit auch nach Baumschutzsatzungen drei Monate. Die davon abweichenden Fristen der Baumschutzsatzungen der Städte Alsfeld, Frankfurt am Main, Hanau und Wiesbaden sind daher unzulässig.[261]

(c) Verbindung mit Baugenehmigungsverfahren

Rechtlich bedenklich sind Vorschriften einiger hessischer Baumschutzsatzungen, die die Entscheidung über die Ausnahme wegen eines Bauvorhabens auf die Baugenehmigungsbehörde übertragen. Denn gemäß § 12 Abs. 2 S. 2 HAGBNatSchG in Verbindung mit § 3 Abs. 7 BNatSchG sind die Gemeinden für Satzungen über geschützte Landschaftsbestandteile und somit auch für Baumschutzsatzungen zuständig. Die Zuständigkeit umfasst neben der Rechtsetzungskompetenz auch die Vollzugskompetenz.[262] Ihre Zuständigkeit können die Gemeinden nicht eigenmächtig auf andere Behörden übertragen, da das Hessische Ausführungsgesetz zum Bundesnaturschutzgesetz, insbesondere die §§ 3 und 12 HAGBNatSchG, die Gemeinden nicht zu einer Übertragung ihrer Zuständigkeit auf andere Behörden ermächtigt. Auch sehen weder die Vorschriften des Naturschutzrechts noch die des öffentlichen Baurechts eine Konzentration der Entscheidung über die Ausnahme von Verboten einer Baumschutzsatzung im Baugenehmigungsverfahren vor.

Deswegen ist § 5 Abs. 3 S. 1 BSS Alsfeld rechtswidrig. Die Vorschrift bestimmt, dass bei genehmigungspflichtigen Bauvorhaben *„über den Antrag auf Befreiung vom Beseitigungsverbot im Rahmen des Bauge-*

261 VG Wiesbaden, Urteil vom 14.09.2016, 4 K 825/16.WI, Rn. 41, 50, juris.
262 Louis, DVBl. 2017, 823 [826]; Breloer, NVwZ 1999, 45.

nehmigungsverfahrens entschieden" wird. Die Baumschutzsatzung konzentriert damit ihr Genehmigungsverfahren beim Dispens wegen Bauvorhaben in unzulässiger Weise im Baugenehmigungsverfahren und überträgt die Zuständigkeit somit auf die untere Bauaufsichtsbehörde.

Ähnliche Probleme wirft auch die Wetzlarer Baumschutzsatzung auf. Dort ist der Dispensantrag nach der Baumschutzsatzung dem Bauantrag *beizufügen*.[263] Dabei lässt der Wortlaut zwar nicht klar erkennen, ob das baumschutzrechtliche Verfahren im Bauantragsverfahren konzentriert werden soll oder ob der Antrag nur zu Informationszwecken beizufügen ist. Letztlich ist dies aber nicht entscheidend, weil der Magistrat der Stadt Wetzlar auch untere Bauaufsichtsbehörde ist. Über die Ausnahme nach der Baumschutzsatzung entscheidet daher in jedem Fall die zuständige Behörde. Das Problem löst sich in Wetzlar somit aus praktischen Gründen. Eine klarstellende Anpassung der Vorschrift ist dennoch ratsam.

Diese verwaltungspraktische Lösung ist auf die Alsfelder Baumschutzsatzung nicht übertragbar. Die zuständige untere Bauaufsichtsbehörde für Alsfeld ist nämlich gemäß § 60 Abs. 1 S. 1 Nr. 1 lit. b) HBO der Kreisausschuss des Vogelsbergkreises und nicht der Magistrat der Stadt Alsfeld.[264]

Diese Beispiele zeigen deutlich, dass rechtliche Schwierigkeiten entstehen können, wenn Baumschutzsatzungen ‚ihr' Genehmigungsverfahren mit dem Baugenehmigungsverfahren verquicken. Überdies besteht kein rechtliches Bedürfnis für eine Verbindung der beiden Antragsverfahren. Denn wegen der Abkehr von der Schlusspunkttheorie im hessischen Bauordnungsrecht[265] (und auch in anderen Bundesländern)[266]

263 § 6 Abs. 2 S. 1 BSS Wetzlar.

264 Alsfeld ist keine Sonderstatus-Stadt im Sinne von § 4a Abs. 2 HGO und kann wegen der Einwohnerzahl (<50.000) auch nicht zu einer erklärt werden. Zuständige untere Bauaufsichtsbehörde ist daher gemäß § 60 Abs. 1 S. 1 Nr. 1 lit. b) HBO der Kreisausschuss des Vogelsbergkreises.

265 VGH Kassel, Beschluss vom 24.05.2012, 3 A 1532/11.Z, Rn. 9, juris; Hornmann, § 74 HBO, Rn. 51–56; Schulz/Krampetz/Vornholt, in: Spannowsky/Pützenbacher, § 74 HBO, Rn. 57.

266 Hornmann, in: Hoppenberg/de Witt, Handbuch des öffentlichen Baurechts, Kap. A.I., Rn. 42 f.

ist eine etwaig erforderliche Ausnahmegenehmigung nach der Baumschutzsatzung für die Baugenehmigung ohne Bedeutung.

Unbedenklich sind hingegen Vorschriften in Baumschutzsatzungen, wonach geschützte Bäume in den Bauantragsvorlagen darzustellen sind.[267] Grundsätzlich sind die Gemeinden wegen § 69 Abs. 1 S. 4 HBO nicht dazu berechtigt, Vorgaben zu Inhalt und Umfang der Bauvorlagen zu machen. Diese Zuständigkeit liegt danach ausschließlich bei der obersten Bauaufsichtsbehörde. Da gemäß Nr. 3 lit. h) der Anlage 2 des hessischen Bauvorlagenerlasses geschützte Bäume im Freiflächenplan einzuzeichnen sind, sind inhaltsgleiche Regelungen der Baumschutzsatzungen jedoch unschädlich.

ac) Rechtsdurchsetzung

Die Durchsetzung der Verbote von Baumschutzsatzungen verursacht für die örtlichen Behörden schon wegen der Menge an Bäumen einen enormen Verwaltungsaufwand. Allein im Frankfurter Stadtgebiet gibt es außerhalb des Stadtforsts mehr als 200.000 Bäume.[268] Städte und Gemeinden entscheiden sich ob des Verwaltungsaufwands daher immer wieder gegen eine Baumschutzsatzung.[269]

Entscheiden sich Gemeinden für eine Baumschutzsatzung, sind neben der personellen Ausstattung auch behördliche Befugnisse erforderlich, um die Ziele der Baumschutzsatzung effektiv durchsetzen zu können. Die Behörden können die Einhaltung der Verbote durch ein Betretungsrecht kontrollieren und bei Bedarf auf eine weitreichende Anordnungsbefugnis für baumschützende Maßnahmen zurückgreifen.

Schließlich sind zahlreiche Verstöße gegen die Verbote von Baumschutzsatzungen als Ordnungswidrigkeit sanktioniert.

267 § 7 BSS Bad Soden; § 6 BSS Hünfeld.

268 Jahresabschluss der Stadt Frankfurt am Main 2019, S. 27 (https://www.stadt-frankfurt.de/stadtkaemmerei/jahresabschluss2019/_Jahresabschluss_2019.pdf, zuletzt abgerufen am 09.07.2021); der Bestand nahm im Vergleich zu 2018 um ca. 8.000 Bäume zu.

269 Ausführlich zur Kritik an Baumschutzsatzungen: E.I.1.h).

(1) Anordnungsbefugnis

(a) Allgemeine Anordnungsbefugnis

Einige hessische Baumschutzsatzungen bestimmen ausdrücklich, dass die Gemeinden Maßnahmen zur Erhaltung und zum Schutz von Bäumen anordnen dürfen.[270] Diese Anordnungsbefugnis ergibt sich für geschützte Landschaftsbestandteile im Sinne von § 29 BNatSchG bereits unmittelbar aus § 3 Abs. 2 BNatSchG.[271] Danach überwachen die naturschutzrechtlich zuständigen Behörden die Einhaltung der Vorschriften des Bundesnaturschutzgesetzes sowie der aufgrund des Bundesnaturschutzgesetzes erlassenen Vorschriften. Nach pflichtgemäßem Ermessen können sie im Einzelfall erforderliche Anordnungen treffen, um die Einhaltung der naturschutzrechtlichen Vorschriften sicherzustellen.

Eine gesonderte Regelung in den Baumschutzsatzungen ist wegen der unmittelbaren bundesrechtlichen Ermächtigungsgrundlage und der Vollzugskompetenz der Gemeinden für Baumschutzsatzungen[272] nicht erforderlich. Deswegen dürfen auch Gemeinden, in deren Baumschutzsatzungen keine Anordnungsbefugnis geregelt ist, entsprechende Anordnungen zur Durchsetzung der Baumschutzsatzung treffen.

Gegenstand solcher Anordnungen kann zum Beispiel ein einzuhaltender Mindestabstand von Baugeräten zu geschützten Bäumen[273] oder die Entsiegelung der Kronentraufe sein, um Schäden an Bäumen zu vermeiden. In Betracht kommen aber auch Maßnahmen, um bereits entstandene Schäden aufzufangen, wie zum Beispiel die Anordnung zum Einbau einer Kronensicherung.[274]

---

270 § 5 BSS Bad Camberg; § 9 Abs. 4 BSS Bad Hersfeld; § 9 BSS Edertal; § 6 BSS Bad Homburg; § 9 BSS Kassel; § 9 Abs. 1 BSS Offenbach; § 4 Abs. 5 BSS Wetzlar.

271 VG Oldenburg, Beschluss vom 12.05.2020, 5 B 563/20, BeckRS 2020, 25186, Rn. 6, 13; VG München, Beschluss vom 14.07.2020, M 19 S 20.2244, BeckRS 2020, 17005, Rn. 29 f.

272 Louis, DVBl. 2017, 823 [826]; Breloer, NVwZ 1999, 45.

273 VG Oldenburg, Beschluss vom 12.05.2020, 5 B 563/20, BeckRS 2020, 25186, Rn. 17.

274 VG München, Beschluss vom 14.07.2020, M 19 S 20.2244, BeckRS 2020, 17005, Rn. 39.

(b) Betretungsrecht

Im Übrigen bestimmen die hessischen Baumschutzsatzungen ein Betretungsrecht von Grundstücken zur Kontrolle und Durchsetzung der Satzung. Ein solches Betretungsrecht ergibt sich unmittelbar aus § 20 Abs. 1 HAGBNatSchG in Verbindung mit § 65 Abs. 3 BNatSchG. Danach ist den Bediensteten der Naturschutzbehörden oder den von diesen beauftragten Personen, mit Ausnahme der Wohnung, Geschäftsräume und Betriebsgebäude, das Begehen oder Befahren eines Grundstücks zur Wahrnehmung ihrer naturschutzrechtlichen Aufgaben zu gestatten. Selbstständige Regelungen der Baumschutzsatzungen sind daher überflüssig.

(c) Erweiterte Befugnisse nach der Baumschutzsatzung Bad Homburg

Sehr ausführlich regelt die Stadt Bad Homburg die Anordnungsbefugnis in ihrer Baumschutzsatzung. Versagt die Verwaltung die Genehmigung zur Beseitigung von kranken Bäumen, ist gemäß § 6 Abs. 1 BSS Bad Homburg durch Anordnung sicherzustellen, dass der Antragsteller alle zumutbaren Maßnahmen trifft, die zur Sicherung und Erhaltung der Bäume notwendig sind. Die Vorschrift ist sinnvoll, um die Erhaltungspflicht zu verdeutlichen und sicherzustellen, dass der Baumverantwortliche die erforderlichen Maßnahmen auch trifft. Rechtlich erforderlich ist die Vorschrift allerdings nicht. Denn eine entsprechende Verfügung lässt sich unproblematisch auf die allgemeine Anordnungsbefugnis stützen, weil es sich um gewöhnliche, da zumutbare Erhaltungsmaßnahmen handelt.

In Einzelfällen kann die Stadt genehmigte Baumfällungen noch verhindern, obwohl die erforderlichen Maßnahmen unzumutbar sind und ein Anspruch auf eine Ausnahme von den Verboten der Satzung besteht. Wegen § 6 Abs. 3 BSS Bad Homburg sind Grundstückseigentümer und -nutzungsberechtigte nämlich dazu verpflichtet, Pflege- und Erhaltungsmaßnahmen durch die Stadt zu dulden, die dem Baumverantwortlichen nicht zumutbar sind:

> *„Der Magistrat der Stadt Bad Homburg v.d. Höhe kann von der Eigentümerin bzw. dem Eigentümer oder Nutzungsberechtigten verlangen, dass sie*

bzw. er die Durchführung bestimmter Pflege- und Erhaltungsmaßnahmen an geschützten Bäumen durch die Stadt duldet, wenn ihr bzw. ihm selbst die Durchführung nicht zumutbar ist.“

Dies setzt voraus, dass an dem Baum überhaupt Pflege- und Erhaltungsmaßnahmen möglich sind, um ihn zu erhalten oder von ihm ausgehende Gefahren zu beseitigen. Sind diese Maßnahmen unzumutbar, rechtfertigt dies in der Regel eine Ausnahmegenehmigung von den Verboten der Baumschutzsatzung, zum Beispiel wegen eines kranken Baums.[275] Führt die Stadt die zu duldenden Erhaltungsmaßnahmen selbst durch, kann sie damit die (rechtmäßige) Beseitigung der Bäume abwenden, indem sie zum Beispiel den kranken Baum versorgt und somit die Dispensgründe beseitigt. Die Duldungspflicht ist daher als zusätzliche Voraussetzung der Ausnahmetatbestände, die die Unzumutbarkeit von Pflege- und Erhaltungsmaßnahmen voraussetzen, zu verstehen: Der Dispens wird nur erteilt, wenn die Stadt die für den Eigentümer unzumutbare Maßnahme nicht selbst durchführt.

Im Sinne des Erhalts der Stadtbäume ist es zu befürworten, wenn die Stadt ihre Einwohner bei der Baumpflege unterstützt. Allerdings ist zu bedenken, dass eine einmalige Maßnahme nicht immer ausreichen wird und regelmäßige Pflege- und Erhaltungsmaßnahmen erforderlich sein können. Sofern solche Folgemaßnahmen ebenfalls unzumutbar sind, stellt sich die Frage nach städtischen Maßnahmen erneut. Die Verwaltung sollte deswegen frühzeitig prüfen, ob sie bereit ist, den Baum dauerhaft zu erhalten und zu pflegen.

Mit höherrangigem Recht ist § 6 Abs. 3 BSS Bad Homburg vereinbar. Zum einen wird mit § 29 Abs. 2 S. 1 BNatSchG ein weiter Spielraum zur Ausgestaltung der Verbots- und Ausnahmetatbestände eröffnet. Zum anderen haben Grundstückseigentümer und sonstige Nutzungsberechtigte gemäß § 65 Abs. 1 BNatSchG naturschutzrechtliche Maßnahmen zu dulden, soweit dies die Nutzung des Grundstücks nicht unzumutbar beeinträchtigt.

275 § 3 Abs. 2 lit. b) BSS Bad Homburg.

(2) Sanktionen

Die Sanktionsmöglichkeiten der hessischen Baumschutzsatzungen weisen keine Besonderheiten auf. Gemäß § 28 Abs. 1 Nr. 4 lit. b) HAGBNatSchG stellen Verstöße gegen die Verbote von Baumschutzsatzungen Ordnungswidrigkeiten dar. In den Baumschutzsatzungen sind entsprechende Bußgeldtatbestände festgelegt, wobei die Bußgelder gemäß § 28 Abs. 3 S. 1 Hs. 1 HAGBNatSchG bis zu 100.000, – € betragen können.

Die hessischen Baumschutzsatzungen verlangen bei ungenehmigten Baumfällungen neben der Geldbuße in jedem Fall auch eine Ersatzpflanzung oder Ausgleichszahlung.

ad) Kompensationen

Für beseitigte Bäume ist in den meisten Fällen Ersatz zu pflanzen oder eine Ausgleichszahlung zu entrichten. Die Ersatzpflanzung stellt dabei überwiegend die primäre Kompensationsleistung dar. Bestenfalls wird ein neuer Baum auf dem gleichen Grundstück oder auf einem anderen Grundstück im Satzungsgebiet gepflanzt. Ist eine Ersatzpflanzung nach den Maßgaben der Baumschutzsatzung unmöglich, kann der Verlust des Baums auch durch eine Ausgleichszahlung kompensiert werden.

(1) Ersatzpflanzungen

In Baumschutzsatzungen dürfen die Gemeinden nach dem eindeutigen Wortlaut von § 29 Abs. 2 S. 2 BNatSchG Ersatzpflanzungen verlangen. Die frühere Fassung der Vorschrift enthielt keine explizite Befugnis für Regelungen über Ersatzpflanzungen. Der Streit, ob sich aus der Satzungsbefugnis unmittelbar die Befugnis zu Regelungen über Ersatzpflanzungen ergibt, hat sich mit der Novellierung von § 29 BNatSchG erledigt.[276]

276 Zum früheren Streitstand ausführlich: Dreier, in: Hoppenberg/de Witt, Kap. E, Rn. 347.

Die Vorschrift beschränkt die Instrumentarien von Baumschutzsatzungen auf den Bestandsschutz, denn über die Ersatzpflanzung hinausgehende Pflanzgebote gemäß § 29 Abs. 2 S. 2 BNatSchG können Baumschutzsatzungen nicht vorschreiben.[277]

(a) Verpflichtung zur Ersatzpflanzung

Nach § 29 Abs. 2 S. 2 BNatSchG und den Landesnaturschutzgesetzen ist der satzungsgebenden Gemeinde die Entscheidung überlassen, ob sie Ersatzpflanzungen verlangt und wie sie diese ausgestaltet. Zwangsläufig sind Ersatzpflanzungen von Gesetzes wegen nicht.[278] Nach den hessischen Baumschutzsatzungen sind Ersatzpflanzungen entweder obligatorisch oder sie stehen im Ermessen der Behörde.

Schwierigkeiten weisen obligatorische Ersatzpflanzungspflichten auf, wenn sie ausnahmslos und somit auch für abgestorbene Bäume gelten. Verlangt eine Baumschutzsatzung obligatorisch und ausnahmslos auch für Bäume, die das Ende ihres Lebenszyklus erreicht haben, eine Ersatzpflanzung, ist die Ersatzpflanzungspflicht unverhältnismäßig. Mit der Zeit entfaltet ein Baum nämlich seine die Unterschutzstellung rechtfertigende Wohlfahrtswirkung immer weniger. Dies kann nach Auffassung des Oberverwaltungsgerichts Münster zur Folge haben, dass „*sich die mit der Unterschutzstellung verbundenen Belastungen und Beschränkungen für den Eigentümer, weil nicht mehr durch einen mindestens gleichgewichtigen öffentlichen Zweck gerechtfertigt, als unverhältnismäßig und unzumutbar erweisen.*“[279]

Das Ergebnis des Oberverwaltungsgerichts Münster ist auch mit Blick auf das Neutralisierungsprinzip überzeugend. Wäre für solche Bäume Ersatz zu pflanzen, würde der ökologische Verlust überkompensiert.

---

277 Meßerschmidt, § 29 BNatSchG, Rn. 111.

278 VG Frankfurt/Main, Urteil vom 09.06.2009, 8 K 920/09.F, Rn. 30, juris; VG Lüneburg, Urteil vom 15.09.2017, 2 A 115/16, Rn. 27, juris.

279 OVG Münster, Urteil vom 15.06.1998, 7 A 759/96, Rn. 11, juris; im Anschluss daran: OVG Magdeburg, Beschluss vom 15.10.2019, 2 L 37/18, Rn. 11, juris; VG Cottbus, Urteil vom 28.07.2017, 3 K 1801/15, Rn. 24 f., juris; VG Lüneburg, Urteil vom 15.09.2017, 2 A 115/16, Rn. 27, juris; Appel, in: Frenz/Müggenborg, § 29 BNatSchG, Rn. 25.

Eine Überkompensation ist aber nicht ohne Weiteres zulässig und bedarf einer besonderen Begründung.[280]

Eine Baumschutzsatzung genügt diesen Anforderungen, wenn die obligatorische Ersatzpflanzungspflicht nur für solche Fälle gilt, bei denen der Baum nicht natürlich abgängig ist (zum Beispiel Beseitigung wegen Bauvorhaben oder wegen unzumutbarer Härte). Es genügt gleichwohl nicht, die obligatorische Ersatzpflanzung für natürlich abgängige Bäume gegen intendiertes Ermessen (‚soll') einzutauschen. Denn der Ermessensspielraum ist bei Soll-Vorschriften auf einen engen Ausnahmekorridor beschränkt, der den Anforderungen an die Verhältnismäßigkeit ebenfalls nicht genügt.[281]

Das Verwaltungsgericht Frankfurt am Main hat aus den genannten Gründen eine frühere Fassung der Ersatzpflanzungsregelung der Frankfurter Baumschutzsatzung als rechtswidrig erachtet.[282] Die Stadt Frankfurt am Main hat ihre Baumschutzsatzung im Nachgang zur Entscheidung angepasst und sieht in § 4 Abs. 4 mittlerweile eine entsprechende Ausnahme von der obligatorischen Ersatzpflanzung bei natürlich abgängigen und kranken Bäumen vor und empfiehlt unverbindlich eine Ersatzpflanzung:

> *„Ist ein geschützter Baum abgestorben, im Sturm geworfen oder nach § 3 Abs. 1 Buchstabe f*[283] *dieser Satzung zu Beseitigung genehmigt, besteht keine Verpflichtung zu einer Nachpflanzung oder einer Ausgleichszahlung. Eine Nachpflanzung wird empfohlen."*[284]

Mehrere hessische Baumschutzsatzungen halten aber noch an der ausnahmslosen Ersatzpflanzungspflicht fest, darunter auch solche, die nach der Entscheidung des Verwaltungsgerichts Frankfurt am Main 2009 erlassen wurden.[285] In diesen Fällen besteht Anpassungsbedarf.

---

280 OVG Berlin, Beschluss vom 05.05.2017, OVG 11 N 90.16, Rn. 4, juris; Kloepfer, Umweltrecht, § 4, Rn. 79.
281 VG Frankfurt (Main), Urteil vom 09.06.2009, 8 K 920/09.F, Rn. 27, 33, juris.
282 VG Frankfurt (Main), Urteil vom 09.06.2009, 8 K 920/09.F, Rn. 27, 33, juris.
283 Die Vorschrift bestimmt eine Ausnahme für den Pflegehieb.
284 Inhaltlich fast identisch: § 8 Abs. 3 BSS Dreieich.
285 Z.B. § 7 Abs. 2 BSS Edertal (2017); § 7 BSS Hünfeld (2018).

(b) Anforderungen an Ersatzpflanzungen

Die hessischen Baumschutzsatzungen machen vielfach auch Vorgaben zum Standort der Ersatzpflanzung sowie zur Baumauswahl. Grundsätzlich ist der Ersatzbaum auf dem Grundstück des beseitigten Baums anzupflanzen. Dies ist aus praktischen Gründen jedoch nicht immer möglich, insbesondere wenn der Baum einem Bauvorhaben mit hoher Grundflächenzahl weichen musste. Die Ersatzpflanzungen können dann auch auf anderen Grundstücken zulässig sein – beispielhaft ist insoweit § 5 Abs. 4 BSS Bad Homburg:

> *„Kann eine Ersatzpflanzung aus rechtlichen oder tatsächlichen Gründen nicht auf dem Grundstück, auf dem die Beseitigung erfolgte, durchgeführt werden, so ist die Ersatzpflanzung im räumlichen Zusammenhang mit dem Eingriff auf einem anderen Grundstück der Antragstellerin bzw. des Antragstellers, der Stadt Bad Homburg vor der Höhe oder eines zur Duldung bereiten Dritten durchzuführen.“*

Ökologisch wünschenswert wäre es, die Ersatzpflanzung anhand des ökologischen Ertragswerts des Baums zu bemessen und dazu differenziertere Faktoren als allein die Größe des Baums zu berücksichtigen.[286] Dies wird indes nur möglich sein, wenn in den Baumschutzsatzungen den Behörden ein maximaler Entscheidungsspielraum zugestanden wird. Das Bestimmtheitsgebot verlangt jedoch, dass die Vorgaben der Baumschutzsatzungen über die Ersatzpflanzungen konkret und für den Ersatzpflichtigen vorhersehbar sind, um eine willkürliche Anordnung von Ersatzpflanzungen auszuschließen. Dazu sind Vorgaben zum Umfang und zur Größe der Ersatzpflanzung in Abhängigkeit zur Anzahl und Größe der entfernten Bäume erforderlich.[287] Es genügt deswegen nicht, die Erstsatzpflanzung in der Baumschutzsatzung allgemein vorzusehen und die konkreten Vorgaben an Art und Größe des Ersatzbaums in das freie Ermessen der Behörde zu stellen.

---

286 Voßkuhle, Das Kompensationsprinzip, 161.

287 OVG Magdeburg, Beschluss vom 15.10.2019, 2 L 37/18, Rn. 11, juris; OVG Koblenz, Urteil vom 16.01.2008, 8 A 10976/07, Rn. 37, juris; OVG Berlin-Brandenburg, Urteil vom 26.01.2006, OVG 11 B 12.05, Rn. 19, juris; OVG Münster, Urteil vom 01.03.1982, 7 A 1028/81, NuR 1982, 193 [194].

Diesen Anforderungen genügen die Baumschutzsatzungen der Städte Marburg,[288] Bad Camberg[289] und Langenselbold[290] nicht, weil sie entweder gar nichts über die Anforderungen an die Ersatzpflanzung aussagen (Langenselbold) oder die Baumauswahl in einen Abstimmungsprozess mit der Behörde und somit umfangreich in deren Ermessen stellen (Marburg, Bad Camberg). Bei der Baumschutzsatzung der Stadt Wetzlar ist schon unklar, ob sie überhaupt eine Regelung über Ersatzpflanzungen enthält, da sie nur dazu ermächtigt, Genehmigungen mit Nebenbestimmungen zu versehen.[291] Wegen der komplett fehlenden Vorgaben an die Ersatzpflanzung ist die Baumschutzsatzung der Stadt Wetzlar jedenfalls insoweit nicht hinreichend bestimmt.

(aa) Größe und Anzahl der Ersatzpflanzungen

Die Größe und der Umfang der Ersatzpflanzung bemessen sich anhand des Stammumfangs des beseitigten Baums, wobei die Vorgaben der einzelnen Baumschutzsatzungen variieren. Die hessischen Gemeinden gehen dabei vor allem bei größeren Bäumen verschiedene Wege.

Im einfachsten Fall ist für einen abgängigen Baum ein Ersatzbaum mit einem bestimmten, für alle Ersatzpflanzungen geltenden Mindeststammumfang zu pflanzen.[292] Der Stammumfang des beseitigten Baums ist danach für die Ersatzpflanzung nicht relevant.

Der Umfang der Ersatzpflanzung lässt sich aber auch detaillierter und abhängig von der Größe des beseitigten Baums bestimmen. Ersatzpflanzungen können den ökologischen Verlust nie unmittelbar kompensieren, da *„ein ausgewachsener Baum durch einen an seine Stelle tretenden Setzling erst Jahre später gleichwertig substituiert werden kann."*[293] Je älter der gefällte Baum war, desto länger wird es dauern,

288 § 7 BSS Marburg.

289 § 4 Abs. 2 Hs. 2, § 7 BSS Bad Camberg.

290 § 8 BSS Langenselbold.

291 § 6 Abs. 3 BSS Wetzlar.

292 Z.B. § 7 Abs. 1 BSS Hünfeld.

293 BVerwG, Urteil vom 06.11.2012, 9 A 17/11, Rn. 149, juris.

bis der Verlust durch den neuen Baum ausgeglichen ist. Um diese zeitliche Lücke (time lag) auf einen angemessenen Zeitraum zu verkürzen, kann es gerechtfertigt sein, den Umfang der Ersatzpflanzungen auszuweiten.[294] Dementsprechend verlangen einige Baumschutzsatzungen, dass für Bäume ab einer bestimmten Größe mehrere Bäume nachzupflanzen sind.[295]

Als Maßstab gilt dabei der Stammumfang des gefällten Baums. So ist beispielsweise gemäß § 5 Abs. 2 S. 2 BSS Darmstadt für einen Baum mit einem Umfang von mehr als 200 cm für jeden weiteren angefangenen Meter ein zusätzlicher Baum mit einem bestimmten Mindeststammumfang zu pflanzen. Nach anderen Baumschutzsatzungen nimmt der Mindeststammumfang des Ersatzbaums abhängig vom Stammumfang des entfernten Baums zu, wodurch sich der Umfang der Ersatzpflanzung ebenfalls nach der Größe des beseitigten Baums bemisst.[296] Diese Regelungen über den Umfang der Ersatzpflanzung sind nicht zu beanstanden und insbesondere hinreichend bestimmt.[297] Denn sie lassen auf den Zentimeter genau erkennen, wie groß der neu zu pflanzende Baum mindestens sein muss.

Der Mindeststammumfang der Ersatzbäume ist immer geringer als der Mindeststammumfang, der den sachlichen Geltungsbereich einer Baumschutzsatzung eröffnet. In den Baumschutzsatzungen ist daher festgelegt, dass entweder die Ersatzpflanzungen unabhängig vom Stammumfang dem Schutz der Satzung unterstehen oder dass Ersatzpflanzungen dauerhaft zu erhalten sind.[298]

---

294 OVG Münster, Beschluss vom 03.02.1997, 7 A 3778/94, Rn. 22, juris; Schumacher/Schumacher/Fischer-Hüftle, in: Schumacher/Fischer-Hüftle, § 29 BNatSchG, Rn. 40.

295 Z.B. § 5 Abs. 2 S. 2 BSS Darmstadt; § 7 Abs. 3 BSS Maintal; § 5 Abs. 2 BSS Kronberg.

296 Z.B. § 4 Abs. 1 BSS Hanau; § 7 Abs. 1 BSS Kassel.

297 OVG Magdeburg, Beschluss vom 08.02.2011, 2 L 32/10, Rn. 10, juris; Meßerschmidt, § 29 BNatSchG, Rn. 113.

298 Z.B. § 3 Abs. 2 S. 1 lit. c) BSS Dreieich; § 3 Abs. 4 BSS Edertal; § 7 Abs. 4 S. 2 BSS Hünfeld; § 7 Abs. 1 S. 2 BSS Maintal.

(ab) Baumart

Zu den Baumarten, die für eine Ersatzpflanzung in Betracht kommen, machen die hessischen Baumschutzsatzungen keine sehr konkreten Vorgaben. Teilweise werden als Ersatzpflanzungen Laubbäume verlangt.[299] Ansonsten sind die Regelungen darauf beschränkt, standortgerechte und/oder heimische Ersatzbäume zu fordern.

Die Vorgabe, dass der Ersatzbaum standortgerecht sein muss, ist durchaus sinnvoll, insbesondere, wenn der beseitigte Baum sich als nicht (mehr) standortangepasst erwies und womöglich deshalb abging. Der Ersatzbaum lässt sich dann unter Berücksichtigung der veränderten Standortbedingungen (zum Beispiel verdichtete Bebauung oder rückgängiger Niederschlag) oder allgemein veränderter klimatischer Bedingungen auswählen.

Hinderlich kann wegen der sich verändernden klimatischen Herausforderungen die Beschränkung auf heimische Bäume sein.[300] Dem gewohnten Ortsbild mögen sie zwar am ehesten entsprechen. Als besonders klimaresistente Bäume kommen mittlerweile jedoch zahlreiche hierzulande noch nicht domestizierte Bäume in Betracht, die nicht als heimisch im Sinne der Baumschutzsatzungen gelten.[301] Um den Anwuchs klimaresistenter Bäume zu fördern, sollten daher als Ersatzpflanzungen nicht zwingend heimische Bäume verlangt werden.

Die Frankfurter Baumschutzsatzung konkretisiert die Baumart noch auf eine andere Weise, indem als Ersatzpflanzungen Laubbäume erster oder zweiter Ordnung verlangt werden.[302] Dahinter verbirgt sich die botanische Einordnung von Bäumen anhand ihrer zu erwartenden Größe. Bäume erster Ordnung sind großkronig, Bäume zweiter Ordnung sind mittelkronig. Leider fehlt in der Frankfurter Baumschutzsatzung eine Anlage über die Zuordnung von Baumarten in diese

299 Z.B. § 4 Abs. 1 BSS Hanau; § 6 Abs. 3 BSS Königstein; § 7 Abs. 3 S. 3 BSS Offenbach.

300 Z.B. § 5 Abs. 2 S. 2 BSS Rüsselsheim; § 8 Abs. 1 S. 1 lit. a) BSS Dreieich; § 6 Abs. 3 BSS Königstein.

301 Stratópoulos-Le Chalony, Klimabäume für die Stadt, 17 f.

302 § 4 BSS Frankfurt (Main).

Kategorien, wie es etwa in der Potsdamer Baumschutzverordnung der Fall ist.[303]

(2) Ausgleichszahlung

Ist eine Ersatzpflanzung nicht möglich, ist die Kompensationsmaßnahme nicht etwa obsolet. Nach den Baumschutzsatzungen ist dann vielfach subsidiär eine Ausgleichszahlung möglich.

Die Subsidiarität der Ausgleichszahlung ergibt sich nicht unmittelbar aus dem Wortlaut von § 29 Abs. 2 S. 2 BNatSchG, da Ersatzpflanzung und Ausgleichszahlung in der Vorschrift alternativ genannt sind. Teilweise wird vertreten, dass die Ersatzzahlung gegenüber der Ersatzpflanzung subsidiär sei, weil frühere landesrechtliche Vorschriften das Rangverhältnis so regelten.[304] Mit diesem Argument wird allerdings der eindeutige Wortlaut der Vorschrift außer Acht gelassen und dem Gesetzgeber wird ein Regelungsversehen unterstellt, wofür sich in der Gesetzesbegründung keine Anhaltspunkte finden.[305]

Für die hessischen Baumschutzsatzungen hat diese Frage bislang keine praktische Bedeutung, da Ausgleichszahlungen hierin ausschließlich subsidiär zulässig sind. Für Frankfurt am Main veröffentlichte Zahlen sprechen zudem dafür, dass Ausgleichszahlungen auch eher die Ausnahme als die Regel darstellen. Zwischen 2009 und 2013 erteilte der Magistrat jährlich im Schnitt etwa 1.400 Ausnahmegenehmigungen mit der Anordnung einer Ersatzpflanzung. Dem stehen jährlich maximal 48 Bescheide mit Ausgleichszahlungen gegenüber.[306]

303 Anlage 2 der Baumschutzverordnung der Landeshauptstadt Potsdam, in der Fassung vom 03.05.2017.

304 Meßerschmidt, § 29 BNatSchG, Rn. 120; Albrecht, in: Giesberts/Reinhardt, § 29 BNatSchG, Rn. 25; Gellermann, in: Landmann/Rohmer, § 29 BNatSchG, Rn. 15; unentschlossen: Hendrischke/Kieß, in: Schlacke, § 29 BNatSchG, Rn. 18.

305 BT-Drs. 16/12274, 62; BT-Drs. 16/13430, 22; BR-Drs. 278/09, 196.

306 Bericht des Magistrats der Stadt Frankfurt am Main vom 03.03.2014, B 68.

(a) Höhe der Ausgleichszahlung

§ 29 Abs. 2 S. 2 BNatSchG lässt offen, wie die Höhe der Ausgleichszahlung im Detail zu bemessen ist. Teilweise verweisen die Landesnaturschutzgesetze auf § 15 Abs. 6 BNatSchG.[307] Auch wenn eine unmittelbare Anwendbarkeit der Vorschrift aus systematischen Gründen ausgeschlossen ist,[308] bietet sich angesichts der terminologischen und inhaltlichen Parallelen ein Verweis auf die Kompensationsregelung des § 15 Abs. 6 BNatSchG an.[309]

Hierdurch bietet sich noch ein weiterer Vorteil: Erteilt die Behörde als Dispens eine Befreiung gemäß § 67 Abs. 1 BNatSchG anstatt einer Ausnahme nach der Baumschutzsatzung, bemisst sich bei konsequenter Anwendung der Vorschrift wegen § 67 Abs. 3 BNatSchG die Kompensation unmittelbar nach § 15 Abs. 1 bis 4, 6 BNatSchG. Die Rechtsfolgen sind damit unabhängig von der Form des Dispenses identisch.

Gemäß § 15 Abs. 6 S. 2 BNatSchG bemisst sich die Ersatzzahlung primär nach den durchschnittlichen Kosten der nicht durchführbaren Ausgleichs- und Ersatzmaßnahmen einschließlich der erforderlichen durchschnittlichen Kosten für deren Planung und Unterhaltung sowie für die Flächenbereitstellung unter Einbeziehung der Personal- und sonstigen Verwaltungskosten (§ 15 Abs. 6 S. 2 BNatSchG).

§ 12 HAGBNatSchG verweist zwar nicht auf § 15 Abs. 6 BNatSchG. Dennoch folgen diesem Ansatz die hessischen Baumschutzsatzungen, nach denen die Ausgleichszahlungen vielfach von den hypothetischen Kosten einer Ersatzpflanzung abhängen. Einige Gemeinden verlangen Pauschalen pro nicht gepflanztem Ersatzbaum. Ist in der Baumschutzsatzung die Größe der Ersatzpflanzung in Abhängigkeit von der Größe

307 Z.B. § 14 Abs. 2 S. 3 LNatSchG RP.

308 S.o. E.I.1.b).

309 Appel, in: Frenz/Müggenborg, § 29 BNatSchG, Rn. 26; Hendrischke/Kieß, in: Schlacke, § 29 BNatSchG, Rn. 18; Meßerschmidt, § 29 BNatSchG, Rn. 123; Gellermann, in: Landmann/Rohmer, § 29 BNatSchG, Rn. 15; Heugel, in: Lütkes/Ewer, § 29 BNatSchG, Rn. 15.

des abgängigen Baums gestaffelt, schließt die Ausgleichszahlung daran an und die Höhe der Pauschalen ist entsprechend gestaffelt.[310]

Mit den Pauschalen lässt sich eine aufwendige Wertermittlung vermeiden. Dies ist einerseits verwaltungsökonomisch. Andererseits sind dadurch die Kosten für den Ersatzpflichtigen vorab erkennbar, was dem Bestimmtheitsgebot in besonderer Weise Rechnung trägt.[311]

Andere hessische Gemeinden verzichten auf solche Pauschalen und machen die Ersatzzahlung allgemein von den Kosten für eine entsprechende Ersatzpflanzung abhängig. Beispielhaft ist die Regelung der Baumschutzsatzung der Gemeinde Diemelsee:

> *„Die Höhe der Ausgleichszahlung bemißt sich nach dem Wert des Baumes, mit dem ansonsten eine Ersatzpflanzung erfolgen müßte.“*[312]

Der Vorteil dieser Variante besteht darin, dass sich die Ausgleichszahlung stärker an den tatsächlichen Kosten orientieren kann und nicht bloß Näherungswerte wie die Pauschalen abbildet. Dem Bestimmtheitsgebot genügen solche pauschalen Formulierungen grundsätzlich.[313] Die Behörde muss aber besonders darauf achten, die Höhe der konkret festgesetzten Ausgleichszahlung im Bescheid gut nachvollziehbar zu begründen.

Zu unbestimmt sind solche Regelungen, in denen Angaben zur Bemessung der Ausgleichszahlung fehlen, weil die Behörde die Höhe der Ausgleichszahlung dann willkürlich festsetzen kann.[314] In den hessischen Baumschutzsatzungen finden sich solche Regelungen jedoch nicht.

Zusätzlich verlangen einige Vorschriften einen Aufschlag von 30 % als Pflanzkosten- und Unterhaltungspauschale,[315] der in der Höhe vertretbar und verhältnismäßig ist, weil sich die Ersatzpflanzung nicht auf die

310 Z.B. § 7 Abs. 1 BSS Bensheim; § 4 Abs. 3 BSS Frankfurt (Main); § 4 Abs. 3 BSS Hanau; § 6 Abs. 7 BSS Königstein; Anlage 2, Tabelle 3 BSS Kassel.

311 OVG Berlin, Urteil vom 10.02.2011, OVG 11 B 32.08, Rn. 26, juris.

312 § 6 Abs. 4 BSS Diemelsee; so u.a. auch: § 7 Abs. 5 BSS Maintal; § 7 Abs. 2 BSS Neu-Isenburg; § 7 Abs. 5 BSS Niederdorfelden.

313 OVG Koblenz, Urteil vom 16.01.2008, 8 A 10976/07, Rn. 34–40, juris.

314 VG Würzburg, Urteil vom 16.08.2016, W 4 K 16.81, Rn. 24 f., juris.

315 Z.B. § 7 Abs. 2 lit. c) BSS Alsfeld; § 6 BSS Darmstadt; § 4 Abs. 3 BSS Hanau.

reinen Beschaffungskosten beschränken muss.[316] Hinzu kommen bei fachgerechter Pflanzung die Kosten für ein Gartenbauunternehmen sowie für den Aufwand der Aufzucht. Die Frage, ob auch die Mehrwertsteuer für die Pflanzkostenpauschale angesetzt werden darf, stellt in Hessen kein praktisches Problem dar und wird bislang verneint.[317]

Nach einer älteren Auffassung sei die Ausgleichszahlung anhand der *Methode Koch* zu bemessen.[318] Diese Methode geht davon aus, dass Bäume grundstückswertbildende Faktoren sind,[319] und ist für die Wertermittlung bei Schadensersatzansprüchen wegen Baumschäden entwickelt worden.[320] Für die Bemessung der Ausgleichszahlung nach Baumschutzsatzungen ist sie daher ungeeignet. Denn durch die naturschutzrechtliche Kompensation soll ein ökologischer Mindestausgleich durch die Ersatzmaßnahme gewährleistet, nicht aber der Wertverlust am Grundstück ausgeglichen werden.[321] Andernfalls würde der Grundstückseigentümer so gestellt, als hätte er sich selbst geschädigt, und die Ausgleichszahlung würde letztlich gemäß der zivilrechtlichen Naturalrestitution bemessen.[322]

(b) Zweckbindung

Die Gemeinden können die Ausgleichszahlungen zweckgebunden für eigene Neupflanzungen verwenden oder damit Förderprogramme für Baumpflanzungen durch die Einwohner finanzieren.

---

316 OVG Berlin, Urteil vom 10.02.2011, OVG 11 B 32.08, Rn. 27, juris; OVG Münster, Urteil vom 16.07.1991, 10 A 2447/88, Rn. 29 f., juris.

317 OVG Münster, Urteil vom 16.07.1991, 10 A 2447/88, Rn. 31, juris; Führen, in: Lübbe-Wolff/Wegener, Umweltschutz durch kommunales Satzungsrecht, Rn. 518.

318 Höreth-Marquardt/Wedekind, DÖV 2001, 1034 [1040].

319 Grundlegend zur Gehölzwertermittlung nach der Methode Koch: Koch, VersR 1990, 573–597; Breloer, NVwZ 1989, 121.

320 BGH, Urteil vom 25.01.2013, V ZR 222/12, Rn. 7–15, juris; Urteil vom 27.01.2006, V ZR 46/05, Rn. 9, 16, juris; zu weiteren Anwendungsfällen vgl. LG Karlsruhe, NVwZ 1989, 188 [189] sowie Koch, VersR 1990, 573–597; zur Methode Koch in der Systematik des Schadensersatzrechts: Schulz, DS 2016, 276–286; Breloer, DS 2006, 382 f.

321 Schulz, Der Geldwert von Gehölzen als Grundstücksbestandteil und bei Unterschutzstellungen im Rahmen von Baumschutzsatzungen, 64, 305, 309.

322 Schall/Günther, NuL 1996, 59 [62].

Die Stadt Wiesbaden hat einen Baumfonds eingerichtet, in den die Ausgleichszahlungen fließen und aus dem Anpflanzungsprogramme finanziert werden.[323] Auch die Frankfurter Baumschutzsatzung bestimmt, dass die Ausgleichszahlungen für Neupflanzungen zu verwenden sind.[324] Die Stadt Frankfurt am Main finanziert mit den Ausgleichszahlungen das Förderprogramm *Der geschenkte Baum*[325] und kommt somit ihren Pflichten aus der satzungsrechtlichen Zweckbindung nach.

Die Zweckbindung der Ausgleichszahlungen ist allerdings nicht gesetzlich vorgeschrieben und liegt im Ermessen der Gemeinden. Dennoch sprechen sich einige Stimmen für eine grundsätzliche Zweckbindung der Ausgleichszahlungen aus. Sie wollen wie bei der Bemessung der Ersatzzahlungen auch bei der Frage der Zweckbindung auf § 15 Abs. 6 BNatSchG zurückgreifen, der in Satz 7 eine Zweckbindung für Ersatzzahlungen vorsieht.[326]

Dieser Auffassung steht jedoch die Entstehungsgeschichte von § 29 Abs. 2 BNatSchG entgegen. Im ursprünglichen Entwurf der Novelle des Bundesnaturschutzgesetzes 2010 waren keine Regelungen über die Ausgleichszahlungen in § 29 Abs. 2 BNatSchG vorgesehen.[327] Der Bundesrat empfahl in den weiteren Beratungen, den heutigen Satz 2 zuzüglich einer Zweckbindung der Ausgleichszahlung aufzunehmen:

> *„Für den Fall der Bestandsminderung kann die Verpflichtung zu angemessenen und zumutbaren Ersatzpflanzungen oder zweckgebundenen Ausgleichsabgaben festgesetzt werden.“*[328]

---

323 § 8 BSS Wiesbaden.

324 § 4 Abs. 3 S. 2 BSS Frankfurt (Main).

325 https://frankfurt.de/leistungen/Landwirtschaft-und-Umwelt-8958616/Umwelt-8981280/Baum-ein-Geschenk-fuer-Ihr-Grundstueck, zuletzt abgerufen am 16.12.2020; Bericht des Magistrats der Stadt Frankfurt am Main vom 17.08.2020, B 360.

326 Gellermann, in: Landmann/Rohmer, § 29 BNatSchG, Rn. 15; Hendrischke/Kieß, in: Schlacke, § 29 BNatSchG, Rn. 18; Höreth-Marquardt/Wedekind, DÖV 2001, 1034 [1040].

327 BT-Drs. 16/12274, 16, 62.

328 BR-Drs. 278/09(B), 16.

Der Gesetzgeber hat diesen Vorschlag umfangreich mit Ausnahme der Zweckbindung der Ausgleichszahlung aufgegriffen. Auch wenn in den Gesetzesmaterialien keine Gründe für die Streichung der Zweckbindung genannt werden,[329] liegt der Schluss nahe, dass auf die Zweckbindung bewusst verzichtet wurde. Hätte der Gesetzgeber nämlich eine Zweckbindung für Ersatzzahlungen gewollt, hätte er an den Änderungsvorschlag des Bundesrats anknüpfen können.

Es bleibt den Bundesländern aber unbenommen, die Zweckbindung in ihren Landesnaturschutzgesetzen zu regeln. Niedersachsen hat sich dabei für eine Zweckbindung der Ausgleichszahlungen entschieden und § 15 Abs. 6 S. 7 BNatSchG für entsprechend anwendbar erklärt (§ 22 Abs. 2 S. 1 NAGBNatSchG). In Rheinland-Pfalz sind gemäß § 14 Abs. 2 S. 4 LNatSchG RP die Ausgleichszahlungen *möglichst* zweckgebunden zu verwenden. Bayern hat die Zweckbindung mittlerweile aufgegeben.[330] Hessen sieht wie zahlreiche andere Bundesländer keine Zweckbindung vor und überlässt die Entscheidung damit den satzungsgebenden Gemeinden.

h) Kritik an Baumschutzsatzungen

Gemeinden können autonom entscheiden, ob sie Baumschutzsatzungen erlassen. Letztlich handelt es sich dabei um politische Entscheidungen. Die geringe Zahl von Baumschutzsatzungen in Hessen darf indes nicht darüber hinwegtäuschen, dass politische Akteure und Naturschutzverbände den Erlass von Baumschutzsatzungen regelmäßig fordern und damit zumindest eine politische Auseinandersetzung mit diesem Instrument des Baumschutzrechts erzwingen.

Die Argumente, die Gegner von Baumschutzsatzungen vorbringen, treffen durchaus einige Schwachpunkte, offenbaren teilweise aber auch

329 BT-Drs. 16/13430, 22; in den Beratungen und Debatten von Bundestag und Bundesrat wurde die Zweckbindung nicht mehr diskutiert: BT-PlPr. 16/220, 24003A-24005A; 16/228, 15451C-25469A; 16/228, 25468B; BR-PlPr, 858, 196B-205D; 860, 309C-313A.

330 Art. 12 Abs. 2 S. 2 BayNatSchG, in der Fassung vom 23.12.2005, Bay. GVBl. 2006, 2 [11].

Missverständnisse oder Unkenntnis der rechtlichen Rahmenbedingungen. Im Folgenden werden neben den rechtlichen Aspekten auch verwaltungspraktische Erwägungen der regelmäßig gegen Baumschutzsatzungen vorgetragenen Argumente beleuchtet.

In der rechtswissenschaftlichen Literatur wie auch in der Rechtsprechung erfolgt bislang keine Auseinandersetzung mit der Kritik an Baumschutzsatzungen. Auch die digital zugänglichen Dokumentationen der Gemeindevertretungen und Stadtverordnetenversammlungen geben wenig Aufschluss über die Diskussionen.

Als reichhaltiger Fundus hat sich die Berichterstattung der Lokalpresse erwiesen. Sie berichtet regelmäßig und oft sehr ausführlich über die Auseinandersetzungen rund um Baumschutzsatzungen in den kommunalen Gremien. Danach führen die Kritiker von Baumschutzsatzungen insbesondere die folgenden aus rechtlicher und verwaltungspraktischer Sicht relevanten Argumente an:

1. Die Satzungsaufstellung provoziere kurzfristige Fällungen, um dem Baumschutz zu entgehen. Dadurch würden Baumschutzsatzungen das Gegenteil des Gewollten erreichen.[331]
2. Baumschutzsatzungen würden nur private Bestände schützen, nicht aber Bäume auf Flächen der öffentlichen Hand.[332]
3. Der Verwaltungsaufwand sei vor allem für kleine Städte und Gemeinden zu personal- und kostenintensiv.[333]

---

331 Frankfurter Neue Presse vom 27.03.2019, Online-Ausgabe: https://www.fnp.de/lokales/wetteraukreis/bad-vilbel-ort112595/vilbel-hessen-baeume-sollen-nicht-mehr-einfach-gefaellt-werden-duerfen-11917287.html, zuletzt abgerufen am 30.12.2020.

332 Wetterauer Zeitung vom 30.01.2013, Online-Ausgabe: https://www.wetterauer-zeitung.de/wetterau/bad-nauheim-ort78877/baumschutzsatzung-gruene-einst-dafuer-jetzt-dagegen-12070859.html, zuletzt abgerufen am 30.12.2020; Wiesbadener Kurier vom 08.02.2019, Online-Ausgabe: https://www.wiesbadener-kurier.de/lokales/rheingau/eltville/obstbaume-als-knackpunkt-fur-die-baumschutzsatzung_19948902, zuletzt abgerufen am: 31.01.2021.

333 Hessische/Niedersächsische Allgemeine vom 16.03.2013, Online-Ausgabe: https://www.hna.de/lokales/hann-muenden/baeume-werden-satzung-geschuetzt-2804438.html, zuletzt abgerufen am 30.12.2020; Frankfurter Neue Presse vom 22.02.2017, Online-Ausgabe: https://www.fnp.de/lokales/wetteraukreis/schoeneck-ort893435/gruen-will-mehr-schutz-gruen-10487811.html, zuletzt abgerufen

4. Insgesamt sei die Genehmigungsquote für Ausnahmen und Befreiungen zu hoch. Vor allem bei Bauvorhaben wären Baumschutzsatzungen wirkungslos.[334]

Zu 1.:

Die Gefahr, dass Bäume wegen einer bevorstehenden Unterschutzstellung kurzfristig gefällt werden, ist nicht von der Hand zu weisen. In diesem Punkt zeigt sich das Naturschutzrecht jedoch sehr praxisnah und begegnet dieser Gefahr mit der Möglichkeit der einstweiligen Sicherstellung (§ 22 Abs. 3 BNatSchG, § 12 Abs. 5 HAGBNatSchG). Danach kann der Satzungsgeber den zu schützenden Landschaftsbestandteil für einen Zeitraum von bis zu zwei Jahren einstweilig sicherstellen.

Im Gegensatz zu anderen vorläufigen Sicherungsinstrumenten wie etwa denen des Bauplanungsrechts (§§ 14 f. BauGB), die an den Aufstellungsbeschluss anknüpfen, erfordert die einstweilige Sicherstellung keine förmliche Einleitung der Satzungsaufstellung. Für eine einstweilige Sicherstellung genügt es, *„wenn der sichergestellte Bereich bei überschlägiger fachmännischer Einschätzung für eine endgültige Unterschutzstellung in Betracht kommt.“*[335] Bis zu zwei Jahre kann die einstweilige Sicherstellung in Kraft bleiben. Den Gemeinden und ihren Gremien bleibt also genügend Zeit, um den politischen Willensbildungsprozess abzuschließen.

Zudem sprechen die Erfahrungen der Gemeindeverwaltungen gegen die Befürchtung kurzfristiger Fällungen vor Satzungserlass. In einer 2003 veröffentlichten Umfrage gaben die befragten Gemeinden über-

am 30.12.2020; Frankfurter Neue Presse vom 05.04.2016, Online-Ausgabe: https://www.fnp.de/lokales/main-taunus/hochheim-ort76462/baumsatzung-nein-baumkataster-10565573.html, zuletzt abgerufen am 30.12.2020.

334 Wetterauer Zeitung vom 30.01.2013, Online-Ausgabe: https://www.wetterauer-zeitung.de/wetterau/bad-nauheim-ort78877/baumschutzsatzung-gruene-einst-dafuer-jetzt-dagegen-12070859.html, zuletzt abgerufen am 30.12.2020.

335 VGH Kassel, Beschluss vom 09.10.1995, 4 N 1429/92, Rn. 47, juris; daran anschließend: OVG Schleswig, Urteil vom 21.12.2017, 1 KN 8/17, Rn. 70, juris; OVG Greifswald, Urteil vom 18.07.2001, 4 K 15/00, Rn. 61, juris; Gellermann, in: Landmann/Rohmer § 22 BNatSchG, Rn. 26.

wiegend an, keine kurzfristigen Fällungen vor Inkrafttreten von Baumschutzsatzungen beobachtet zu haben.[336]

Zu 2.:

Dass Baumschutzsatzungen nur den privaten Baumbestand schützen, ist mit Blick auf die geltenden Baumschutzsatzungen in Hessen zwar weitestgehend richtig, da städtische Grünflächen und Straßenbäume hierin regelmäßig vom sachlichen Geltungsbereich ausgenommen sind. Aus diesem Befund ist aber nicht abzuleiten, dass rechtlich nichts anderes gelten darf. Das Naturschutzrecht, insbesondere § 29 Abs. 2 BNatSchG und § 12 Abs. 1 und Abs. 2 HAGBNatSchG, beschränkt den sachlichen Geltungsbereich von Baumschutzsatzungen nämlich nicht auf private Grundstücke. Die satzungsgebenden Gemeinden haben es mithin selbst in Hand, ihrer Vorbildfunktion gerecht zu werden und Bäume auf öffentlichem Grund zu schützen.

Anhand zahlreicher hessischer Baumschutzsatzungen wird auch deutlich, dass die Beschränkung des Geltungsbereichs auf private Baumbestände den Gemeinden auf ihren eigenen Grundstücken keinen baumschutzrechtlichen Freifahrtschein erteilt. Parallel zu den Baumschutzsatzungen erlassen Gemeinden nämlich häufig Verwaltungsvorschriften, die die Gemeindeverwaltungen intern an die Vorgaben der Baumschutzsatzungen binden oder interne Zustimmungsverfahren vorsehen.[337]

Der Baumschutz durch Verwaltungsvorschriften ist allerdings stark eingeschränkt und wird daher im Ergebnis zurecht kritisch gesehen,[338] weil ein Rechtsschutzdefizit besteht. Die Einhaltung verwaltungsinterner Vorschriften ist von außen nicht überprüfbar. Selbst wenn eine baumschützende Verwaltungsvorschrift der Baumschutzsatzung nachgebildet ist, stellt ein Dispens von den Verboten mangels Außenwir-

336 Schulz, Der Geldwert von Gehölzen als Grundstücksbestandteil und bei Unterschutzstellungen im Rahmen von Baumschutzsatzungen, 96 f.

337 Z.B. Präambel BSS Bad Homburg; § 1 BSS Königstein; § 3 Abs. 5 BSS Marburg; § 3 Abs. 5 BSS Offenbach; § 3 Abs. 3 lit. b) BSS Rüsselsheim.

338 Schickedanz, ZMR 2013, 327 [330].

kung allenfalls einen Realakt dar, niemals aber einen Verwaltungsakt. Aus diesem Grund hat das Oberverwaltungsgericht Münster eine Klagebefugnis eines Umweltverbands wegen der Fällung von Bäumen abgelehnt. Denn § 1 Abs. 5 UmwRG spricht Umweltverbänden eine Klagebefugnis nur in Bezug auf Verwaltungsakte oder öffentlich-rechtliche Verträge zu.[339] Ob die Verwaltung die verwaltungsinternen Vorgaben zum Baumschutz einhält, bedarf daher einer strengen Kontrolle durch die Gemeindevertretung bzw. Stadtverordnetenversammlung.

Baumschutzsatzungen weisen in Bezug auf den Schutz der Baumbestände auf öffentlichen Flächen also durchaus Schwachpunkte auf.

Zu 3.:

Baumschutzsatzungen verursachen schon allein wegen der Genehmigungsverfahren für Ausnahmen und Befreiungen einen beachtlichen Verwaltungsaufwand.[340] Zusätzlich müssen die Gemeinden die Einhaltung der Baumschutzsatzung, insbesondere ihrer Verbote, überwachen, Verstöße ahnden und ‚baumpolizeiliche' Maßnahmen durchsetzen. Während größere Städte, denen teilweise auch die Aufgaben der unteren Naturschutzbehörde zugewiesen ist, die mit der Baumschutzsatzung verbundenen Aufgaben eher bewältigen können, stoßen Kleinstädte und Gemeinden schnell an ihre Grenzen. Ob der personelle Mehrbedarf von einer halben Stelle aufgrund einer Baumschutzsatzung wie in Bad Nauheim nicht realisierbar ist, darf aber durchaus bezweifelt werden.[341] Dennoch deckt sich das Problem mit den statistischen Ergebnissen, wonach Baumschutzsatzungen in Hessen vor

339 OVG Münster, Beschluss vom 08.03.2019, 8 B 1651/18, Rn. 4, juris.

340 Schulz hat eine durchschnittliche Antragsmenge von 186 Anträge pro Arbeitskraft p.a. ermittelt (Schulz, Der Geldwert von Gehölzen als Grundstücksbestandteil und bei Unterschutzstellungen im Rahmen von Baumschutzsatzungen, 113); Darmstadt weist im Haushaltsplan Bd. 2 – Produkt für 2019 ca. 500 Anträge p.a. seit 2017 ohne Bezug zur einzelnen Arbeitskraft aus (https://www.darmstadt.de/fileadmin/PDF-Rubriken/Rathaus/Politik/Haushaltsplan/Haushaltsplan_2019_Band_II_-_Produkthaushalt.pdf, zuletzt abgerufen am 09.07.2021).

341 Wetterauer Zeitung vom 30.01.2013, Online-Ausgabe, www.wetterauer-zeitung.de/wetterau/bad-nauheim-ort78877/baumschutzsatzung-gruene-einst-dafuer-jetzt-dagegen-12070859.html, zuletzt abgerufen am 14.11.2020.

allem in größeren Städten und wenig bzw. kaum in Kleinstädten und Gemeinden gelten.

Eine Lösung für dieses Problem kann die interkommunale Zusammenarbeit auch beim Baumschutz darstellen. Besonders in der Wasser- und Abfallwirtschaft, aber auch bei Aufgaben des Umweltschutzes[342] schließen sich Gemeinden oft mangels eigener Leistungsfähigkeit zu Zweckverbänden zusammen oder gründen gemeinsame öffentliche Unternehmen.

Die Städte Dreieich und Neu-Isenburg gehen diesen Weg unter anderem beim Baumschutz. Die beiden Städte haben einen gemeinsamen Dienstleistungsbetrieb für zahlreiche infrastrukturelle und grünpflegerische Aufgaben als Anstalt öffentlichen Rechts gegründet (§ 29a HessKGG, § 126a HGO) und dieses kommunale Unternehmen auch mit den Verwaltungsaufgaben der Baumschutzsatzung betraut.[343]

Das Beispiel Dreieich/Neu-Isenburg zeigt allerdings auch, dass der Baumschutz allein die Gründung einer interkommunalen Einrichtung nicht rechtfertigt. Im Zuge einer interkommunalen Aufgabenbündelung sollten die beteiligten Gemeinden aber stets überlegen, den Baumschutz miteinzubeziehen.

Zu 4.:

Schließlich ist das Argument, dass Baumfällanträge fast immer zu genehmigen seien, nicht überzeugend. Es trifft zwar zu, dass die Genehmigungsquote für Dispensanträge nach Baumschutzsatzungen sehr hoch ist – die Stadt Frankfurt am Main hat 2017 von etwa 1.500 Anträgen fast 1.400 genehmigt.[344] Wenn daraus abgeleitet wird, dass

342 Z.B. der Zweckverband Naturpark Taunus, der das Ziel verfolgt den Naturpark Taunus „*als Erholungsgebiet besonders geeigneten Raum, die heimische Tier- und Pflanzenwelt zu schützen, die Landschaft zu erhalten, zu pflegen und zu gestalten und den Menschen eine naturgemäße Erholung zu ermöglichen*“ (§ 3 Abs. 1 der Zweckverbandssatzung).

343 § 1 Abs. 1 S. 1 BSS Dreieich; § 1 Abs. 1 S. 1 BSS Neu-Isenburg.

344 Frankfurter Rundschau vom 28.03.2018, Online-Ausgabe: https://www.fr.de/frankfurt/baurecht-schlaegt-baumrecht-10996540.html, zuletzt abgerufen am 29.12.2020.

Baumschutzsatzungen nahezu wirkungslos seien, übersieht diese Kritik jedoch zwei wesentliche Punkte:

Zum einen ist zu vermuten, dass die Baumschutzsatzungen sehr verständlich formuliert sind und aussichtslose Anträge kaum gestellt werden. Dafür sprechen besonders die stark auf praktisch relevante Fallgruppen konzentrierten Kataloge der Ausnahmetatbestände. Zudem übernehmen die Baumfällungen meist Fachleute wie Landschaftsgärtner und Baumpfleger, die die Baumverantwortlichen vorab beraten und damit aussichtslose Anträge vorfiltern.[345]

Zum anderen verfängt auch nicht das Argument, dass vor allem bei Bauvorhaben die Baumfällung meist zu genehmigen sei. Dies ist zwar an sich richtig, doch eines wird dabei völlig außer Acht gelassen: Für einen durch eine Baumschutzsatzung geschützten Baum muss der Vorhabenträger Kompensation leisten. Ein nicht unter Schutz gestellter Baum fällt hingegen ersatzlos weg, wenn sich unter ihm die Baugrube auftut.

2. Baurechtliche Satzungen

Bebauungspläne und örtliche Bauvorschriften eröffnen diverse baumschutzrechtliche Festsetzungsmöglichkeiten. Nach § 9 Abs. 1 Nr. 25 BauGB können Gemeinden sowohl Baumerhaltungspflichten als auch Anpflanzungspflichten in Bebauungsplänen festsetzen.

Örtliche Bauvorschriften haben als baumschutzrechtliches Instrument bislang wenig Beachtung gefunden. Sie können aber vor allem umfangreiche Regelungen zu Anpflanzungspflichten enthalten und verdienen eine stärkere Berücksichtigung.

345 Frankfurter Neue Presse vom 18.05.2015, Online-Ausgabe: https://www.fnp.de/lokales/main-taunus/bad-soden-ort78906/schutz-baeume-10714711.html, zuletzt abgerufen am 30.12.2020.

a) Bebauungspläne

Wegen § 9 Abs. 1 Nr. 25 BauGB können Gemeinden unmittelbar baumschützende Festsetzungen in Bebauungspläne aufnehmen, wenn sie mit solchen Festsetzungen städtebauliche Ziele verfolgen. Mit diesen Festsetzungen können Gemeinden nicht nur den Baumbestand sichern und Ersatzpflanzungen regeln. Sie können auch Neuanpflanzungen verlangen. Insoweit ist der Instrumentenkasten des Bauplanungsrechts umfangreicher als der der Baumschutzsatzungen. Allerdings sind die Festsetzungen auf den Geltungsbereich des Bebauungsplans beschränkt. Ein flächendeckender Baumschutz durch Bebauungspläne setzt demnach eine umfangreiche Überplanung des Gemeindegebiets durch Bebauungspläne voraus.

Daneben können Gemeinden auch mit Festsetzungen zur überbaubaren Grundstücksfläche baumschützende Ziele verfolgen. Die Möglichkeiten der planenden Gemeinde sind dabei jedoch beschränkt.

aa) Untersuchungsgegenstand und empirische Beobachtungen

Die baumschutzrechtlichen Festsetzungen in Bebauungsplänen werden im Folgenden nicht nur anhand der rechtswissenschaftlichen Literatur und gerichtlicher Entscheidungen untersucht. Gegenstand der Untersuchung sind konkrete Festsetzungen der Bebauungspläne der Stadt Frankfurt am Main aus den Jahren 2015 bis 2019.[346]

Diese Bebauungspläne bilden einen breiten Querschnitt sehr unterschiedlicher Planungssituationen ab. Die Bebauungspläne umfassen unter anderem dörflich geprägte Areale in den Außenbezirken, Nachverdichtungen im Innenbereich der Großstadt und auch große Gewerbeansiedlungen.

Die Stadt Frankfurt am Main hat von 2015 bis 2019 insgesamt 21 Bebauungspläne erlassen. Sämtliche dieser Bebauungspläne enthalten

346 Eine Übersicht dieser Bebauungspläne findet sich in Anhang 2. 2020 trat kein Bebauungsplan in Kraft. Die Bebauungspläne sind digital unter https://planas.frankfurt.de/ abrufbar. Bebauungspläne ohne Angabe der Gemeinde sind im Folgenden solche der Stadt Frankfurt am Main.

explizit baumschützende Festsetzungen nach § 9 Abs. 1 Nr. 25 BauGB. Daneben finden sich aber auch Festsetzungen mit baumschützender Intention zu den überbaubaren Grundstücksflächen. Die baumschützenden Potentiale solcher Festsetzungen sind in der Rechtswissenschaft bislang vernachlässigt worden.

Der Umfang der baumbezogenen Festsetzungen in den untersuchten Frankfurter Bebauungsplänen spricht für eine starke Akzeptanz des Baumschutzes sowie dafür, dass der Satzungsgeber den Erhalt des Baumbestands und eine starke Durchgrünung des Stadtgebiets als bedeutsame Elemente nachhaltiger und naturschutzsensibler Stadtplanung erkannt hat.

ab) Baumschützende Festsetzungen

Bebauungspläne können seit der Einführung des Bundesbaugesetzes 1960 baumbezogene Festsetzungen enthalten. Mit § 9 Abs. 1 Nr. 15 und 16 BBauG[347] wurde die Möglichkeit geschaffen, Pflanzgebote und Erhaltungsgebote für Bäume in Bebauungspläne aufzunehmen. Diese Festsetzungsmöglichkeiten hat der Gesetzgeber im Baugesetzbuch in § 9 Abs. 1 Nr. 25 BauGB weitgehend unverändert übernommen.[348]

Auch Festsetzungen zur überbaubaren Grundstücksfläche können baumschützend sein. Die baumschützende Zielrichtung solcher Festsetzungen ist nicht immer auf den ersten Blick erkennbar und ergibt sich manchmal erst aus der Begründung des jeweiligen Bebauungsplans. Solche Festsetzungen sind bislang weniger etabliert als die unmittelbaren Anpflanzungs- und Erhaltungsgebote.

(1) Städtebauliche Gründe baumschützender Festsetzungen

Die Ökosystemleistungen von Bäumen sowie ihre gestalterische Bedeutung für das Ortsbild können baumschützende Festsetzungen in Bebauungsplänen rechtfertigen. Auch für baumschützende Festsetzungen gilt die einleitende Vorgabe des § 9 Abs. 1 BauGB, dass städtebau-

---

347 In der Fassung vom 23.06.1960, BGBl. I 1960, 341 [348].
348 Söfker, in: Ernst/Zinkahn/Bielenberg, § 9 BauGB, Rn. 218.

liche Gründe die Festsetzungen rechtfertigen müssen. Die zulässigen städtebaulichen Gründe ergeben sich aus den in § 1 Abs. 5 und 6 BauGB festgeschriebenen Planungsgrundsätzen und Planungsleitlinien.[349] Zu den städtebaulichen Gründen, die Festsetzungen und insbesondere baumschützende Festsetzungen rechtfertigen können, gehört wegen § 1 Abs. 5, Abs. 6 Nr. 7 BauGB auch der Umwelt- und Naturschutz.[350]

Mit dem Baulandmobilisierungsgesetz wurde die ausreichende Versorgung mit Grün- und Freiflächen in § 1 Abs. 6 Nr. 14 BauGB als neuer Planungsgrundsatz eingefügt.[351] Auf die in diesem Zuge naheliegende Aufnahme der Durchgrünung als Planungsgrundsatz wurde verzichtet und somit die Chance vertan, die städtebauliche Bedeutung des urbanen Grüns auch normativ sichtbarer zu machen.

Baumschützende Festsetzungen dienen aber nicht immer nur dem Schutz der ökologischen Funktionen von Bäumen und somit dem Umweltschutz. Da Bäume auch das Ortsbild gestalten und prägen können, kann ihr Schutz auch gemäß § 1 Abs. 6 Nr. 5 BauGB a. E., wonach auch die Gestaltung des Ortsbilds bei der Aufstellung von Bauleitplänen zu berücksichtigen ist, gerechtfertigt sein.[352] Es ist daher zu kurz gegriffen, baumschützende Festsetzungen nur mit Belangen des Umweltschutzes zu rechtfertigen.[353]

Im Ergebnis können sämtliche einleitend dargestellten Ökosystemleistungen, zu denen auch der gestalterische Mehrwert von Bäumen zählt, baumschützende Festsetzungen in Bebauungsplänen rechtfertigen. Für die Frankfurter Bebauungspläne werden die baumschützenden Festsetzungen allgemein mit dem Schutz sowie mit der Erhöhung der Durchgrünung des Plangebiets begründet. Mit der Durchgrünung

---

349 Mitschang/Reidt, in: Battis/Krautzberger/Löhr, § 9 BauGB, Rn. 9.

350 BVerwG, Beschluss vom 24.04.1991, 4 NB 24/90, Rn. 8, juris; OVG Koblenz, Urteil vom 12.07.2012, 1 C 11236/11, Rn. 51, juris; Louis, DÖV 2017, 362 [363].

351 BGBl. I 2021, 1802.

352 VGH Kassel, Urteil vom 19.05.2021, 3 C 1198/17.N, Rn. 79; juris; VGH München, Urteil vom 23.04.2013, 1 N 10.1241, Rn. 32, juris; Urteil vom 07.12.2000, 2 N 98.2844, Rn. 29 f., juris.

353 So aber: Timmermann/Wieringer, ZUR 2020, 521 [523 f.].

durch Bäume verfolgt die Stadt Frankfurt am Main neben den ökologischen Wohlfahrtswirkungen auch gestalterische Ziele:

> *„Der Bebauungsplan setzt die vorhandene Platanenreihe in der Hanauer Landstraße sowie alle anderen, im Zuge des Straßenneu- und -umbaus gepflanzten Bäume als zu erhaltend fest. Damit werden ortsbildprägende Strukturen dauerhaft gesichert, die kleinklimatischen Funktionen und die lufthygienischen Verhältnisse verbessert sowie Lebensräume für Tiere zur Verfügung gestellt. Damit ihre ästhetische und ökologische Funktion dauerhaft gewährleistet ist, sind die Bäume bei Abgang am gleichen Standort zu ersetzen.“*[354]

Diese doppelte Begründung baumschützender Festsetzungen aus Gründen des Umweltschutzes bzw. wegen ihrer ökologischen Funktion sowie wegen der Erhaltung und Gestaltung des Ortsbilds findet sich auch in den übrigen untersuchten Bebauungsplänen.[355] Mit den lufthygienischen Verhältnissen wird der Bedeutung von Bäumen als Schadstofffilter besonders Rechnung getragen. Allerdings wird dieser Aspekt in fast allen anderen untersuchten Bebauungsplänen außer Acht gelassen.[356] Vor dem Hintergrund der juristischen Auseinandersetzung um die Fortschreibung des Luftreinhalteplans (Teilplan) für die Stadt Frankfurt am Main seit 2015 verwundert dies.[357] Hier wäre zumindest bei den jüngeren Bebauungsplänen zu erwarten, dass dieser Aspekt die Bauleitplanung stärker prägt.

(2) Festsetzungen nach § 9 Abs. 1 Nr. 25 BauGB

§ 9 Abs. 1 Nr. 25 BauGB umfasst zwei Festsetzungsvarianten. Zum einen können Gemeinden in Bebauungsplänen festsetzen, dass neue

354 Bebauungsplan Nr. 799Ä – Honsellstraße, Begründung, 38.

355 Z.B. Bebauungsplan Nr. 891 – Nördlich Adickesallee – Bereich um die ehemalige Oberfinanzdirektion, Begründung, Nr. 10.3.1; Bebauungsplan Nr. 861 – Nördlich Am Stockborn, Begründung, 20; Bebauungsplan Nr. 894 – Ben-Gurion-Ring, Begründung, 28; Bebauungsplan Nr. 873 – Ferdinand-Porsche-Straße, Begründung, 34.

356 Ausnahme: Bebauungsplan Nr. 905 – Kleyerstraße/Ackermannstraße, Begründung, 19.

357 VGH Kassel, Urteil vom 10.12.2019, 9 A 2691/18, juris; VG Wiesbaden, Urteil vom 05.09.2018, 4 K 161/15.WI, juris.

Bäume anzupflanzen sind (lit. a)), und zum anderen sind Festsetzungen zum Erhalt des vorhandenen Baumbestands möglich (lit. b)).

Für landwirtschaftliche Flächen und Waldflächen sind Festsetzungen nach § 9 Abs. 1 Nr. 25 BauGB unzulässig.[358] Dies verdeutlicht auch auf der Ebene der Bauleitplanung die rechtliche Abgrenzung von Baumschutzrecht und Forstrecht.

Wegen der Zulässigkeit von Pflanzgeboten (§ 9 Abs. 1 Nr. 25 lit. a) BauGB) bieten Bebauungspläne mehr Regelungsmöglichkeiten als Baumschutzsatzungen. Allerdings sind die bauplanungsrechtlichen Festsetzungen auf das Bebauungsplangebiet beschränkt. Kreative Gemeinden könnten daher auf die Idee kommen, einen gemeindeweit geltenden *Begrünungsbebauungsplan* aufzustellen. Diesen Versuch hat die Stadt Frankfurt am Main bereits unternommen, scheiterte mit ihrem Begrünungsbebauungsplan jedoch vor dem Bundesverwaltungsgericht, da ein solcher Bebauungsplan den Abwägungserfordernissen nicht gerecht werden kann:

> *„Seine sehr allgemein gehaltene Regelung, nach welchem Schlüssel in den beplanten Gebieten der Stadt Frankfurt am Main Bäume und Sträucher gepflanzt werden sollen, entzieht sich Erwägungen und Abwägungen, die – notwendig differenzierend – mit der konkreten Situation der einzelnen Gebiete zu tun haben.“*[359]

Mit Bebauungsplänen können Gemeinden jedoch stärker die örtlichen Gegebenheiten berücksichtigten und sogar individuelle Bäume schützen.

(a) Anpflanzungspflichten

Festsetzungen gemäß § 9 Abs. 1 Nr. 25 lit. a) BauGB können für einzelne Flächen oder für das gesamte Bebauungsplangebiet dazu verpflichten, Bäume oder andere Gehölze anzupflanzen. Als städtebauliches Instrument lässt sich mit solchen Festsetzungen die vorhandene Bepflanzung vervollständigen und die Durchgrünung im Plangebiet

358 BVerwG, Urteil vom 25.06.2014, 4 CN 4/13, Rn. 9, juris; VGH München, Urteil vom 29.09.2020, 1 N 16.1258, Rn. 20, juris.

359 BVerwG, Urteil vom 30.01.1976, IV C 26.74, Rn. 31, juris.

insgesamt erhöhen. Die Festsetzungen implizieren neben dem eigentlichen Gebot zur Erstanpflanzung auch Pflegegebote und verpflichten zu Ersatzpflanzungen bei Abgang von Bäumen.

Vom Wortlaut her können in einem Bebauungsplan Pflanzgebote auch für Gebäude festgesetzt werden. Sofern nicht das mit Bäumen bewachsene Mailänder Hochhaus Bosco Verticale[360] als Vorbild des Bebauungsplans dient, betreffen die Anpflanzungspflichten für Bäume nur Grundstücksflächen und keine Gebäude.

(aa) Festsetzungen

Die Bebauungspläne können die Festsetzungen sowohl zeichnerisch (Planzeichen Nr. 13.2.1. der Anlage zur Planzeichenverordnung) als auch textlich treffen. In den untersuchten Bebauungsplänen der Stadt Frankfurt am Main werden beide Möglichkeiten genutzt.

(i) Zeichnerische Festsetzungen

Zeichnerisch lässt sich die Pflanzpflicht für Einzelbäume ortsgenau festsetzen.[361] Solche Festsetzungen von Pflanzpflichten für Einzelbäume an individuell bestimmten Standorten enthalten zahlreiche der untersuchten Bebauungspläne.

Daneben ist es aber auch möglich, zeichnerisch umgrenzte Flächen zum Anpflanzen von Bäumen[362] oder Abschnitte für Baumanpflanzungen festzusetzen. Aus der Umgrenzung von Flächen zur Anpflanzung von Bäumen erwächst noch keine Anpflanzungspflicht. Denn die Festsetzung definiert nur die Fläche, auf der dann keine Maßnahmen zulässig sind, die der Festsetzung entgegenstehen.[363] Die Flächen

360 Abbildung in: Breuste, Die Grüne Stadt, 165.

361 Planzeichen: 

362 Planzeichen: 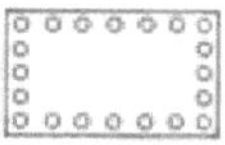

363 Gierke, in: Brügelmann, § 9 BauGB, Rn. 481.

sind daher nicht bebaubar. Die Festsetzung von Flächen zur Anpflanzung von Bäumen erfordert eine begleitende Festsetzung, die näher bestimmt, welche und wie viele Bäume dort anzupflanzen sind. Anzahl und Standort lassen sich durch die zeichnerische Festsetzung von Einzelbäumen[364] näher bestimmen (Abbildung 2).

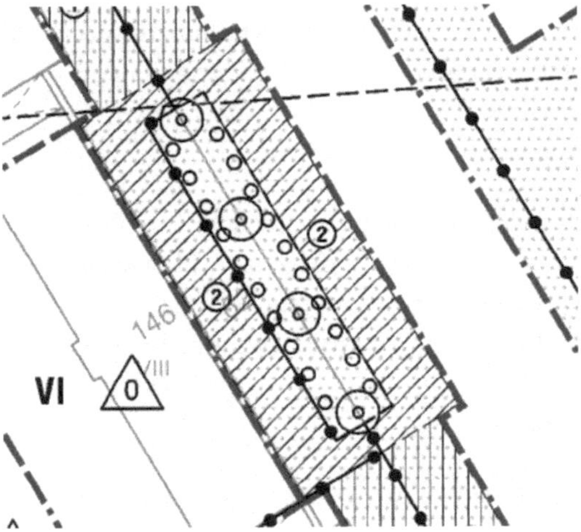

Abbildung 2: Auszug aus dem Bebauungsplan Nr. 715Ä – Güterplatz/Heinrichstraße

Alternativ lässt sich in Bebauungsplänen die Anpflanzungspflicht auf definierten Flächen durch textliche Festsetzungen konkretisieren. Eine solche Kombination aus zeichnerischer und textlicher Festsetzung findet sich in den zwischen 2015 bis 2019 erlassenen Bebauungsplänen nicht, jedoch im Entwurf des Bebauungsplans Nr. 925 der Stadt Frankfurt am Main.[365] Im Unterschied zur zeichnerischen Festsetzung wie in Abbildung 2 kann bei dieser Variante der Standort auf der vorgegebenen Fläche frei gewählt werden. Im Entwurf des Bebauungsplans

364 Bebauungsplan Nr. 715Ä – Güterplatz/Heinrichstraße.

365 Bebauungsplan Nr. 925 – Hanauer Landstraße/westlich Launhardtstraße (Entwurf), öffentlich ausgelegt vom 24.06. bis zum 05.08.2020.

Nr. 925 ist eine solche Festsetzung für die Bepflanzung einer öffentlichen Fläche vorgesehen (Abbildung 3):

> *„Auf mindestens 1.000 m² der Platzfläche P-2 sind verschiedene Pflanzbereiche anzulegen und zu gestalten. […] Es sind insgesamt mindestens 12 mittel- bis großkronige standortgerechte Laubbäume zu pflanzen."*[366]

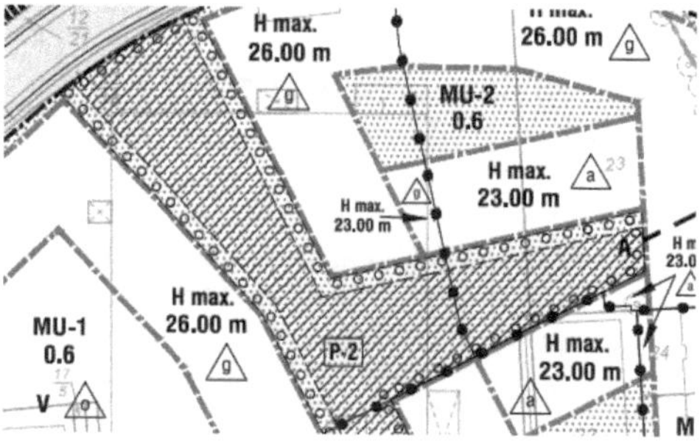

Abbildung 3: Auszug aus dem Entwurf des Bebauungsplans Nr. 925 – Hanauer Landstraße/westlich Laun-hardtstraße

Die zeichnerische Festsetzung von Abschnitten, die mit Bäumen zu bepflanzen sind, ist für die Herstellung von grünen Straßenfluchten und Alleen von besonderer Bedeutung. In zahlreichen der untersuchten Bebauungspläne wird diese Festsetzung genutzt, um Bäume entlang von Straßen anpflanzen zu lassen. Dazu wird für einzelne Straßenabschnitte oder entlang anderer Verkehrsflächen eine Mindestanzahl von dort anzupflanzenden Bäumen festgesetzt:

366 Bebauungsplan Nr. 925 – Hanauer Landstraße/westlich Launhardtstraße (Entwurf), textliche Festsetzung Nr. 10.2.

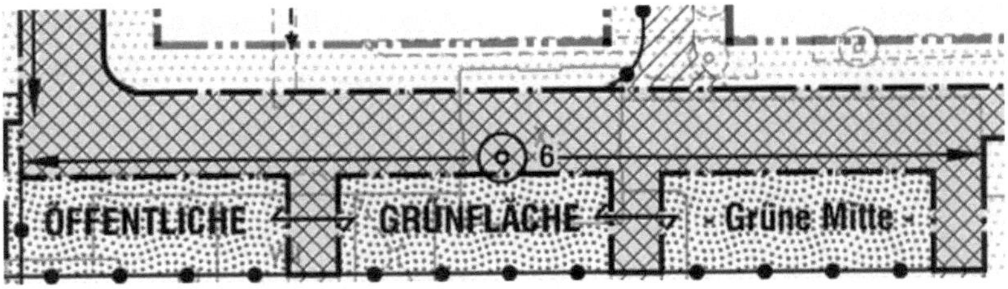

Abbildung 4: Auszug aus dem Bebauungsplan Nr. 894 – Ben-Gurion-Ring

Anpflanzung einer Baumreihe mit Angabe der Mindestanzahl von Bäumen, z.B. 12, Standort variabel

Abbildung 5: Auszug aus der Zeichenerklärung zum Bebauungsplan Nr. 894 – Ben-Gurion-Ring

Unproblematisch sind zeichnerische Festsetzungen von Anpflanzungspflichten auch auf öffentlich zugänglichen und unbebauten Flächen wie öffentlichen Grünflächen. Insgesamt finden sich die zeichnerisch festgesetzten Anpflanzungspflichten in den untersuchten Bebauungsplänen nur für Verkehrsflächen oder für andere öffentlich zugängliche Flächen, nicht aber innerhalb von Baufenstern. Dort könnten sie auch erhebliche Auswirkungen auf die Bebaubarkeit haben, da sie die Bebauungs- und Nutzungsmöglichkeiten vor allem bei kleineren Grundstücken wegen der festgelegten Pflanzstandorte erheblich einschränken würden.

Sämtliche Einzelheiten des Pflanzgebots lassen sich durch zeichnerische Festsetzungen nicht regeln. Insbesondere Vorgaben an Baumart oder -sorte erfordern eine Kombination mit textlichen Festsetzungen.

(ii) Textliche Festsetzungen

Für Baugrundstücke eignen sich besonders textliche Festsetzungen. In den untersuchten Bebauungsplänen wird davon umfangreich Gebrauch gemacht. Die Anpflanzungspflicht wird in Bezug auf die Anzahl der zu pflanzenden Bäume entweder relativ (ein Baum je angefangener Grundstücksfläche in m^2) oder absolut durch eine konkrete Anzahl anzupflanzender Bäume festgesetzt.

Die relativen Festsetzungen gelten abstrakt für Grundstücksflächen und gelegentlich auch für private Verkehrsflächen. Anhand der nachfolgenden Beispiele lässt sich erkennen, dass sich diese Festsetzungstechnik für diverse Baugebietstypen eignet. Sie setzen Anpflanzungspflichten unter anderem für allgemeine Wohngebiete[367] und Mischgebiete,[368] aber auch für Kerngebiete[369] und Gewerbegebiete[370] fest.

In den untersuchten Bebauungsplänen hat sich folgende Formulierung für Baugrundstücke als Grundmuster der relativen Anpflanzungspflicht etabliert:

> *„Je angefangene 750 m² Grundstücksfläche ist mindestens ein mittel- bis großkroniger standortgerechter Laubbaum zu pflanzen."*[371]

Nach diesen Festsetzungen ist für eine bestimmte angefangene Grundstücksfläche jeweils ein Baum anzupflanzen. Das Bundesverwaltungsgericht erachtet diese Festsetzungstechnik, wonach der Bebauungsplan die Zahl der anzupflanzenden Bäume in Abhängigkeit von der Grundstücksfläche vorschreibt, als rechtlich zulässig.[372]

---

367 Bebauungsplan Nr. 803 Ä6 – Riedberg – Niederurseler Hang, textliche Festsetzung Nr. 6.1; Bebauungsplan Nr. 905 – Kleyerstraße/Ackermannstraße, textliche Festsetzung Nr. 8.1.

368 Bebauungsplan Nr. 715Ä – Güterplatz/Henrichstraße, textliche Festsetzung Nr. 6; Bebauungsplan Nr. 896 – Flößerbrücke/Südlich Oskar-von-Miller-Straße, textliche Festsetzung Nr. 7.

369 Bebauungsplan Nr. 845Ä – Ehemalige Hauptpost/Zeil, textliche Festsetzung Nr. 7.1; Bebauungsplan Nr. 851Ä – Gateway Gardens, textliche Festsetzung Nr. 12.

370 Bebauungsplan Nr. 679 – Am Industriehof, textliche Festsetzung Nr. 4; Bebauungsplan Nr. 887 – Kaiserlei-Promenade, textliche Festsetzung Nr. 5.1.

371 Bebauungsplan Nr. 799Ä – Honsellstraße, textliche Festsetzung Nr. 10; so u.a. auch mit abweichender Flächengröße: Bebauungsplan Nr. 887 – Kaiserlei-Promenade, textliche Festsetzung Nr. 5.1; Bebauungsplan Nr. 894 – Ben-Gurion-Ring, textliche Festsetzung Nr. 8.

372 BVerwG, Beschluss vom 24.04.1991, 4 NB 24/90, Rn. 7 f., juris; daran anschließend: VGH München, Urteil vom 23.04.2013, 1 N 10.1241, Rn. 32, juris.

Es fällt auf, dass einige Festsetzungen die Pflanzpflicht nur auf die nicht überbaubare Grundstücksfläche beschränken:

- *„Je angefangene 250 m² nicht überbaubare Grundstücksfläche ist mindestens ein standortgerechter Laubbaum als Hochstamm zu pflanzen."*[373]
- *„In den Kerngebieten MK sind je angefangene 150 m² nicht überbaubarer Grundstücksfläche ein großkroniger, standort-gerechter Laubbaum oder zwei kleinkronige, standortgerechte Laubbäume zu pflanzen und zu unterhalten."*[374]

Anhand der Begründung des jeweiligen Bebauungsplans lässt sich nicht erkennen, warum die Stadt Frankfurt am Main diese eingeschränkte Anpflanzungspflicht gewählt hat. Im Ergebnis reduziert sich dadurch die Anzahl der zu pflanzenden Bäume nicht unerheblich, weil nicht die gesamte Grundstücksfläche maßgeblich ist. Dennoch kann diese auf nicht überbaubare Grundstücksflächen beschränkte Pflanzpflicht sinnvoll sein. Dadurch lässt sich nämlich vermeiden, dass Pflanzbindungen insbesondere bei kleineren Grundstücken zu viel Fläche beanspruchen und somit einer sinnvollen Bebaubarkeit von Grundstücken unverhältnismäßig entgegenstehen.[375]

Letztlich obliegt es der bauleitplanerischen Freiheit der planenden Gemeinde, die Anpflanzungspflicht zu beschränken. Dadurch wird die Durchgrünung zwar weniger gefördert, im Gegenzug berücksichtigt die Planung aber stärker die privaten Interessen an einer freien Gestaltung des Grundstücks.

Für Anpflanzungspflichten auf Verkehrsflächen funktionieren die Festsetzungen ähnlich:

> *„Auf den privaten Verkehrsflächen besonderer Zweckbestimmung „Stadtplatz" ist je angefangene 200 m² Platzfläche mindestens ein hochstämmiger Solitär-Laubbaum mit einem Stammumfang von mindestens 18/20 cm anzupflanzen."*[376]

---

373 Bebauungsplan Nr. 890 – Westlich Friedberger Warte, textliche Festsetzung Nr. 8.

374 Bebauungsplan Nr. 702Ä – Bankenviertel, textliche Festsetzung Nr. 6.1.

375 Ausführlich zur Unverhältnismäßigkeit baumschutzrechtlicher Festsetzung wegen Beschränkung der Grundstücksnutzung: G.I.2.

376 Bebauungsplan Nr. 851Ä – Gateway Gardens, textliche Festsetzung Nr. 11.1.

Auch bei Verkehrsflächen ist die Anzahl der anzupflanzenden Bäume von der Größe der betroffenen Fläche abhängig. Solche Festsetzungen betreffen in den untersuchten Bebauungsplänen nur private Verkehrsflächen und dabei keine, die der Erschließung dienen.

Kritisch sind – in den untersuchten Bebauungsplänen nicht vorzufindende – textliche Festsetzungen zu beurteilen, die vorgeben, dass ein durch die Festsetzung bestimmter Anteil der Grundstücksfläche (zum Beispiel 10 %) mit Bäumen zu bepflanzen ist. Denn eine solche Festsetzung bedarf weiterer Vorgaben vor allem dazu, wie die bestockte Fläche zu ermitteln ist (zum Beispiel durch Regelungen zur Pflanzdichte). Andernfalls droht die Festsetzung gegen das Bestimmtheitsgebot zu verstoßen.[377] Bei einer an der Grundstücksgröße orientierten Festsetzung ist daher die Variante der Frankfurter Bebauungspläne, die die Anzahl der zu pflanzenden Bäume eindeutig vorgibt, vorzuziehen.

Die absoluten Festsetzungen gelten immer für eine im Bebauungsplan räumlich definierte Fläche und nicht für eine Vielzahl von Grundstücken, deren Größe und Zuschnitt sich fortlaufend ändern kann:

- *„In der privaten Grünfläche – Sport – sind mindestens 300 standortgerechte Laubbäume anzupflanzen.“*[378]
- *„Innerhalb der privaten Grünfläche – Museumspark – sind mindestens 7 Laubbäume gemäß Ziffer 5.3 zu pflanzen.“*[379]
- *„Innerhalb der Verkehrsflächen besonderer Zweckbestimmung: Fuß-/ Radweg beziehungsweise Mischverkehrsfläche sind mindestens 45 Laubbäume gemäß Ziffer 5.3 zu pflanzen.“*[380]

Für Baugrundstücke ergibt eine solche Festsetzung mit einer festgelegten Mindestanzahl anzupflanzender Bäume keinen Sinn, da im Bebau-

377 OVG Münster, Urteil vom 20.11.2002, 10A D 69/00.NE, Rn. 69, juris.

378 Bebauungsplan Nr. 916 – Sport-Akademie, textliche Festsetzung Nr. 7.2; zur Zulässigkeit einer Kombination eines Pflanzgebots mit der Festsetzung einer Grünfläche im Sinne von § 9 Abs. 1 Nr. 15 BauGB: VGH München, Urteil vom 28.07.2020, 9 N 16.2497, Rn. 32, juris m.w.N.

379 Bebauungsplan Nr. 569 – Senckenberganlage/Bockenheimer Warte, textliche Festsetzung Nr. 5.5.

380 Bebauungsplan Nr. 569 – Senckenberganlage/Bockenheimer Warte, textliche Festsetzung Nr. 5.6.

ungsplan über den Zuschnitt und die Größe der Baugrundstücke keine Aussage getroffen wird. Die Festsetzung würde daher vor allem bei kleinen Grundstücken Gefahr laufen, dass die Baumdichte die Bebaubarkeit erheblich erschwert oder sogar verhindert. Die Eigentümer kleinerer Grundstücke könnten somit unverhältnismäßig belastet und ungerechtfertigt benachteiligt werden, wodurch der Bebauungsplan im Ergebnis unter einem Abwägungsmangel leiden würde.

(ab) Pflanzvorgaben

In den textlichen Festsetzungen kann die planende Gemeinde das Pflanzgebot detailliert ausgestalten.[381] Die zuvor zitierten textlichen Festsetzungen geben dementsprechend auch Näheres zu den anzupflanzenden Bäumen vor. Danach sind meistens standortgerechte Laubbäume zu pflanzen.

(i) Baumart

Die Forderung nach *standortgerechten* Bäumen – wie in den Frankfurter Bebauungsplänen vorgesehen – genügt nach obergerichtlicher Auffassung den Anforderungen des Bestimmtheitsgebots;[382] jüngere Entscheidungen problematisieren diesen Punkt gar nicht mehr.[383]

Die Festsetzungen können zusätzlich bestimmen, dass die standortgerechten Bäume auch *einheimisch* sein müssen.[384] In den untersuchten Bebauungsplänen findet sich diese weitere Einschränkung bei der Baumauswahl nicht und sie wird zukünftig kaum an Bedeutung gewinnen, weil der Klimawandel eine Anpassung der Baumarten und -sorten an die veränderten klimatischen Herausforderungen verlangt. Einige einheimische Baumarten sind den veränderten und verschärften

381 Bischopink/Külpmann/Wahlhäuser, Der sachgerechte Bebauungsplan, Rn. 696.

382 OVG Lüneburg, Urteil vom 30.03.2000, 1 K 5637/98, Rn. 10 f., juris; OVG Münster, Urteil vom 28.07.1999, 7a D 42/98.NE, Rn. 34, juris.

383 OVG Bautzen, Urteil vom 08.10.2020, 1 A 868/17, juris; VGH Kassel, Urteil vom 10.06.2020, 3 C 394/19.N, juris; OVG Bremen, Urteil vom 25.06.2018, 1 D 19/17, juris; OVG Lüneburg, Urteil vom 15.12.2016, 1 KN 185/15, juris.

384 Gierke, in: Brügelmann, § 9 BauGB, Rn. 474.

Anforderungen nicht mehr gewachsen und gelten deswegen als nicht zukunftsfähig.[385] Entscheidend ist deshalb, dass die Bäume in dem Sinne standortgerecht sind, dass sie sich unter veränderten Standortbedingungen entwickeln können. Ob die Bäume fremdländisch oder einheimisch sind, ist daher nachrangig.[386]

Pflanzlisten sind zwar grundsätzlich zulässig. Aufgrund der klimabedingten Herausforderungen an die Baumauswahl erweisen sie sich jedoch als nicht sinnvoll, denn eine Beschränkung auf eine Pflanzliste könnte in absehbarer Zeit erheblichen Anpassungsbedarf auslösen, wenn sich weitere Baumsorten als besonders klimaresistent herausstellen. In solchen Fällen wäre dann entweder der Bebauungsplan zu ändern oder es wäre für jeden neuen Baum, der nicht der Pflanzliste entspricht, eine Befreiung erforderlich. Zudem ist zu berücksichtigen, dass mit einem hohen Konkretisierungsgrad bei den Vorgaben an die Baumauswahl die Anforderungen an die Begründung der städtebaulichen Erforderlichkeit der Pflanzliste steigen.[387] Hilfreich können für die Pflanzpflichtigen jedoch unverbindliche Hinweise auf geeignete Baumarten sein, wozu beispielsweise auf die Zukunftsbaumliste des Bunds deutscher Baumschulen (BdB) und der GALK verwiesen werden kann.[388]

Die Stadt Frankfurt am Main verzichtet in den untersuchten Bebauungsplänen auf Pflanzlisten und beschränkt sich überwiegend auf die Vorgabe, dass der standortgerechte Baum ein Laubbaum sein muss. Diese in Frankfurt am Main flächendeckend vorgefundene Beschränkung auf Laubbäume ist allerdings nicht alternativlos. Denn insbesondere an Straßen und anderen Orten mit erhöhter Feinstaubbelastung können Bäume besondere Wohlfahrtswirkungen entfalten, wenn sie eine hohe Feinstaubfilterleistung aufweisen. Diese Eigenschaft weisen

385 Schönfeld, Klimabäume, 9; Stratópoulos-Le Chalony, Klimabäume für die Stadt, 16; Scholz/Ronchi/Hof, AGIT 2016, 462 [468].

386 Böll et al., NuL 2019, 576 [583].

387 Gierke, in: Brügelmann, § 9 BauGB, Rn. 474.

388 BdB/GALK, Zukunftsbäume für die Stadt – Auswahl aus der Straßenbaumliste: https://epaper.galk.de/index.html#10, zuletzt abgerufen am 04.11.2021.

vor allem bestimmte Kiefernarten auf,[389] weswegen es sinnvoll sein kann, auch die Anpflanzung standortgerechter Nadelbäume zuzulassen.

Im Übrigen sind negative Pflanzlisten, mit denen der Plangeber lediglich bestimmte Bäume im Bebauungsplangebiet ausschließt, als reine Negativplanung nicht mit § 9 Abs. 1 Nr. 25 lit. a) BauGB vereinbar und unzulässig.[390]

Einige Frankfurter Bebauungspläne enthalten eine Verpflichtung zur Anpflanzung von Obstbäumen.[391] Bei diesen Festsetzungen steht der Erhalt des Gebietscharakters, der durch Obstbäume geprägt ist, im Vordergrund.[392] Etwaige ökologische Leistungen von Obstbäumen sind dabei nachrangig.

(ii) Baumgröße

Für anzupflanzende Bäume – unabhängig davon, ob die Anpflanzungspflicht zeichnerisch oder textlich festgesetzt ist – bestimmen die Bebauungspläne auch den Mindeststammumfang. Dabei fällt auf, dass der Stammumfang (jeweils gemessen in 1 m Höhe) bei anzupflanzenden Straßenbäumen größer (20 bis 25 cm) als bei neuen Bäumen auf Baugrundstücken (18 bis 20 cm) ist.[393] Dies ist vermutlich darauf zurückzuführen, dass Straßenbäume einer starken Belastung vor allem durch Schadstoffe ausgesetzt sind, weshalb sie robuster sein müssen.

389 Siehe dazu ausführlich: D.I.1.c)aa).

390 VGH München, Urteil vom 23.04.2013, 1 N 10.1241, Rn. 32, juris; OVG Münster, Urteil vom 02.03.1998, 7a D 125/96, BeckRS 1998, 21281; Bischopink/Külpmann/Wahlhäuser, Der sachgerechte Bebauungsplan, Rn. 696.

391 Bebauungsplan Nr. 786 – Schwanheim, Südlich Höchster Weg (Freizeitgärten), textliche Festsetzung Nr. 1.3; Bebauungsplan Nr. 806 Ä6 Riedberg – Niederurseler Hang, textliche Festsetzung Nr. 8.2; Bebauungsplan Nr. 812 – Grüngürtelpark Seckbach Nord, textliche Festsetzung Nr. 3.2.

392 Bebauungsplan Nr. 786 – Schwanheim, Südlich Höchster Weg (Freizeitgärten), Begründung, 11; Bebauungsplan Nr. 803 Ä6 – Riedberg – Niederurseler Hang, Begründung, 43; Bebauungsplan Nr. 812 – Grüngürtelpark Seckbach Nord, Begründung, 17.

393 Z.B. Bebauungsplan Nr. 702Ä – Bankenviertel, textliche Festsetzung Nr. 7.1; Bebauungsplan Nr. 799Ä – Honsellstraße, textliche Festsetzung Nr. 10; Bebauungsplan Nr. 715Ä – Güterplatz/Henrichstraße, textliche Festsetzung Nr. 8.2.

In den Begründungen der Bebauungspläne lassen sich hierzu keine Angaben finden.

(b) Erhaltungsfestsetzungen

Gemäß § 9 Abs. 1 Nr. 25 lit. b) BauGB können Gemeinden in Bebauungsplänen Festsetzungen zum Erhalt von Bäumen treffen. Das Erhaltungsgebot untersagt in erster Linie, geschützte Bäume zu beseitigen. Die Erhaltungsbindung kann im Bebauungsplan ebenso wie die Anpflanzungspflichten sowohl zeichnerisch als auch textlich festgesetzt werden.

(aa) Festsetzungen

Für Festsetzungen zum Erhalt von Bäumen sind vorab erhaltenswerte Bäume zu ermitteln. Dies können insbesondere ortsbildprägende Bäume sowie gesunde und standortangepasste Bäume mit großem kleinklimatischem Wert, aber auch Höhlen- oder Habitatbäume sein.[394]

Es bietet sich an, erhaltenswerte Bäume frühzeitig zu ermitteln, vor allem um Konflikte zwischen Baumerhalt und Baufenstern in der weiteren Planaufstellung zu vermeiden. Aus rechtlicher Sicht ist die Ermittlung der Erhaltenswürdigkeit für die Erforderlichkeit der Festsetzung relevant.[395] Nach welchen Kriterien die Bäume ausgewählt werden, lässt sich in den Begründungen der Bebauungspläne nicht erkennen. Um zu beurteilen, ob die Festsetzung überhaupt erforderlich ist, sollte die Schutzwürdigkeit erläutert werden. Ist der zu schützende Baumbestand homogen, wird eine allgemeine Begründung für die die Erhaltung rechtfertigenden Merkmale des Bestands genügen und nicht für jeden Einzelbaum erforderlich sein.

Die Festsetzungen kann die Gemeinde sowohl zeichnerisch als auch textlich treffen. Nr. 13.2.2. der Anlage zur Planzeichenverordnung enthält die Planzeichen für die zeichnerische Festsetzung der zu erhalten-

394 OVG Saarlouis, Urteil vom 26.02.2013, 2 C 424/11, Rn. 56 f., juris; Renk, Stadt + Grün 12/2020, 23 [25].

395 Söfker, in: Ernst/Zinkahn/Bielenberg, § 9 BauGB, Rn. 223 f.

den Bäume – sowohl für Einzelbäume[396] als auch für Flächen, auf denen Bäume einer Bindung nach § 9 Abs. 1 Nr. 25 lit. b) BauGB unterliegen.[397]

(i) Zeichnerische Festsetzungen

In den untersuchten Bebauungsplänen finden sich zeichnerische Festsetzungen für den Erhalt von Einzelbäumen auf Privat- oder Grünflächen sowie für Straßenbäume. Auch sind die Festsetzungen nicht auf bestimmte Baugebietstypen beschränkt und gelten zum Beispiel in allgemeinen Wohngebieten, Misch- und urbanen Gebieten sowie Kerngebieten. Die zeichnerischen Festsetzungen des Bebauungsplans Nr. 679 belegen, dass auch in Gewerbegebieten Einzelbäume in nicht nur geringem Umfang durch eine Erhaltungsfestsetzung geschützt werden können, ohne die Bebaubarkeit bei einer hohen Grundflächenzahl von 0,8 einzuschränken (Abbildung 6).[398]

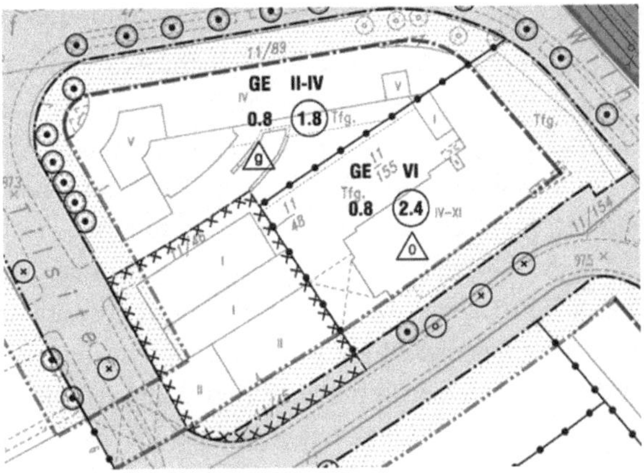

Abbildung 6: Auszug aus dem Bebauungsplan Nr. 679 – Am Industriehof

396 Planzeichen: 

397 OVG Münster, Urteil vom 25.02.1993, 7a D 147/91.NE, Rn. 50 f., juris.

398 Bebauungsplan Nr. 679 – Am Industriehof.

Nach § 17 BauNVO gilt für Industriegebiete mit 0,8 der gleiche Orientierungswert für die Obergrenze der Grundflächenzahl wie für Gewerbegebiete. Deswegen kann auch in Industriegebieten grundsätzlich genügend Raum für den Erhalt von Bäumen neben Bauvorhaben verbleiben.

Die nachfolgenden Abbildungen 7 und 8 zeigen beispielhaft, dass Bebauungspläne die Erhaltungsfestsetzungen für Straßenbäume um Anpflanzungspflichten ergänzen können, um eine durchgrünte Straßenflucht zu schaffen:

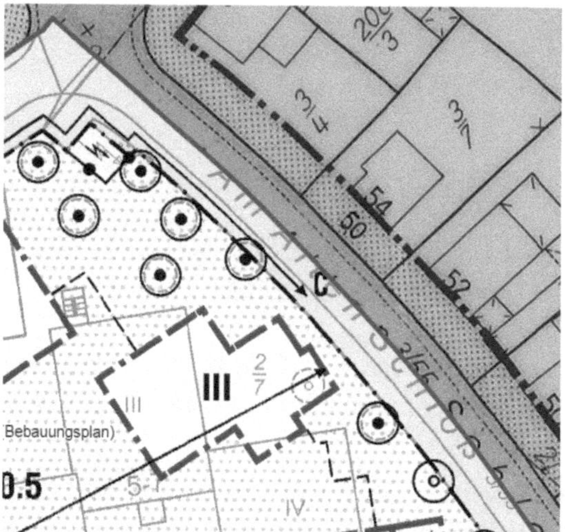

Abbildung 7: Auszug aus dem Bebauungsplan Nr. 861 – Nördlich Am Stockborn

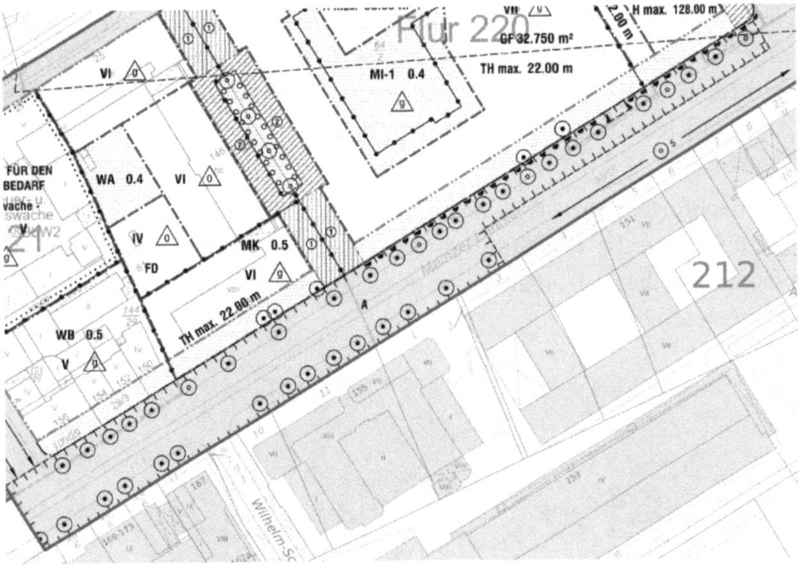

Abbildung 8: Auszug aus dem Bebauungsplan Nr. 715Ä – Güterplatz/Heinrichstraße

Da sich die zeichnerischen Erhaltungsfestsetzungen konkreten Bäumen zuordnen lassen, sind keine zusätzlichen Anforderungen an die Festsetzungen zu stellen.

Zeichnerische Festsetzungen für Flächen, die einer Erhaltungsbindung unterliegen, enthalten die untersuchten Bebauungspläne nicht. Bei solchen Festsetzungen ist zu beachten, dass die Festsetzung durch ergänzende zeichnerische oder textliche Festsetzungen hinreichend konkretisiert sein muss, weil die Festsetzung unmittelbar Ver- und Gebote begründet. Deshalb muss aus der Festsetzung hervorgehen, dass und gegebenenfalls welche Bäume geschützt sind. Andernfalls genügt die Festsetzung nicht dem Bestimmtheitsgebot.[399]

399 OVG Münster, Urteil vom 25.02.1993, 7a D 147/91.NE, Rn. 52–61, juris; VG München, Urteil vom 14.09.2017, M 11 K 15.2971, Rn. 31, juris; Schrödter/Möller, in: Schrödter, § 9 BauGB, Rn. 216.

(i) Textliche Festsetzungen

Auch textliche Erhaltungsfestsetzungen finden sich in den untersuchten Bebauungsplänen nicht, sind grundsätzlich aber zulässig. Die unter Schutz gestellten Bäume müssen dann klar identifizierbar sein. Dazu kann sich die Festsetzung zum Beispiel nur auf Bäume auf nicht überbaubaren Grundstücksflächen beziehen.[400] Alternativ kann die Gemeinde im Bebauungsplan analog zu den Regelungen von Baumschutzsatzungen über den sachlichen Geltungsbereich die Festsetzungen auf bestimmte Bäume beschränken und eine Mindestgröße festsetzen.[401]

Bei der textlichen Festsetzung ist auch festzulegen, ob nur Bestandsbäume zum Zeitpunkt des Inkrafttretens des Bebauungsplans oder auch später hinzukommende Bäume geschützt sind.[402] Dies lässt sich praktisch lösen, indem die Festsetzung zum Beispiel nur für vorhandene Bäume gilt.[403] Nicht von Bedeutung ist, ob die geschützten Bäume gepflanzt wurden oder durch natürliche Aussaat angewachsen sind.[404]

(ab) Schutz erhaltungsfähiger Bäume

Das Erhaltungsgebot gilt nicht, wenn Bäume nicht mehr erhaltungsfähig sind. Dies kann der Fall sein, weil ein Baum das Ende seiner Lebensspanne erreicht hat und eine Erhaltung deswegen objektiv unmöglich ist oder weil die erforderlichen Erhaltungsmaßnahmen unverhältnismäßig aufwendig wären.[405]

Aus Gründen der Rechtsklarheit bietet es sich an, den Umgang mit nicht mehr erhaltungsfähigen Bäumen im Bebauungsplan ausdrück-

400 BVerwG, Beschluss vom 29.12.1995, 4 NB 40/95, Rn. 2, juris; Bischopink/Külpmann/Wahlhäuser, Der sachgerechte Bebauungsplan, Rn. 697; Bracher, in: Bracher/Reidt/Schiller, Bauplanungsrecht, Rn. 377; Schrödter/Möller, in: Schrödter, § 9 BauGB, Rn. 215.

401 VGH Kassel, Urteil vom 19.05.2021, 3 C 1198/17.N, Rn. 80, juris.

402 VG München, Urteil vom 14.09.2017, M 11 K 15.2971, Rn. 31, juris.

403 Formulierungsbeispiel bei: Rixner/Biedermann/Charlier in: Rixner/Biedermann/Charlier, § 9 BauGB, Rn. 142.

404 Gaentzsch, in: Schlichter et al., § 9 BauGB, Rn. 65.

405 OVG Münster, Urteil vom 11.01.2002, 7a D 129/00.NE, Rn. 36, juris.

lich zu regeln. Dazu lässt sich im Bebauungsplan festsetzen, dass die Festsetzung nur für erhaltungsfähige Bäume gilt. Alternativ kann eine Ausnahme nach § 31 Abs. 1 BauGB für nicht erhaltungswürdige Bäume in den Bebauungsplan aufgenommen werden, die eine Genehmigung erfordert.

Die erste Lösung ist zwar verwaltungsökonomischer, da sie kein zusätzliches Verwaltungsverfahren erfordert. Die Behörde wird im Gegenzug aber nur schwer kontrollieren können, ob ein beseitigter Baum nicht mehr erhaltungsfähig war, sofern sie überhaupt Kenntnis von seiner Beseitigung erlangt. Deswegen ist die zweite Alternative vorzugswürdig, um eine hinreichende Kontrolle sicherzustellen.

(c) Pflege und Ersatzpflanzungen

Die untersuchten Festsetzungen nach § 9 Abs. 1 Nr. 25 BauGB sind nicht auf die Pflicht zur Erstanpflanzung bzw. auf das aus der Erhaltungsfestsetzung resultierende Beseitigungsverbot erhaltungswürdiger Bäume beschränkt. In den untersuchten Bebauungsplänen sind darüber hinaus Vorgaben zur Pflege enthalten, um den Baumbestand dauerhaft zu schützen, sowie zu Ersatzpflanzungen für abgegangene Bäume.

(aa) Pflege und Schutz

Die allgemeine Verpflichtung zur dauerhaften Pflege der geschützten Bäume gilt sowohl für die anzupflanzenden Bäume als auch für die zu erhaltenden Bestandsbäume:

> „*Zu erhaltende und neu anzupflanzende Bäume, Sträucher und sonstige Bepflanzungen sind dauerhaft zu pflegen [...]*“[406]

Bei der Festsetzung der Pflegemaßnahmen ist darauf zu achten, dass sie für den Erhalt der geschützten Bäume erforderlich sein müssen.[407]

---

406 Bebauungsplan Nr. 890 – Westlich Friedberger Warte, textliche Festsetzung Nr. 7.1.

407 BVerwG, Urteil vom 08.10.2014, 4 C 30/13, Rn. 12, juris; Mitschang/Reidt, in: Battis/Krautzberger/Löhr, § 9 BauGB, Rn. 155.

Die allgemeine Festsetzung, dass Bäume dauerhaft zu pflegen sind, ist daher in diesem Sinne auszulegen und verlangt keine Pflegemaßnahmen, die über das für den Erhalt der Bäume Notwendige hinausgehen.

Daneben sind in den Bebauungsplänen konkrete Ver- und Gebote formuliert, durch die die Bäume langfristig im städtischen Umfeld geschützt werden sollen. Mit diesen Festsetzungen wird vor allem der Schutz der Wurzeln beabsichtigt. Eine der größten Gefahren für Baumwurzeln und somit für die Gesundheit des gesamten Baums sind Bodenverdichtungen und Bodenversiegelungen im Wurzelbereich, denn versiegelte und verdichtete Oberflächen beeinträchtigen die Belüftung und Wasserversorgung der Baumwurzeln.[408]

Durch die Festsetzung von Mindestgrößen der Baumscheiben und der Pflanzstreifen sollen die Bebauungspläne für günstige Wuchsbedingungen neu angepflanzter Bäume sorgen und deren Wurzeln vor Bodenverdichtungen und Bodenversiegelungen schützen:[409]

> *„Neu zu pflanzende Bäume sind jeweils in Baumscheiben von mindestens 6 m^2 oder in durchgehenden Pflanzstreifen von mindestens 2,0 m Breite zu pflanzen.“*[410]

Bei erhaltungswürdigen Bäumen greift diese Festsetzung indes nicht. Bestandsbäume können aber bereits von Bodenversiegelungen betroffen sein. Für diese Fälle enthalten einige der untersuchten Bebauungspläne Entsiegelungsgebote:

> *„Die festgesetzten Standorte zu erhaltener Bäume sind von vorhandenen Bodenversiegelungen dauerhaft zu befreien und mit geeignetem wasserdurchlässigem Material/Substrat auszustatten.“*[411]

Zum Schutz der Baumwurzeln verbieten die untersuchten Bebauungspläne auch Aufschüttungen und Abgrabungen im Bereich der Kronen-

408 Moser et al., AFJZ 2018, 94 [96]; Böll et al., in: LWF-aktuell 1/2014, 4; s.o.: E.I.1.g)aa)(2)(a).

409 Bebauungsplan Nr. 905 – Kleyerstraße/Ackermannstraße, Begründung, 20.

410 Bebauungsplan Nr. 905 – Kleyerstraße/Ackermannstraße, textliche Festsetzung Nr. 7.4.

411 Bebauungsplan Nr. 905 – Kleyerstraße/Ackermannstraße, textliche Festsetzung Nr. 7.7; so auch: Bebauungsplan Nr. 715Ä – Güterplatz/Henrichstraße, textliche Festsetzung Nr. 7.

traufe. Diese Festsetzungen gelten sowohl für neu anzupflanzende Bäume als auch für geschützte Bestandsbäume:

> *„Aufschüttungen und Abgrabungen im Traufbereich aller Bäume sind unzulässig.“*[412]

Aufschüttungen und Abgrabungen bedrohen nicht nur die Wurzeln.[413] Die damit verbundenen Arbeiten können auch Baumstämme mechanisch schädigen und Wunden verursachen, über die Pilze und Schädlinge in den Baum eindringen können.

Bodenverdichtungen und wundhafte Schäden an Bäumen drohen schließlich auch durch den Verkehr, vor allem durch Pkw, aber auch durch Fahrräder. Daher kann es sinnvoll sein, vor allem Straßenbäume gegen das Befahren des Traufbereichs zu sichern.[414]

(ab) Ersatzpflanzungen

Trotz umfangreicher Pflege- und Schutzmaßnahmen können Bäume dennoch abgehen oder erst gar nicht anwachsen. In den Frankfurter Bebauungsplänen wird diesem Risiko mit Ersatzpflanzungspflichten begegnet, die sowohl für anzupflanzende und als auch für zu erhaltende Bäume gelten:

- *„Zu erhaltende und neu anzupflanzende Bäume, Sträucher und sonstige Bepflanzungen sind [...] bei Abgang gleichwertig zu ersetzen.“*[415]
- *„Die als zu erhalten festgesetzten Bäume sind bei Abgang durch gleichwertige standortgerechte Nachpflanzungen zu ersetzen. [...]*

---

412 Bebauungsplan Nr. 894 – Ben-Gurion-Ring, textliche Festsetzung Nr. 7.7; so u.a. auch: Bebauungsplan Nr. 803 Ä6 – Riedberg/Niederurseler Hang, textliche Festsetzung Nr. 5.1; Bebauungsplan Nr. 861 – Nördlich Am Stockborn, textliche Festsetzung Nr. 8.8.

413 Zu den Risiken von Aufschüttungen im Wurzelbereich: OVG Lüneburg, Beschluss vom 09.09.2004, 8 ME 52/04, Rn. 9–13, juris.

414 Bebauungsplan Nr. 905 – Kleyerstraße/Ackermannstraße, textliche Festsetzung Nr. 7.4.

415 Bebauungsplan Nr. 890 – Westlich Friedberger Warte, textliche Festsetzung Nr. 7.1.

Neu anzupflanzende Bäume, Sträucher und sonstige Begrünungen sind […] bei Abgang gleichwertig zu ersetzen.“[416]

Rechtsgrundlage der Ersatzpflanzungspflicht ist in beiden Fällen unmittelbar die jeweilige Variante von § 9 Abs. 1 Nr. 25 BauGB.

(i) Ersatzpflanzung bei Anpflanzungspflichten

Im Fall der Erstanpflanzungspflicht gemäß § 9 Abs. 1 Nr. 25 lit. a) BauGB erlischt die Pflanzpflicht der Festsetzung nicht mit oder nach der Erstanpflanzung. Andernfalls würde die Festsetzung leerlaufen und der Anpflanzungspflichtige könnte den Baum sanktionslos seinem Schicksal überlassen oder beseitigen, da mit § 213 Abs. 1 Nr. 3 BauGB nur die vorsätzliche Zerstörung des Baums als Ordnungswidrigkeit sanktioniert wird. Das Pflanzgebot ist eine ständige Verpflichtung und verlangt während der gesamten Geltungsdauer des Bebauungsplans Nachpflanzungen bei Abgang. Die Pflicht zur Ersatzpflanzung besteht deswegen auch ohne ausdrückliche Festsetzung im Bebauungsplan. Für nachzupflanzende Bäume gelten dabei die gleichen Anforderungen wie für die Erstanpflanzung.

Allerdings sind bei der Ersatzpflanzungspflicht nach § 9 Abs. 1 Nr. 25 lit. a) BauGB die Unterschiede zwischen zeichnerischer und textlicher Festsetzung zu beachten. Die zeichnerische Festsetzung konkretisiert den Standort des zu pflanzenden Baums und gilt auch für die Ersatzpflanzung entsprechend.

Dagegen gelten die textlichen Festsetzungen flächenbezogen. Sie verlangen Baumpflanzungen in Relation zur Grundstücksgröße oder eine bestimmte Mindestanzahl von Bäumen auf einer bestimmten Fläche. In beiden Fällen können mehr Bäume als gefordert auf den Grundstücken vorhanden sein. Die Ersatzpflanzungspflicht besteht dann nur, wenn die von der Festsetzung geforderte Mindestanzahl an Bäumen auf der Grundstücksfläche unterschritten wird. Nur dann widerspricht der vorhandene Baumbestand der Festsetzung und Bäume können

416 Bebauungsplan Nr. 715Ä – Güterplatz/Henrichstraße, textliche Festsetzungen Nr. 7 und 8.1.

somit in einem gewissen Umfang ersatzlos abgehen, solange die Mindestanzahl nicht unterschritten wird. Vorhandene Bäume werden also angerechnet.

Dies gilt auch für Pflanzstreifen, sofern die vorgeschriebene Mindestanzahl an Bäumen entlang des Straßenabschnitts vorhanden ist.

(ii) Ersatzpflanzung bei Erhaltungsfestsetzungen

Ob auch für zu erhaltende Bäume Ersatzpflanzungen verlangt werden können, war bis zur abschließenden Klärung durch das Bundesverwaltungsgericht umstritten.[417] Teilweise wurde in der Literatur die Auffassung vertreten, dass die unerlaubte Beseitigung eines bauplanungsrechtlich zu erhaltenden Baums nur als Ordnungswidrigkeit gemäß § 213 Abs. 1 Nr. 3 BauGB geahndet werden könne. Eine Ersatzpflanzung zur Folgenbeseitigung könne die Behörde daneben nicht anordnen.[418] Dieser Auffassung schloss sich auch der bayerische Verwaltungsgerichtshof an:

> „*Sind die Bäume, die von der Erhaltungsfestsetzung erfasst wurden, wie hier, nicht mehr vorhanden, so läuft die Erhaltungsfestsetzung leer. Zwar kann, soweit die Bäume nachweisbar widerrechtlich entfernt oder tödlich geschädigt wurden, dies als Ordnungswidrigkeit gemäß § 213 Abs. 2 i.V.m. Abs. 1 Nr. 3 BauGB mit einer Geldbuße von bis zu 10.000 Euro geahndet werden. Mit dieser Sanktionsmöglichkeit hat es jedoch sein Bewenden. Für den Standort ist und bleibt das Großgrün unwiederbringlich verloren.*“[419]

Das Bundesverwaltungsgericht gab der Revision gegen diese Entscheidung statt und bejahte die Möglichkeit einer Ersatzpflanzungspflicht für Bäume, die einer Erhaltungsfestsetzung unterliegen.[420] Der erkennende vierte Senat setzte damit seine bisherige Rechtsprechung konsequent fort. Denn bereits 2003 entschied der Senat allgemein, dass Festsetzungen nach § 9 Abs. 1 Nr. 25 lit. b) BauGB Maßnahmen verlangen

---

417 Für die Zulässigkeit der Ersatzpflanzungspflicht: Kuschnerus, Der sachgerechte Bebauungsplan, Rn. 911; Jarass/Kment, BauGB, § 9, Rn. 86; Otto, DVP 1997, 502 [503].

418 Queitsch, StGRat 1994, 177 [180] m.w.N. in Fn. 17.

419 VGH München, Urteil vom 23.04.2013, 9 B 12.1584, Rn. 13, juris.

420 BVerwG, Urteil vom 08.10.2014, 4 C 30/13, Rn. 7, juris.

können, die im Einzelfall über das bei ordnungsgemäßer Bewirtschaftung erforderliche Maß hinausgehen.[421] Vor allem aber stellte das Bundesverwaltungsgericht klar, dass die Sanktion gemäß § 213 Abs. 1 Nr. 3 BauGB die Anordnung einer Ersatzpflanzung nicht ausschließt.[422]

Des Weiteren ist zu beachten, dass die Gemeinde gemäß § 178 BauGB dazu ermächtigt ist, den Grundstückseigentümer durch Bescheid zu verpflichten, sein Grundstück entsprechend den nach § 9 Abs. 1 Nr. 25 BauGB getroffenen Festsetzungen des Bebauungsplans zu bepflanzen. Dabei wird nicht zwischen den beiden Varianten der Vorschrift unterschieden, woraus zu schließen ist, dass der Gesetzgeber auch von Pflanzgeboten nach lit. b) ausgeht, die zwangsläufig auf Ersatzpflanzungen beschränkt sind.

Darüber hinaus hat das Bundesverwaltungsgericht festgestellt, dass eine *Nachpflanzungsfestsetzung* – wie sie in einigen der untersuchten Bebauungspläne festgesetzt ist[423] – nicht erforderlich ist und die Ersatzpflanzung aus der Erhaltungsfestsetzung selbst heraus angeordnet werden kann.[424] Um Missverständnissen vorzubeugen und zur Klarstellung der Reichweite der Erhaltungsfestsetzung kann eine Nachpflanzungsfestsetzung dennoch sinnvoll sein.

(d) Durchsetzung der Festsetzungen

Zur Durchsetzung der baumschützenden Festsetzungen nach § 9 Abs. 1 Nr. 25 BauGB kann die Gemeinde Baumpflanzungen gemäß § 178 BauGB anordnen und unzulässige Beseitigungen von geschützten Bäumen können gemäß § 213 Abs. 1 Nr. 3, Abs. 2 BauGB als Ordnungswidrigkeit geahndet werden. Während mit dem Pflanzgebot beide Festsetzungsvarianten erfasst sind, gilt der Ordnungswidrigkeitstatbestand nur für Erhaltungsfestsetzungen.

---

421 BVerwG, Beschluss vom 15.04.2003, 4 BN 12/03, Rn. 11, juris.

422 BVerwG, Urteil vom 08.10.2014, 4 C 30/13, Rn. 7, juris; daran anschließend: VG Freiburg, Urteil vom 02.02.2017, 6 K 1701/15, Rn. 36, juris.

423 Z.B. Bebauungsplan Nr. 799Ä – Honsellstraße, textliche Festsetzung Nr. 9.1; Bebauungsplan Nr. 679 – Am Industriehof, textliche Festsetzung Nr. 3.1.

424 BVerwG, Urteil vom 08.10.2014, 4 C 30/13, Rn. 13 f., juris.

Im Gegensatz zu den in der Praxis bislang wenig relevanten Baugeboten sind Pflanzgebote nach § 178 BauGB durchaus praxistauglich. Dem Grundstückseigentümer steht bei einer Anordnung gemäß § 178 BauGB kein Übernahmeanspruch für das Grundstück gegenüber der Gemeinde zu, wie er gemäß § 176 Abs. 4 BauGB für das Baugebot gilt. Insbesondere finanzschwache Gemeinden kann die Anordnung von Baugeboten daher vor erhebliche finanzielle Herausforderungen stellen. Zudem sind die Möglichkeiten der Verwaltungsvollstreckung beim Baugebot eingeschränkt. Abgesehen davon, dass wegen der Variationsbreite eines Baugebots schon Bedenken gegen die Zulässigkeit einer Ersatzvornahme bestehen,[425] werden Gemeinden vor allem das mit der Ersatzvornahme verbundene finanzielle Risiko bei finanziell nicht leistungsfähigen Baupflichtigen scheuen.[426]

Die Pflanzpflicht lässt sich hingegen mit geringem finanziellem Aufwand durchsetzen und die hinreichend konkreten Pflanzvorgaben erleichtern die Ersatzvornahme. Falls erforderlich, kann die Gemeinde bei der Ersatzvornahme meist auf eigenes Personal zurückgreifen. Zudem bleiben die Sachkosten überschaubar. Ein Vollzugsdefizit ist daher bei Pflanzgeboten nicht zu befürchten.

(e) Ausnahmen und Befreiungen von baumschützenden Festsetzungen

Von den baumschützenden Festsetzungen nach § 9 Abs. 1 Nr. 25 BauGB können entweder die Bebauungspläne Ausnahmen vorsehen (§ 31 Abs. 1 BauGB) oder die Gemeinden Befreiungen (§ 31 Abs. 2 BauGB)[427] erteilen.

Ausnahmen von den baumschützenden Festsetzungen finden sich in den untersuchten Bebauungsplänen kaum. Vereinzelt ist es nach

425 Möller, in: Schrödter, § 176 BauGB, Rn. 31.

426 VGH Kassel, Urteil vom 22.04.2010, 4 C 2607/08.N, Rn. 92, juris.

427 VG Berlin, Beschluss vom 03.06.2019, 19 L 226.19, Rn. 58 f., juris; VG München, Urteil vom 13.10.2016, M 11 K 15.2361, Rn. 20 f., juris.

den Bebauungsplänen erlaubt, vom zeichnerisch vorgegebenen Pflanzstandort um wenige Meter abzuweichen.[428]

Voraussetzungen für eine Befreiung gemäß § 31 Abs. 2 BauGB sind unter anderem eine Befreiungslage sowie das Nichtberühren der Grundzüge der Planung. Bei geschützten Bäumen kann eine Befreiungslage wegen einer offenbar nicht beabsichtigten Härte vorliegen (§ 31 Abs. 2 Nr. 3 BauGB), wenn von geschützten Bäumen Gefahren ausgehen und der Aufwand zur Abwehr der Gefahren (zum Beispiel zur Wiederherstellung der Verkehrssicherheit) dem Grundstückseigentümer nicht zumutbar ist. Diese Konstellation ist identisch mit dem Dispenstatbestand von Baumschutzsatzungen wegen Baumgefahren, weswegen die dort entwickelten Grundsätze auch bei der Befreiung heranzuziehen sind.[429] Bei der Entscheidung über einen solchen Befreiungsantrag sollte die Behörde sicherstellen, dass die für die Baumschutzsatzung zuständige Stelle zumindest beteiligt wird, um ein einheitliches und sich nicht behördenintern widersprechendes Verwaltungshandeln sicherzustellen.

Eine Befreiung von baumschützenden Festsetzungen kann entgegen der Auffassung *Reimers*[430] durchaus die Grundzüge der Planung berühren.[431] Die Grundzüge der Planung sind dann berührt, wenn die Festsetzung, von der der Antragsteller abweichen will, für die Planung tragend ist.[432] Tragend können Festsetzungen sein, wenn sie für die Gestaltung des Plangebiets maßgeblich sind, wie zum Beispiel Baulinien zur Schaffung einer einheitlichen Gebäudeflucht.[433] Ähnliche städtebauliche Ziele lassen sich zum Beispiel mit der Festsetzung von Anpflanzungspflichten für straßenseitige nicht überbaubare Grundstücks-

428 Bebauungsplan Nr. 679 – Am Industriehof, textliche Festsetzung Nr. 3.1; Bebauungsplan Nr. 894 – Ben-Gurion-Ring, textliche Festsetzung Nr. 7.5.

429 S.o.: E.I.1.g)ab)(1)(a).

430 Reimer, in: Durner et al., Das sinnvoll Denkbare denken, das davon Machbare machen, 569 [580].

431 VG Augsburg, Urteil vom 28.01.2004, Au 4 K 03.897, Rn. 22, juris.

432 BVerwG, Beschluss vom 05.03.1999, 4 B 5/99, Rn. 6, juris.

433 VG Ansbach, Urteil vom 17.05.2017, AN 3 K 17.00794, Rn. 25–27, juris.

flächen (Vorgärten) umsetzen. Statt der Gebäudeflucht prägen dann mit Bäumen begrünte Vorgärten das Straßen- und Ortsbild.

Um einen Ausgleich zwischen den Interessen des Antragstellers und den Grundzügen der Planung herzustellen, kann die im Ermessen der Behörde stehende Befreiung mit einer Ersatzpflanzungspflicht verbunden werden. Dies bietet sich vor allem bei Befreiungen wegen von Bäumen ausgehender Gefahren an. Bei der Ersatzpflanzung können dann den örtlichen Gegebenheiten angepasste Bäume gewählt werden.

Aus der Begründung des Bebauungsplans Nr. 851Ä geht hervor, dass mit dem Erhalt von Bäumen im Plangebiet eine gestalterische Verbindung zu den umliegenden Waldflächen geschaffen werden soll, um das Plangebiet in das Landschaftsbild einzubinden.[434] Umfangreiche Befreiungen können daher auch die landschaftsgestalterische Einbindung des Plangebiets in seine Umgebung beeinträchtigen und einer Befreiung somit entgegenstehen. Auch in diesen Fällen werden Ersatzpflanzungen erforderlich sein, um die Grundzüge der Planung zu bewahren.

(3) Baumschutz durch Baugrenzen und Baulinien

Baumschützend können auch Festsetzungen sein, die sich nicht unmittelbar auf Bäume und Pflanzen beziehen. Durch die Festsetzung von Baugrenzen und Baulinien lassen sich bauliche Anlagen von schutzwürdigen Bäumen fernhalten. Dadurch können Baugrenzen und Baulinien Bäumen auf Grundstücken ausreichend Platz einräumen, um anwachsen zu können.

Durch Baulinien und Baugrenzen (§ 23 BauNVO) wird die überbaubare Grundstücksfläche und somit das Baufenster bestimmt. Bei der Festsetzung der überbaubaren Grundstücksflächen kann der Plangeber den vorhandenen Baumbestand schützen, indem er die Baufenster anhand des schützenswerten Baumbestands definiert, sodass sich schutz-

434 Bebauungsplan Nr. 851Ä – Gateway Gardens, Begründung, 72.

würdige Bäume auf den nicht überbaubaren Grundstücksflächen befinden.[435]

Anhand des Bebauungsplans Nr. 913 (Abbildung 9) wird ersichtlich, dass durch die geschickte Festsetzung von Baugrenzen auch bei der innerstädtischen Nachverdichtung bauleitplanerischer Baumschutz möglich ist:

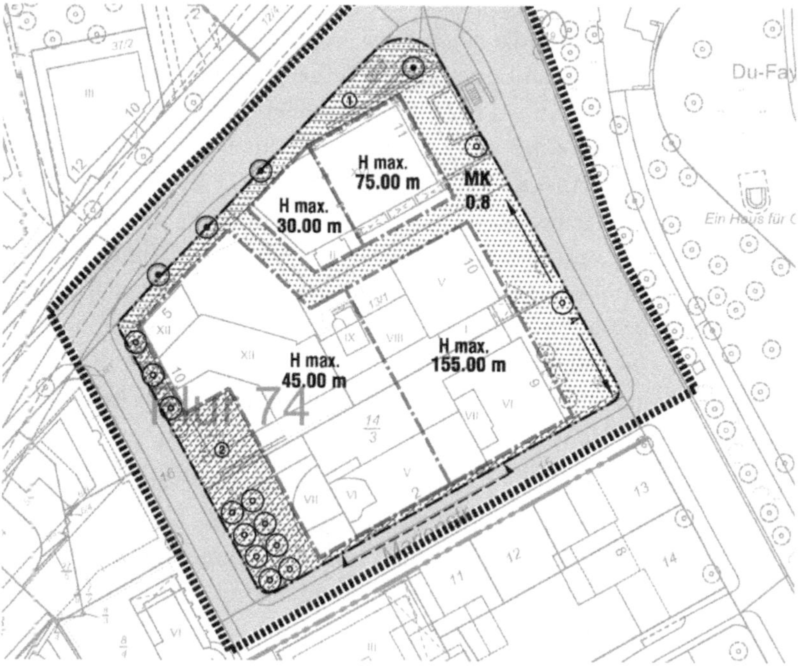

Abbildung 9: Auszug aus dem Bebauungsplan Nr. 913 – Taunusanlage

Die Baugrenzen gestalten die nicht überbaubaren Grundstücksflächen an einigen Stellen für die Hochhäuser so, dass die Bebauung genügend Abstand zu schützenswerten Bestandsbäumen hält und genügend Raum für Neupflanzungen – teilweise sogar zweireihig – lässt.[436]

435 OVG Bremen, Urteil vom 16.05.2017, 1 D 87/15, Rn. 113, juris.
436 Bebauungsplan Nr. 913 – Taunusanlage 9 bis 11, Begründung, 10.

(a) Ausnahmen

Beabsichtigt die planende Gemeinde, die Ausnahmen von den Festsetzungen zur überbaubaren Grundstücksfläche in den Bebauungsplan aufzunehmen, kann sie solche Ausnahmen unter den Vorbehalt stellen, dass der Baumbestand nicht gefährdet wird.

Dies gilt auch für unterirdische Überschreitungen des Baufensters. Durch Untergeschosse außerhalb des Baufensters und unterhalb von Baumstandorten wird die Dicke der Vegetationsschicht beschränkt. Daraus kann resultieren, dass neue Bäume nicht erfolgreich anwachsen oder dass die Baumaßnahmen vorhandene Baumwurzeln erheblich schädigen. Mit einer Ausnahme für die unterirdische Überschreitung gemäß § 23 Abs. 2 S. 3, Abs. 3 S. 3 BauNVO lässt sich daher – wie im Fall des Bebauungsplans Nr. 913 – bestimmen, dass Bauvorhaben Baugrenzen und Baulinien unterirdisch nur überschreiten dürfen, sofern *„zu erhaltende Bäume und die festgesetzten Neuanpflanzungen nicht beeinträchtigt oder verhindert werden.“*[437] Im Bebauungsplan kann auch eine Mindeststärke der Vegetationsschicht für die Baumstandorte festgesetzt werden, damit die Wurzeln ausreichend Platz haben und versorgt werden können.[438]

Ausnahmen von Baulinien können dem Baumschutz auch noch auf andere Weise dienen. Baulinien verlangen gemäß § 23 Abs. 2 S. 1 BauNVO, dass an sie anzubauen ist. Eine Ausnahme zur Unterschreitung der Baulinie kann sinnvoll sein, damit Baum und Bauvorhaben mehr Abstand zueinander gewinnen. Im Bebauungsplan kann dann unmittelbar gemäß § 23 Abs. 2 S. 3 BauNVO festgesetzt werden, dass Vorhaben zum Schutz der Bäume die Baulinie unterschreiten dürfen. Eine entsprechende Festsetzung enthält der Bebauungsplan Nr. 715Ä, mit dem die Stadt Frankfurt am Main Bestandsbäume schützen will:[439]

> *„Im Mischgebiet MI-2 kann eine Unterschreitung der festgesetzten Baulinie auf einer Länge von insgesamt bis zu 20,00 m und in einer Tiefe von bis*

---

437 Bebauungsplan Nr. 913 – Taunusanlage 9 bis 11, Begründung, 10.

438 Bebauungsplan Nr. 913 – Taunusanlage 9 bis 11, textliche Festsetzung Nr. 4.2 und 4.3.

439 Bebauungsplan Nr. 715Ä – Güterplatz/Heinrichstraße, Begründung, 15.

> *zu 4,00 m ausnahmsweise zugelassen werden, wenn dies dem Erhalt von Bestandsbäumen dient.*“[440]

(b) Konflikt mit Nebenanlagen

Schließlich ist zu beachten, dass auf den durch die Baugrenzen und Baulinien definierten nicht überbaubaren Grundstücksflächen gemäß § 23 Abs. 5 S. 1 BauNVO Nebenanlagen im Sinne von § 14 BauNVO (zum Beispiel Garagen) zugelassen werden können, wenn der Bebauungsplan nichts anderes festsetzt. Eine solche andere Festsetzung kann sinnvoll sein, um einen potentiellen Konflikt zwischen Bäumen und Nebenanlagen auf nicht überbaubaren Grundstücksflächen zu vermeiden. Dazu können im Bebauungsplan Nebenanlagen auf den nicht überbaubaren Grundstücksflächen ausgeschlossen werden. Nebenanlagen sind dann ausschließlich innerhalb des Baufensters zulässig.[441] Eine entsprechende Festsetzung enthält der Bebauungsplan Nr. 913:

> „*Auf den nicht überbaubaren Grundstücksflächen sind oberirdische Stellplätze und Garagen sowie Nebenanlagen gemäß § 14 (1) BauNVO nicht zulässig.*“[442]

Die unter anderem baumschützende Intention der Festsetzung verdeutlicht die Begründung des Bebauungsplans:

> „*Auf den nicht überbaubaren Grundstücksflächen werden Nebenanlagen gemäß § 14 (1) BauNVO sowie oberirdische Garagen und Stellplätze ausgeschlossen, um auch dadurch die Begrünung dieser Flächen langfristig zu sichern.*“[443]

Eine unmittelbare Befreiung nach § 31 Abs. 2 BauGB zugunsten einer Nebenanlage ist von einer solchen anderen Festsetzung im Sinne von § 23 Abs. 5 S. 1 BauNVO nicht möglich. Erforderlich ist eine Befreiung von den festgesetzten Baugrenzen oder Baulinien, da die Festsetzung im Sinne von § 23 Abs. 5 S. 1 BauNVO diese auch für die Nebenanlage

---

440 Bebauungsplan Nr. 715Ä – Güterplatz/Heinrichstraße, textliche Festsetzung Nr. 3.1.2.

441 BVerwG, Urteil vom 21.03.2013, 4 C 15/11, Rn. 11, juris.

442 Bebauungsplan Nr. 913 – Taunusanlage 9 bis 11, textliche Festsetzung Nr. 3.

443 Bebauungsplan Nr. 913 – Taunusanlage 9 bis 11, Begründung, 10.

als verbindlich erklärt.[444] Eine Befreiung ist denkbar, wenn die zu schützenden Bäume durch die Nebenanlage nicht gefährdet werden. Dann spricht einiges dafür, dass die Nebenanlage städtebaulich vertretbar ist und die Grundzüge der Planung nicht berührt. Zu bedenken ist gleichwohl, dass Baugrenzen und Baulinien oft genutzt werden, um das Ortsbild durch eine einheitliche Häuserflucht mit begrünten Vorgärten zu gestalten. Bei solchen planerischen Zielen wird eine Befreiung zugunsten einer Nebenanlage die Grundzüge der Planung berühren können und deswegen abzulehnen sein, auch wenn durch die Nebenanlage keine Bäume gefährdet werden.

b) Örtliche Bauvorschriften

Örtliche Bauvorschriften – gemeinhin auch als Gestaltungssatzungen bekannt – sind als Instrument des Baumschutzrechts bislang sowohl von der Rechtspraxis als auch von der Rechtswissenschaft vernachlässigt worden. Soweit in neueren Arbeiten eine Beschäftigung mit den baumschutzrechtlichen Möglichkeiten örtlicher Bauvorschriften erfolgt, wird sich auf die Landesbauordnungen von Bayern und Rheinland-Pfalz beschränkt, in denen Bäume als Regelungsgegenstand von örtlichen Bauvorschriften ausdrücklich benannt sind.[445] Darüber hinaus bieten auch die Vorschriften anderer Landesbauordnungen Möglichkeiten zu baumschutzrechtlichen Festsetzungen in örtlichen Bauvorschriften.

Örtliche Bauvorschriften können die Gemeinden isoliert als eigenständige Satzung erlassen oder gemäß § 9 Abs. 4 BauGB in Verbindung mit der jeweiligen Landesbauordnung in Bebauungspläne integrieren. Integrierte örtliche Bauvorschriften gelten nur für das Satzungsgebiet des Bebauungsplans, während isolierte örtliche Bauvorschriften das gesamte Gemeindegebiet erfassen können.

---

444 VGH Mannheim, Urteil vom 09.04.2019, 8 S 1527/17, Rn. 43, juris; Hormann, in: Spannowsky/Hornmann/Kämper, § 23 BauNVO, Rn. 74.

445 Kraus/Zettl, KommunalPraxis Bayern 2017, 392 [393 f.]; Reimer, in: Durner et al., Das sinnvoll Denkbare denken, das davon Machbare machen, 569 [581]; Walsch, Umweltschutz durch örtliche Bauvorschriften, 591–597.

Da die Gemeinden nach § 9 Abs. 1 Nr. 25 BauGB sehr weitreichende baumschützende Festsetzungen treffen können, ist es wenig sinnvoll, baumschützende Festsetzungen als integrierte örtliche Bauvorschrift in den Bebauungsplan aufzunehmen. Diese These bestätigen auch die untersuchten Bebauungspläne der Stadt Frankfurt am Main. Obwohl auffällt, dass der Umfang der gestalterischen Vorgaben integrierter örtlicher Bauvorschriften sukzessive zunimmt, ist der Baumschutz in den untersuchten Bebauungsplänen ausschließlich über bauplanungsrechtliche Festsetzungen geregelt. Im Folgenden werden daher nur isolierte örtliche Bauvorschriften betrachtet.

Die baumschützenden Festsetzungen der örtlichen Bauvorschriften regeln den Baumschutz für bestimmte Grundstücksflächen und ihre Nutzung. Mit Ausnahme der bayerischen Bauordnung, die in Art. 81 Abs. 1 Nr. 7 BayBO zu Festsetzungen über den Erhalt von Baumbeständen ermächtigt, erlauben die Landesbauordnungen der übrigen Flächenländer nur Festsetzungen über die Bepflanzung bzw. Begrünung und somit über Anpflanzungspflichten. Mit den Anpflanzungspflichten wird vor allem die Bepflanzung der bauordnungsrechtlich definierten Grundstücksfreiflächen, aber auch auf anderen Flächen wie Kinderspielplätzen und Stellplätzen, geregelt.

aa) Anpflanzungspflichten

Örtliche Bauvorschriften können trotz ihrer eingeschränkten Möglichkeiten beim Erhalt von Baumbeständen ein wesentlicher Baustein des kommunalen Baumschutzes sein, da sie zu Baumanpflanzungen verpflichten können.

Einen ausdrücklichen Baumbezug weist nur § 88 Abs. 1 Nr. 7 Alt. 2 LBauO RP auf, wonach die Gemeinden in örtlichen Bauvorschriften Festsetzungen über die Anpflanzung von Bäumen und Sträuchern erlassen können. In den übrigen Bundesländern mit Ausnahme von Berlin und Hamburg verbergen sich die baumschutzrechtlichen Potentiale in den Begrünungs- und Gestaltungsmöglichkeiten von Flächen und Anlagen. Länderübergreifend haben sich drei Gruppen von Festsetzungsmöglichkeiten für Anpflanzungspflichten in örtlichen Bauvorschriften etabliert:

1. Anpflanzungen auf Grundstücksfreiflächen
2. Stellplatzgestaltung durch Bäume
3. Anpflanzungen auf Flächen mit spezieller Nutzung (zum Beispiel Spielplätze, Campingplätze)

Wie Baumschutzsatzungen können auch örtliche Bauvorschriften für das gesamte Gemeindegebiet gelten, während sich baumschutzrechtliche Festsetzungen in Bebauungsplänen auf das Plangebiet beschränken. Allerdings gelten örtliche Bauvorschriften nur für Grundstücksfreiflächen und somit ausschließlich für bebaute Grundstücke. Durch Festsetzungen, die zu Baumpflanzungen auf Grundstücksfreiflächen verpflichten, lässt sich die Durchgrünung auf bebauten Grundstücken dennoch beachtlich erhöhen.

Vor allem im besiedelten und urbanen Raum können sich Baumschutzsatzungen und örtliche Bauvorschriften im Sinne des lokalen Baumschutzes gegenseitig ergänzen. Dies wird besonders bei Nachverdichtungen in Ballungsräumen und Metropolen mit Wohnungsmangel deutlich. § 34 BauGB bildet dort oft umfangreich den städtebaulichen Rechtsrahmen.[446] Dies verkürzt wegen des weiten Spielraums der Bauaufsichtsbehörden zwar den Weg zur Baugenehmigung für dringend benötigten Wohnraum. Durch den Verzicht auf die zeitintensive Aufstellung eines Bebauungsplans bleiben die baumschutzrechtlichen Möglichkeiten des Bauplanungsrechts im Gegenzug allerdings auf der Strecke. Mit örtlichen Bauvorschriften lässt sich diese Lücke ein Stück weit schließen, wenn hierin Anpflanzungspflichten für Grundstücksfreiflächen, Stellplätze und andere Flächen stadtweit festgesetzt werden. In Kombination mit einer Baumschutzsatzung sind dadurch Bestandsbäume umfangreich geschützt und die örtlichen Bauvorschriften tragen zu einer stärkeren Durchgrünung bei.

Dieses baumschutzrechtliche Potential haben die hessischen Städte und Gemeinden bisher allerdings noch nicht umfangreich erkannt.

446 Burgi, NVwZ 2020, 257 [261].

Denn die hessischen Kommunen, in denen eine Baumschutzsatzung gilt, haben von den baumschutzrechtlichen Möglichkeiten örtlicher Bauvorschriften bislang kaum Gebrauch gemacht. Die Städte Königstein und Marburg haben Baumpflanzpflichten in örtliche Bauvorschriften aufgenommen. Allerdings gelten diese örtlichen Bauvorschriften nur für einzelne Ortsteile und nicht gemeindeweit. Eine Ausnahme bildet Frankfurt am Main. Die Stadtverwaltung hat dort 2021 eine örtliche Bauvorschrift auf den Weg gebracht, die sich stark an bayerischen Vorbildern orientiert und einen stadtweiten Mehrwert für den Baumschutz bedeuten kann.[447]

(1) Marburg

Die Stadt Marburg beschränkt sich in ihrer Gestaltungssatzung für die Altstadt darauf, dass Hofräume mit Bäumen zu bepflanzen sind, wenn es die örtlichen Gegebenheiten zulassen.[448] Ziel der Satzung und somit auch der Festsetzung ist ausweislich der Präambel ausschließlich die Erhaltung des historischen Stadtbilds.

(2) Königstein

Die Stadt Königstein verfolgt mit ihrer örtlichen Bauvorschrift für den Stadtteil Mammolshain nicht nur gestalterische Ziele, sondern will auch allgemein die Wohlfahrtwirkungen von Bäumen im Satzungsgebiet fördern:

> *„Eine attraktive Durchgrünung der Altortslage kann, neben einer Erhöhung der Gestaltqualität, auch zu einer Verbesserung des Kleinklimas beitragen.“*[449]

---

447 Vorlage des Magistrats der Stadt Frankfurt am Main vom 17.09.2021, M 147.

448 § 12 Nr. 2 der Bausatzung der Universitätsstadt Marburg über die Gestaltung baulicher Anlagen in der Marburger Altstadt, in der Fassung vom 19.05.1992.

449 Vorbemerkung zu § 12 der Gestaltungssatzung der Stadt Königstein für den Stadtteil Mammolshain, in der Fassung vom 15.11.2007.

Die Satzung bestimmt dazu, dass Grundstücksfreiflächen mit einheimischen, standortgerechten Laubgehölzen zu bepflanzen sind.[450]

(3) Frankfurt am Main

Anders ist die Situation in einigen bayerischen Städten, an denen sich Frankfurt am Main orientiert. München,[451] Erlangen[452] und Regensburg[453] verfügen nicht nur über eine Baumschutzverordnung. Diese Städte haben zudem örtliche Bauvorschriften erlassen, die stadtweit zu Baumpflanzungen auf Grundstücksfreiflächen und teilweise auch auf Spielplätzen und auf Stellplätzen verpflichten.

Die Stadt Frankfurt am Main folgt diesen Beispielen und hat 2021 eine vergleichbare örtliche Bauvorschrift (*Freiraumsatzung*) angestoßen.[454] Der Magistrat der Stadt Frankfurt am Main greift in diesem Entwurf umfangreich auf die Festsetzungsmöglichkeiten nach § 91 Abs. 1 HBO zurück. Die Festsetzungen sind grundsätzlich geeignet, den Baumbestand im Frankfurter Stadtgebiet zu erhöhen. Sie gelten gemäß § 2 Abs. 2 des Satzungsentwurfs nur bei zukünftigen Bauvorhaben und somit nicht rückwirkend für Bestandsbebauungen.

(a) Anpflanzungspflicht auf Grundstücksfreiflächen

Auf den Grundstücksfreiflächen, also auf den unbebauten Flächen bebauter Grundstücke,[455] sieht der Frankfurter Entwurf eine stadtweite Anpflanzungspflicht für Laubbäume vor:

---

450 § 12 Abs. 3 S. 2 der Gestaltungssatzung der Stadt Königstein für den Stadtteil Mammolshain, in der Fassung vom 15.11.2007.

451 Freiflächengestaltungssatzung der Landeshauptstadt München, in der Fassung vom 08.05.1996.

452 Freiflächengestaltungssatzung der Stadt Erlangen, in der Fassung vom 20.02.2020.

453 Freiflächengestaltungssatzung der Stadt Regensburg, in der Fassung vom 03.02.2020.

454 Vorlage des Magistrats der Stadt Frankfurt am Main vom 17.09.2021, M 147.

455 § 8 Abs. 1 S. 1 HBO; Hornmann, § 8 HBO, Rn. 2.

„Je angefangene 200 qm der Grundstücksfreiflächen ist ein standortgerechter mittel- oder großkroniger Laubbaum bevorzugt mit Bodenanschluss zu pflanzen. Vorhandene Bäume werden angerechnet.“[456]

Die Festsetzung beruht auf § 91 Abs. 1 S. 1 Nr. 5 HBO, wonach örtliche Bauvorschriften die Bepflanzung der Grundstücksfreiflächen und somit nur auf bebauten Grundstücken regeln dürfen. Der Entwurf ähnelt stark den Anpflanzungspflichten der Bebauungspläne. Der Unterschied besteht in der von der Festsetzung betroffenen Fläche. Die bauplanungsrechtlichen Festsetzungen nach § 9 Abs. 1 Nr. 25 lit. a) BauGB beziehen sich nicht auf die bauordnungsrechtlich definierte Grundstücksfreifläche, sondern stellen auf die Grundstücksgröße oder auf die Größe der – bauplanungsrechtlich definierten – nicht überbaubaren Grundstücksfläche ab.[457]

Dennoch ähneln sich die Festsetzungen stark, was die Frage aufwirft, ob örtliche Bauvorschriften Festsetzungen enthalten dürfen, die so ähnlich auch Bebauungspläne treffen können. Diese Ähnlichkeit der Festsetzungen ist aus Sicht des Bundesverwaltungsgerichts zulässig. Das Bundesverwaltungsgericht erkennt an, dass örtliche Bauvorschriften und Bebauungspläne nebeneinander ähnliche gestalterische Festsetzungen treffen dürfen. Einen generellen Vorrang bauplanungsrechtlicher Festsetzungen lehnt es indes ab.[458]

Die Kompetenz des Bauordnungsrechts und somit die Möglichkeiten örtlicher Bauvorschriften enden dort, wo die Festsetzungen unmittelbar die Nutzung von Grund und Boden regeln. Dies ist beispielsweise der Fall, wenn örtliche Bauvorschriften unter dem Deckmantel gestalterischer Festsetzungen die Überbaubarkeit von Grundstücksflächen und somit die Nutzung von Grund und Boden regeln. Insbesondere bei Regelungen örtlicher Bauvorschriften über die Zulässigkeit von Stellplätzen in Vorgärten kann dies zu Abgrenzungs- und Rechtmäßig-

---

456 § 4 Abs. 2 des Entwurfs der Freiraumsatzung der Stadt Frankfurt am Main.

457 S.o.: E.I.2.a)ab)(2)(a)(aa)(ii).

458 BVerwG, Beschluss vom 29.08.2017, 4 B 30.17, Rn. 3, juris; ausführlich zum Streitstand: Decker, in: Busse/Kraus, Art. 81 BayBO, Rn. 7–11a; Grünewald, in: Spannowsky/Manssen, Art. 81 BayBO, Rn. 5–13; Haaß, NVwZ 2008, 252 [253]; Jäde, ZfBR 2006, 9 [15 f.].

keitsproblemen führen.[459] Bei baumschützenden Festsetzungen örtlicher Bauvorschriften tritt dieses Problem hingegen nicht auf, da sie ausschließlich die Grundstücksgestaltung und nicht die Art der zulässigen Nutzung regeln.

Dennoch besteht ein praktisches Bedürfnis, das Verhältnis der nebeneinander bestehenden Anpflanzungspflichten von örtlichen Bauvorschriften und Bebauungsplänen zu regeln. Denn in Gebieten mit bauplanungsrechtlichen Anpflanzungspflichten nach § 9 Abs. 1 Nr. 25 lit. a) BauGB sind Grundstückseigentümer von beiden Festsetzungen betroffen, wenn zusätzlich eine örtliche Bauvorschrift mit Anpflanzungspflichten für Grundstücksfreiflächen besteht. Wie das Verhältnis der Festsetzungen zueinander bei einer Kollision zu lösen ist, hat das Bundesverwaltungsgericht nicht geklärt. Ein normenhierarchischer Ansatz scheidet aus, da in beiden Fällen kommunales Satzungsrecht der gleichen Gebietskörperschaft vorliegt. Gegenüber einer gemeindeweit geltenden örtlichen Bauvorschrift ist das Anpflanzungsgebot eines Bebauungsplans allerdings die speziellere Vorschrift und könnte deswegen dem Anpflanzungsgebot der örtlichen Bauvorschrift vorgehen. Denn der Bebauungsplan regelt die Bebauung und Gestaltung eines eingegrenzten Areals und seine Festsetzungen sind in Bezug auf die lokalen Gegebenheiten im Plangebiet abgewogen.

Rechtssicher und aus Sicht der Normadressaten vorzugswürdig ist trotz des dogmatischen Lösungsansatzes eine Vorrangregelung in den betroffenen Satzungen selbst. So wird es auch im Entwurf der Frankfurter Freiraumsatzung gehandhabt, indem die Festsetzungen der Bebauungspläne denen der örtlichen Bauvorschrift vorgehen (§ 9 des Satzungsentwurfs).

459 BVerwG, Urteil vom 11.10.2007, 4 C 8/06, Rn. 14, juris; Beschluss vom 31.05.2005, 4 B 14/05, Rn. 7, juris; Wiechert/Lenz, in: Große-Suchsdorf, § 84 NBauO, Rn. 25.

(b) Anpflanzungspflicht auf anderen Flächen

Der Entwurf der Frankfurter Freiraumsatzung sieht auch auf anderen Flächen als den Grundstücksfreiflächen Anpflanzungen von Bäumen vor. Auf Spielplätzen sollen Bäume für Schatten sorgen:

> *„Auf Kinderspielplätzen ist in den Sommermonaten für ausreichende Verschattung zu sorgen. Die Verschattung kann insbesondere durch Bäume oder geeigneten technischen Sonnenschutz hergestellt werden.“*[460]

Gemäß § 91 Abs. 1 S. 1 Nr. 3 HBO können örtliche Bauvorschriften Vorgaben unter anderem für die Bepflanzung von Kinderspielplätzen oder auch von Camping-Plätzen machen. Die Baumpflanzung auf Kinderspielplätzen sieht der Satzungsentwurf jedoch nur alternativ und nicht obligatorisch vor. Es bleibt abzuwarten, ob sich auf Kinderspielplätzen Baumpflanzungen gegenüber technischen Lösungen wie etwa Sonnensegeln durchsetzen werden. Denn beide Lösungen erfordern regelmäßige Pflege- bzw. Instandhaltungsarbeiten. Bei Bäumen könnten die Verkehrssicherungspflichten und die damit einhergehenden Haftungsrisiken mitentscheidend sein.

Schließlich verpflichtet der Entwurf der Freiraumsatzung zu Baumpflanzungen auf Stellplätzen:

> *„Bei oberirdischen Stellplätzen ist für ausreichende Verschattung zu sorgen. Je angefangene 4 oberirdische Stellplätze für Personenkraftwagen ist dazu ein standortgerechter groß- oder mittelkroniger Laubbaum zu pflanzen.“*[461]

Nach § 91 Abs. 1 S. 1 Nr. 4 HBO dürfen Gemeinden in örtlichen Bauvorschriften unter anderem Festsetzungen über die Gestaltung von Stellplätzen treffen. Im Gegensatz zu den Regelungen über Grundstücksfreiflächen (Nr. 5) und Spielplätze (Nr. 3) wird die Begrünung oder Bepflanzung von Stellplätzen in der Vorschrift indes nicht ausdrücklich genannt. Gestaltung im Sinne von § 91 Abs. 1 Nr. 4 HBO ist in Bezug auf Stellplätze jedoch weit zu verstehen und impliziert auch deren Bepflanzung. Dafür spricht zum einen, dass in § 91 Abs. 1 Nr. 3 HBO die Bepflanzung als Unterfall der Gestaltung genannt wird. Zum

460 § 4 Abs. 7 des Entwurfs der Freiraumsatzung der Stadt Frankfurt am Main.
461 § 5 Abs. 1 des Entwurfs der Freiraumsatzung der Stadt Frankfurt am Main.

anderen verlangt § 2 Abs. 5 S. 2 der hessischen Garagenverordnung, dass Stellplätze zu begrünen sind. Es wäre demnach widersprüchlich, wenn Gemeinden in örtlichen Bauvorschriften keine grünordnerischen Festsetzungen zur Gestaltung von Stellplätzen treffen dürften, um die Vorgaben der hessischen Garagenverordnung umzusetzen.

Wenn Bepflanzungspflichten für Stellplätze pauschal als rechtswidrig erachtet werden, stützt sich diese Annahme auf eine fehlende Ermächtigungsgrundlage.[462] Allerdings berücksichtigt diese Auffassung ausschließlich Stellplatzsatzungen nach § 52 HBO, die nur den Umfang notwendiger Stellplätze regeln dürfen. Die Möglichkeiten örtlicher Bauvorschriften nach § 91 HBO lässt die Kritik unberücksichtigt, weshalb sie zurückzuweisen ist.

ab) Baumerhaltungsgebote

Bundesweit ermächtigt nur Art. 81 Abs. 1 Nr. 7 BayBO[463] Gemeinden zu baumerhaltenden Festsetzungen. Zum Schutz des Straßen- und Ortsbildes, für den Lärmschutz oder zur Luftreinhaltung können bayerische Gemeinden bestimmen, dass Bäume auf nicht überbaubaren Flächen der bebauten Grundstücke nicht beseitigt oder beschädigt werden dürfen und dass diese Flächen nicht unterbaut werden dürfen. Die Vorschrift ermächtigt ausschließlich zu baumerhaltenden Festsetzungen.[464]

Die Festsetzungsmöglichkeiten sind auf nicht überbaubare Flächen bebauter Gebiete beschränkt und knüpfen mithin nicht an die bauordnungsrechtlich definierten Grundstücksfreiflächen an. Erhaltungspflichten sind demnach nur für Flächen im Geltungsbereich von Bebauungsplänen zulässig,[465] da im Bauplanungsrecht geregelt ist, ob eine Fläche überbaubar ist (§ 9 Abs. 1 Nr. 2 BauGB, § 23 BauNVO). Bis

462 Möller, in: Spannowsky/Pützenbacher, § 52 HBO, Rn. 130–132.

463 Die Vorschrift bleibt von der jüngsten Novelle der Bayerischen Bauordnung unberührt, Bay. GVBl. 2020, 663 [669].

464 Walsch, Umweltschutz durch örtliche Bauvorschriften, 596.

465 Molodovsky/Famers/Waldmann, in: Molodovsky/Famers/Waldmann, Art. 81 BayBO, Rn. 84.

zur Novelle der Bayerischen Bauordnung 2007[466] konnten Baumerhaltungsgebote für nicht überbaute Flächen bebauter Grundstücke[467] (Grundstücksfreiflächen) festgesetzt werden und waren somit von der bauplanungsrechtlichen Situation unabhängig.

Gemein ist der aktuellen sowie der früheren Fassung von Art. 81 Abs. 1 Nr. 7 BayBO, dass nur Bäume auf bebauten Grundstücken geschützt sein können. Aus dogmatischer Sicht ist diese Einschränkung sinnvoll. Denn sie verdeutlicht, dass örtliche Bauvorschriften als Teil des Bauordnungsrechts im Bezug zu baulichen Anlagen stehen. Aus baumschutzrechtlicher Sicht ist die Einschränkung hingegen von Nachteil, da sich durch die Festsetzungen gewachsene und regelmäßig auch ortsbildprägende Baumbestände auf leeren Baugrundstücken nicht schützen lassen.

Abschließend sind in Art. 81 Abs. 1 Nr. 7 BayBO auch die Zwecke genannt, die die Gemeinde mit den baumerhaltenden Festsetzungen verfolgen kann. Das Straßen- und Ortsbild, der Lärmschutz oder die Luftreinhaltung müssen danach die Festsetzungen rechtfertigen.

Aus gestalterischen Gründen kann der Erhalt des Straßen- und Ortsbilds Festsetzungen gemäß Art. 81 Abs. 1 Nr. 7 BayBO rechtfertigen. Wegen der kumulativen Nennung von Straßen- und Ortsbild beschränkt sich dieser Satzungszweck in den meisten Fällen auf den Erhalt von Bäumen in Vorgärten und von Straßenbäumen.

Die Bedeutung von Bäumen für den Lärmschutz ist zu vernachlässigen, weswegen diesem Zweck praktisch kaum Bedeutung zukommen kann.[468]

Der weiteste Spielraum wird durch die Förderung der Luftreinhaltung eröffnet. Dabei kommt es nicht auf die Leistung eines einzelnen Baums an, sondern vielmehr auf die Leistung der Gesamtheit der geschützten

466 Bay. GVBl. 2007, 588.

467 Art. 91 Abs. 2 Nr. 3 BayBO, in der Fassung vom 04.08.1997, Bay. GVBl. 1997, 433 [469].

468 Dazu ausführlich: D.I.1.c)ab).

Bäume.[469] Dies bedeutet umgekehrt aber, dass ein größerer Baumbestand vorhanden sein muss, um die Festsetzung zu rechtfertigen.

Festsetzungen nach Art. 81 Abs. 1 Nr. 7 BayBO eignen sich nicht, um Baumschutzverordnungen und/oder Bebauungspläne zu ergänzen. Gegenüber den Baumschutzsatzungen und Baumschutzverordnungen ist nicht erkennbar, dass sich mit solchen Festsetzungen Regelungslücken schließen lassen. Baumschutzsatzungen und Baumschutzverordnungen können für den gesamten Innenbereich und in einigen Bundesländern sogar für das gesamte Gemeindegebiet gelten und sind nicht auf bauplanungsrechtlich festgesetzte Flächen beschränkt. Zudem wird den Gemeinden mit § 29 Abs. 1 BNatSchG ein weiterer Spielraum bei den Zwecken gewährt, die sie mit einer Baumschutzsatzung/-verordnung verfolgen dürfen. Aufgrund der weitreichenden Möglichkeiten, den Erhalt von Bäumen durch Baumschutzsatzungen bzw. Baumschutzverordnungen zu regeln, besteht für eine Vorschrift wie Art. 81 Abs. 1 Nr. 7 BayBO kein praktisches Bedürfnis, weshalb sie nicht mehr als eine bayerische Besonderheit bleiben sollte.

3. Baumschutz durch indirekte Verhaltenssteuerung

Die Instrumente des kommunalen Baumschutzrechts sind nicht auf Gebote und Verbote und somit auf direkte Verhaltenssteuerung beschränkt. Schon wegen der Menge an Bäumen und aufgrund des damit verbundenen Verwaltungsaufwands kann kommunaler Baumschutz nicht ohne die Akzeptanz und Mitwirkung der Einwohner funktionieren. Förderprogramme für Baumpflanzungen sowie Beratungs- und praktische Hilfsangebote als Instrumente indirekter Verhaltenssteuerung sind deswegen ein weiterer wichtiger Baustein des kommunalen Baumschutzes.

469 Grünewald, in: Spannowsky/Manssen, Art. 81 BayBO, Rn. 155.

a) Subventionen und Förderprogramme

Subventionen sind eine Möglichkeit, um umweltschutzpolitische Ziele durch ökonomische Anreize zu fördern. Für Baumpflanzungen können Gemeinden Subventionen als Zuschüsse für die Kosten von Neuanpflanzungen gewähren.

Die fünf größten hessischen Städte[470] verfügen alle über eine Baumschutzsatzung, aber nur drei von ihnen (Frankfurt am Main, Wiesbaden und Darmstadt) gewähren Zuschüsse für die Anpflanzung neuer Bäume in ihrem Stadtgebiet. Die Zuschüsse können bis zu 500,- € je neuem Baum betragen und decken damit meistens einen Großteil der Kosten für die Erstanpflanzung.

Für solche Zuschüsse gelten die allgemeinen rechtlichen Voraussetzungen für Leistungssubventionen, wonach

1. sich der Zuschuss/die Subvention auf einen haushaltsrechtlichen Titel stützen können muss und
2. eine Förderrichtlinie die Förderbedingungen festlegen muss, um eine gleichmäßige und nachvollziehbare Förderpraxis sicherzustellen.[471]

Der haushaltsrechtliche Titel ergibt sich bei kommunalen Subventionen in der Regel aus der Haushaltssatzung und aus dem Haushaltsplan.[472] Da die Zuschüsse zu Baumpflanzungen keinen Wettbewerbsbezug aufweisen, sind sie auch mit Art. 107 AEUV vereinbar und beihilferechtlich unbedenklich. Zudem werden die Zuschüsse kaum die Grenze der de-minimis-Beihilfen erreichen.

aa) Finanzierung der Zuschüsse

Die Städte können für ihre Förderprogramme die auf Grundlage der Baumschutzsatzung eingenommenen Ausgleichszahlungen verwenden.

---

470 Frankfurt am Main, Wiesbaden, Kassel, Darmstadt, Offenbach.

471 Kahl/Gärditz, Umweltrecht, Rn. 114; Unger, in: Schmidt/Wollenschläger, Kompendium Öffentliches Wirtschaftsrecht, § 8, Rn. 6 f.

472 Ramsauer, in: Koch/Hofmann/Reese, Umweltrecht, § 3, Rn. 124.

In der Wiesbadener Baumschutzsatzung ist die Zweckgebundenheit dieser Mittel ausdrücklich geregelt:

> *„Ausgleichszahlungen nach § 7 Abs. 2 fließen einem Baumfonds zu. Die Mittel des Baumfonds sind zweckgebunden für Maßnahmen der Erhaltung, Pflege und Ergänzung des von dieser Satzung geschützten Baumbestandes zu verwenden. Sie werden für die Erhaltung und Neuanpflanzung von Bäumen durch die Stadt oder durch Einwohner der Stadt (Zuschüsse) im räumlichen Geltungsbereich der Satzung genutzt."*[473]

Die Zweckgebundenheit der Ausgleichszahlungen[474] und die damit verbundene Pflicht, die Fördergelder bei Vorliegen der Fördervoraussetzungen auszuzahlen, haben den Vorteil, dass die Zuschüsse auch im Rahmen der vorläufigen Haushaltsführung gewährt werden dürfen. Ist die Haushaltssatzung bei Beginn des Haushaltsjahres noch nicht beschlossen, dürfen Gemeinden nämlich unter anderem die finanziellen Leistungen erbringen, zu denen sie rechtlich verpflichtet sind.[475]

ab) Förderbedingungen

Die Förderbedingungen der Städte Frankfurt am Main, Wiesbaden und Darmstadt sind überarbeitungsbedürftig, da sie sich auf Vorgaben an den zu pflanzenden Baum (Höhe, Stammumfang, Baumart) beschränken. Unklar bleiben daher weitestgehend die Bemessung der Höhe des möglichen Zuschusses und die Frage, ob nur freiwillige Erstanpflanzungen oder auch verpflichtende Baumpflanzungen wie beispielsweise angeordnete Ersatzpflanzungen gefördert werden. Gegen Zuschüsse für verpflichtende Baumpflanzungen spricht, dass Fördermaßnahmen zu freiwilligen Maßnahmen im Sinne öffentlicher Interessen motivieren sollen.

Um Rechtsunsicherheiten zu vermeiden, empfiehlt sich daher der Erlass einer Förderrichtlinie, mit der die Gemeinden die wesentlichen Förderbedingungen bestimmen können. Als Beispiel ist die Förderrichtlinie zur

---

473 § 8 BSS Wiesbaden; vergleichbare Regelungen über die Zweckbindung gibt es auch in Frankfurt am Main und Darmstadt: § 4 Abs. 3 S. 2 BSS Frankfurt (Main); § 6 S. 4 BSS Darmstadt.

474 Zur Zweckgebundenheit der Ausgleichszahlungen allgemein: E.I.1.g)ad)(2)(b).

475 Z.B. § 99 Abs. 1 Nr. 1 HGO; Art. 69 Abs. 1 Nr. 1 BayBO.

Pflanzung und zu Sondermaßnahmen zur Pflege von Bäumen der Stadt Eltville aus dem Jahr 2020[476] zu nennen. Sie regelt unter anderem, welche Pflanzen förderfähig sind, dass keine rechtlich verpflichtenden Baumpflanzungen gefördert werden, die Höhe des Zuschusses sowie das Antragsverfahren und die Rückzahlungspflichten.

b) Gießener Baumfördersatzung

Dass Grünflächenämter regelmäßig über Baumpflege informieren oder auch Baumschnittkurse anbieten, ist hier nicht gesondert zu betrachten. Darüber hinaus können Städte und Gemeinden sich aber auch rechtlich dazu verpflichten, ihre Einwohner bei der Baumpflege zu unterstützen, um so den Baumschutz zu fördern. Die Stadt Gießen, die auf eine naturschutzrechtliche Baumschutzsatzung verzichtet, hat dazu eine Baumfördersatzung[477] erlassen.

Die Baumfördersatzung erfasst nur solche Bäume, die auf Antrag in das städtische Baumschutzkataster aufgenommen werden (§§ 3, 4). Mit der Eintragung gelten für den Baumeigentümer Erhaltungspflichten und Verbote, die denen der Baumschutzsatzung stark ähneln (§ 9). Im Gegenzug unterstützt die Stadt Gießen umfangreich beim Erhalt der Bäume, da sie davon ausgeht, dass zahlreiche Bäume gefällt werden, weil die Grundstücks- und Baumverantwortlichen die mit Bäumen einhergehenden Verkehrssicherungspflichten nicht einschätzen können oder scheuen.[478] Die Stadt Gießen knüpft daran an und übernimmt ab dem Zeitpunkt der Eintragung in das Baumschutzkataster die Verkehrssicherungspflichten für den Baum (§ 4 Abs. 5) und führt die erforderlichen Regelkontrollen und Baumuntersuchungen auf eigene Kosten durch (§§ 6, 7). Die aus Gründen der Verkehrssicherheit erforderlichen Pflegearbeiten übernimmt die Stadt Gießen hingegen nicht.

---

476 In der Fassung vom 26.06.2020.

477 In der Fassung vom 15.10.2016.

478 Gießener Anzeiger vom 12.07.2019, Online-Ausgabe: https://www.giessener-anzeiger.de/lokales/stadt-giessen/nachrichten-giessen/fur-ein-besseres-stadtklima-giessener-baumfordersatzung-umfasst-nun-auch-nadelbaume_20275362, zuletzt abgerufen am 02.02.2021.

Die Stadt Gießen setzt mit ihrer Satzung auf die freiwillige Mitarbeit ihrer Einwohner und verzichtet vollständig auf repressive Regelungen in ihrer Baumfördersatzung. Selbst die Beseitigung eines geschützten Baums bleibt letztlich sanktionslos. Wer seinen in das Baumschutzkataster eingetragenen Baum fällt oder die erforderlichen Pflegemaßnahmen nicht umsetzt, dessen Baum wird lediglich aus dem Baumschutzkataster gelöscht und die haftungsrechtliche Baumverantwortung wird zurückübertragen (§ 5).

In den Kostenregelungen der Baumfördersatzung sind keine Ausnahmen von der städtischen Kostentragepflicht vorgesehen, weshalb sie insofern abschließend sind. Deswegen muss der Baumeigentümer keine Kosten für die Baumkontrollen erstatten, wenn er sich wegen des Ergebnisses einer Baumkontrolle zur Baumbeseitigung entschließt.

Der Gießener Sonderweg startete verhalten, da im ersten Jahr nur 14 Anträge auf Eintragung in das Baumkataster eingingen.[479] 2019 nahmen schon über 250 Grundstückseigentümer an dem Programm teil.[480] Diese Entwicklung spricht für eine steigende Akzeptanz des Ansatzes, der auf Freiwilligkeit und im Gegensatz zu den Instrumenten der direkten Verhaltenssteuerung nicht auf normative Ge- und Verbote setzt.

4. Zwischenfazit

Gemeinden können durch Satzungen Bäume effektiv schützen sowie zur Mehrung des Baumbestands beitragen. Dazu bedarf es allerdings einer Kombination verschiedener Satzungen. Während Baumschutzsatzungen durch Verbote nur den Bestand schützen können, sind durch örtliche Bauvorschriften lediglich Anpflanzungspflichten regelbar. Bebauungs-

---

479 Reimer, in: Durner et al., Das sinnvoll Denkbare denken, das davon Machbare machen, 569 [582].

480 Gießener Anzeiger vom 12.07.2019, Online-Ausgabe: https://www.giessener-anzeiger.de/lokales/stadt-giessen/nachrichten-giessen/fur-ein-besseres-stadtklima-giessener-baumfordersatzung-umfasst-nun-auch-nadelbaume_20275362, zuletzt abgerufen am 02.02.2021.

pläne können Festsetzungen zu beiden Punkten treffen, allerdings nicht gemeindeweit, sondern nur für ein räumlich begrenztes Plangebiet.

Insgesamt ist festzuhalten, dass sich vor allem für Baumschutzsatzungen und Bebauungspläne jeweils ein funktionierendes Regelungssystem entwickelt hat, das keine fundamentalen Rechtsprobleme erkennen lässt. Die Untersuchung der hessischen Baumschutzsatzungen hat ergeben, dass einzelne Regelungsinhalte rechtliche Probleme aufwerfen wie zum Beispiel die Bestimmung des räumlichen Geltungsbereichs oder die Ausgestaltung des Genehmigungsverfahrens für Ausnahmen von den Verboten. Die ausgemachten Probleme sind nicht auf die gesetzlichen Rechtsgrundlagen zurückzuführen, sondern auf eine rechtsfehlerhafte Umsetzung durch die Gemeinden in ihren Satzungen. Der rechtliche Anpassungsbedarf beschränkt sich mithin auf einzelne Satzungen und erfasst nicht die gesetzlichen Grundlagen.

Die Bebauungspläne der Stadt Frankfurt am Main zeigen, wie detailliert sich Bäume schützen und ihre Anpflanzung durch wohlüberlegte Festsetzungen steuern lassen. Aufgrund der großen Bandbreite der vorgefundenen Festsetzungsbeispiele, die aus rechtlicher Sicht kaum Anlass zu Kritik geben, können die Frankfurter Bebauungspläne als Anschauungsbeispiele für andere Gemeinden dienen. Die Bedeutung örtlicher Bauvorschriften für das Baumschutzrecht wurde in Hessen bislang noch nicht umfangreich erkannt. Der Entwurf der Frankfurter Freiraumsatzung lässt aber ebenfalls keine grundsätzlichen Bedenken gegen die Geeignetheit des Instruments erkennen.

Neben den regulatorischen Möglichkeiten können Gemeinden versuchen, die Durchgrünung durch Bäume mittels Fördermaßnahmen zu erhalten und zu erhöhen. Das Beispiel der Gießener Baumfördersatzung zeigt, dass dieses Instrumentarium nicht auf finanzielle Zuschüsse für Baumpflanzungen reduziert ist.

Das Baumschutzrecht ist nicht nur auf die umfangreichen Instrumente reduziert, die Gemeinden zur Verfügung stehen. Im Folgenden wird untersucht, wie gesetzliche und andere Vorschriften des Bundes- und Landesrechts Bäume unmittelbar schützen oder zu ihrer Anpflanzung verpflichten können.

II. Baumschutz durch unmittelbares Bundes- und Landesrecht

Der Baumschutz durch Vorschriften des Bundes- und Landesrechts ist bis auf wenige Ausnahmen in der Rechtswissenschaft bislang weitgehend unberücksichtigt geblieben. Lediglich der Baumschutz durch die naturschutzrechtliche Eingriffsregelung sowie der Alleenschutz wurden gelegentlich auch im allgemeinen baumschutzrechtlichen Kontext berücksichtigt.[481]

Eine Parallele zum kommunalen Baumschutzrecht besteht bei den einschlägigen Regelungsgebieten. Die baumschutzrechtlichen Vorschriften finden sich auf der hier untersuchten normativen Ebene ebenfalls im öffentlichen Baurecht sowie im Naturschutzrecht.

1. Bauordnungsrecht

Das Bauordnungsrecht regelt den Baumschutz auf Baustellen. Die Rechtslage ist dabei nicht einheitlich, obwohl in der Musterbauordnung der Baumschutz bei der Baustelleneinrichtung ausdrücklich genannt wird. Von Relevanz sind dabei in einigen Bundesländern auch die untergesetzlichen Vorgaben zu Inhalt und Umfang der Bauvorlagen.

In den Vorschriften der Landesbauordnungen zur Gestaltung der Grundstücksfreiflächen sind keine Anpflanzungspflichten für Bäume enthalten. Die Landesbauordnungen des Saarlandes sowie Baden-Württembergs bieten jedoch dahingehende Ansätze, die sich fortentwickeln ließen.

a) Baumschutz auf Baustellen

Bei Bauarbeiten ist die Gefahr für Schäden an Bäumen besonders groß. In Anlehnung an § 11 Abs. 4 MBO verlangen daher zahlreiche Landesbauordnungen, dass Bäume während der Bauausführung zu schützen

481 Hilsberger, Baumzeitung 2017, 40–43; Louis, DVBl. 2017, 823 [825 f.]; Reimer, in: Durner et al., Das sinnvoll Denkbare denken, das davon Machbare machen, 569 [576 f.].

sind.[482] Die Regelungen gelten ausdrücklich nur für solche Bäume, die aufgrund anderer Rechtsvorschriften unter Schutz gestellt sind. Dies gilt im Ergebnis auch für die übrigen Landesbauordnungen, in deren Vorschriften über die Baustelleneinrichtung geschützte Bäume nicht explizit genannt sind und die allgemein vorgeben, dass von Baustellen keine Gefahren ausgehen dürfen.[483] Denn durch die allgemeine Gefahrvermeidungspflicht auf Baustellen sind auch geschützte Bäume und andere naturschutzrechtlich geschützte Grünbestände erfasst.[484]

Auch wenn die Vorschriften über die Baustelleneinrichtung an die förmliche Unterschutzstellung von Bäumen anknüpfen und deswegen keine eigenständigen baumschutzrechtlichen Vorschriften im materiellrechtlichen Sinne sind, haben sie entgegen einer Literaturauffassung[485] nicht nur deklaratorischen Charakter. So ermächtigen sie die Bauaufsichtsbehörden im Rahmen ihrer bauaufsichtsrechtlichen Befugnisse dazu, die mit der Unterschutzstellung einhergehenden Verbote zum Erhalt der Bäume auf Baustellen selbstständig durchzusetzen. Die erforderlichen Maßnahmen zum Schutz der Bäume können die Bauaufsichtsbehörden deswegen auf Grundlage ihrer bauaufsichtsrechtlichen Zuständigkeit selbstständig anordnen.

Die Möglichkeiten der ansonsten zuständigen Stellen bleiben davon unberührt. Durch die Zuständigkeit der Bauaufsichtsbehörden lässt sich der Baumschutz in die reguläre Baukontrolle integrieren und es können lähmende Kompetenzfragen vermieden werden. Aus verwaltungsökonomischen Gründen ist dies sinnvoll. Bei Bedarf kann die Bauaufsichtsbehörde auf die Kompetenz der übrigen Stellen zurückgreifen und diese einbinden.

Die erforderlichen technischen Baumschutzmaßnahmen hängen zumeist von den konkreten Bauarbeiten ab. Als technischer Standard für den Baumschutz auf Baustellen gelten die DIN 18920 und die Richtlinien

482 § 12 Abs. 4 LBO BW; § 11 Abs. 4 BbgBO; § 11 Abs. 4 BremLBO; § 14 Abs. 4 HBauO; § 11 Abs. 4 BauO NRW; § 11 Abs. 5 SaarlBauO; § 11 Abs. 4 SächsBauO; § 12 Abs. 4 LBO S-H; § 11 Abs. 4 ThürBO.

483 Z.B. § 11 HBO; Art. 9 BayBO.

484 Hornmann, § 11 HBO, Rn. 37; Nolte, in: Busse/Kraus, Art. 9 BayBO, Rn. 48.

485 Jäde et al., § 11 ThürBO, Rn. 11; Jäde et al., § 11 SächsBauO, Rn. 11.

für die Anlage von Straßen – Teil: Landschaftspflege, Abschnitt 4: Schutz von Bäumen, Vegetationsbeständen und Tieren bei Baumaßnahmen (RAS-LP 4).[486] Die GALK hat die wesentlichen Inhalte technischer Vorschriften zum Baumschutz auf Baustellen in einer allgemein verständlichen Grafik zusammengefasst, was aufgrund der ausschließlich kostenpflichtigen Zugänglichkeit der technischen Vorschriften über den Baumschutz als sinnvoll zu erachten ist (Abbildung 10).

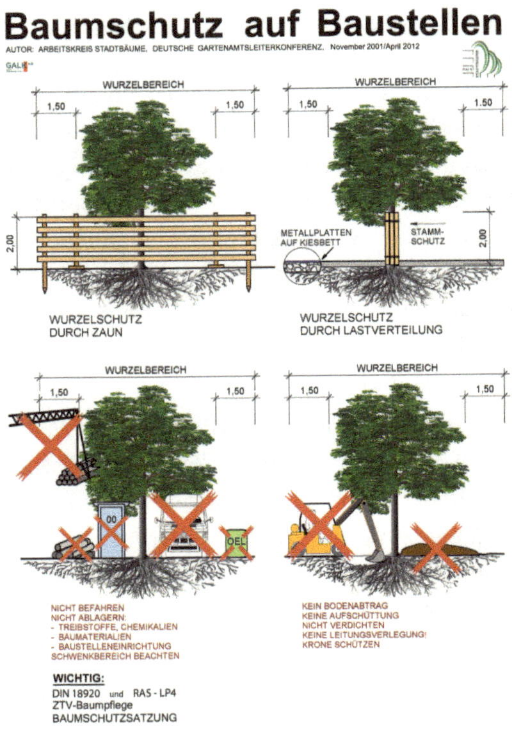

Abbildung 10: Baumschutz auf Baustellen – GALK e. V.[487]

486 Dujesiefken, in: Ders., Jahrbuch der Baumpflege 2000, 76 [79 f.]; Hornmann, § 11 HBO, Fn. 32; Wedekind/Klein, KommJur 2009, 257 [260].

487 Abrufbar unter: https://www.galk.de/component/jdownloads/send/2-ak-stadtbaeume/81-baumschutz-auf-baustellen-fuer-din-a1, zuletzt abgerufen am 30.08.2021.

Die Gefahren für Bäume auf Baustellen entsprechen umfangreich denen, die Baumschutzsatzungen mit ihren Verbotskatalogen erfassen. Insbesondere durch Baumaschinen und Fahrzeuge können Stamm und Wurzeln bei unachtsamer Handhabe beschädigt werden. Durch den unsachgemäßen Umgang mit Baustoffen können schadhafte Stoffe in den Wurzelbereich gelangen und Bäume empfindlich schädigen.

Im Gegensatz zu Bäumen, die durch zeichnerische Festsetzung nach § 9 Abs. 1 Nr. 25 lit. b) BauGB geschützt sind, kann die Bauaufsichtsbehörde nicht ohne weiteres erkennen, ob Bäume auf einem Baugrundstück durch eine Baumschutzsatzung geschützt sind. Sinnvoll sind deswegen Regelungen wie § 7 Abs. 3 Nr. 15 der Bayerischen Bauvorlagenverordnung oder Nr. 3 lit. h) der Anlage 2 des Hessischen Bauvorlagenerlasses. Danach sind geschützte Baumbestände in einem Lage- bzw. Freiflächenplan einzuzeichnen und den Bauantragsunterlagen beizufügen. Ob baumschützende Maßnahmen bei den Bauarbeiten erforderlich sind, können die Bauaufsichtsbehörden somit schon im Rahmen des Bauantragsverfahrens erkennen. Bei Bedarf können sie die Baugenehmigung mit Vorgaben zum Baumschutz auf der Baustelle versehen.[488]

Bremen geht noch einen Schritt weiter. Gemäß § 3 S. 1 Nr. 10 der Bremischen Bauvorlagenverordnung gehört zu den vorzulegenden Bauvorlagen auch eine Baumbestandsbescheinigung der unteren Naturschutzbehörde. In dieser Baumbestandsbescheinigung sind alle nach der Baumschutzverordnung geschützten Bäume auf dem Baugrundstück unter Angabe der Baumart, des Stammumfanges und des Kronenbereiches mit Darstellung erforderlicher Schutzmaßnahmen aufzuführen. Dies gilt auch für Bäume auf den Nachbargrundstücken in einem Grenzabstand von bis zu fünf Metern. Bemerkenswert ist, dass die Bauvorlage auch bei genehmigungsfreigestellten Vorhaben im Rahmen der Vorhabenanzeige erforderlich ist. Damit ist sichergestellt, dass bei sämtlichen Bauvorhaben etwaige Konflikte mit dem Baumschutz vorab fachbehördlich geprüft werden.

488 Nolte, in: Busse/Kraus, Art. 9 BayBO, Rn. 48.

Das Erfordernis eines solchen behördlichen Nachweises passt jedoch nicht zur Gesamtentwicklung des Bauordnungsrechts der letzten Jahrzehnte. Denn mit der Einführung des vereinfachten Baugenehmigungsverfahrens und der Genehmigungsfreistellung sind zahlreiche präventive Prüf- und Nachweispflichten auf die Bauherrschaft übergegangen.[489] Es ist daher fraglich, ob das Bremer Modell, das im Ergebnis einer behördlichen Vorabkontrolle gleichkommt, bundesweit Nachahmer finden wird.

Fehlen in den Bauvorlagen des Bauantrags die erforderlichen Angaben zu unterschutzgestellten Bäumen, dürfen die Bauaufsichtsbehörden die Bauanträge deswegen allerdings nicht ablehnen. Die Vorschriften der Bauvorlagenerlasse bzw. -verordnungen stehen ausschließlich im Zusammenhang mit den oben dargestellten bauordnungsrechtlichen Vorgaben der Baustelleneinrichtung an den Baumschutz. Die Baustelleneinrichtung ist jedoch nicht Gegenstand der Baugenehmigung. Deren Gegenstand ist ausschließlich das jeweils beantragte Bauvorhaben, nicht aber der Errichtungsvorgang.[490]

Für nicht förmlich unter Schutz gestellte Bäume haben die bauordnungsrechtlichen Vorgaben an den Baumschutz auf Baustellen keine Bedeutung. Diese Bäume können unter Beachtung des saisonalen Fällverbots gemäß § 39 Abs. 5 S. 1 Nr. 2 BNatSchG gefällt werden.

b) Anpflanzungspflichten auf Grundstücksfreiflächen

Oben wurde bereits dargestellt, dass die Gemeinden in örtlichen Bauvorschriften Anpflanzungspflichten für Grundstücksfreiflächen und Flächen mit besonderer Nutzung wie etwa Kinderspielplätze oder Stellplätze festsetzen dürfen. Die Landesbauordnungen bestimmen allgemein, dass Grundstücksfreiflächen zu begrünen oder zu bepflanzen sind. Eine Pflicht, bestimmte Pflanzen wie Bäume anzupflanzen,

489 Spannowsky, in: Spannowsky/Saurenhaus, vor § 1 BauO NRW, Rn. 171; Schröer/Kummer, NVwZ 2019, 1577 [1578]; Seidel, NVwZ 2004, 139; Ortloff, NVwZ 1998, 581 [583].

490 VGH München, Beschluss vom 23.08.2011, 2 CS 11.1218, Rn. 9, juris; VG München, Urteil vom 14.01.2013, M 8 K 11.5006, Rn. 27, juris.

lässt sich daraus indes nicht ableiten.[491] Dazu bedarf es detaillierter Festsetzungen örtlicher Bauvorschriften, mit denen die Gemeinden die Gestaltungspflichten konkretisieren können.[492] In der Begründung zum Entwurf der Frankfurter Freiraumsatzung wird daher zutreffend festgestellt:

> *„Die Hessische Bauordnung gibt in § 8 unter anderem zwar allgemein vor, Grundstücksfreiflächen zu begrünen oder zu bepflanzen. Umfang und Qualität der Bepflanzung sind darin jedoch nicht definiert."*[493]

Die saarländische Bauordnung wird bei der Begrünungspflicht etwas konkreter, zwingt letztlich aber nicht zur Anpflanzung von Bäumen auf Grundstücksfreiflächen. Nach § 10 Abs. 1 Nr. 2 SaarlBauO sind Grundstücksfreiflächen zu begrünen oder mit einheimischen, standortgerechten Bäumen und Gehölzen zu bepflanzen. Da die Baumpflanzung eine Variante der Begrünung darstellt und in § 10 Abs. 1 Nr. 2 SaarlBauO auch nur alternativ genannt wird, verpflichtet die Vorschrift nicht zur Baumpflanzung. Als Begrünung genügt nach allgemeinem Verständnis bereits eine andere Bepflanzung oder eine Rasenfläche.[494]

Aus diesem Grund bedarf es auch im Saarland örtlicher Bauvorschriften, wenn die Gemeinde Grundstücksfreiflächen flächendeckend mit Bäumen bestocken lassen will. Die entsprechende Rechtsgrundlage für Anpflanzungspflichten auf Grundstücksfreiflächen ist § 85 Abs. 1 Nr. 3 SaarlBauO.

Anders war die Rechtslage vormals in Baden-Württemberg. Dort regelte die Landesbauordnung bis zu ihrer Änderung 2010 den Baumschutz auf Grundstücksfreiflächen unmittelbar durch das Landesgesetz. Die Bauaufsichtsbehörden konnten nach § 9 Abs. 1 S. 2 und 3 LBO BW 1995[495] verlangen, dass auf Grundstücksfreiflächen Bäume

491 Allgeier/Rickenberg, § 8 HBO, Rn. 7; Otto, LKV 1998, 344 [345].

492 Taft, in: Simon/Busse, Art. 7 BayBO, Rn. 48; Dreesen, in: Spannowsky/Saurenhaus, § 8 BauO NRW, Rn. 20; Breyer, in: Große-Suchsdorf, § 9 NBauO, Rn. 11.

493 Entwurf der Frankfurter Freiraumsatzung, Begründung, 3.

494 Hornmann, § 8 HBO, Rn. 13; Balensiefen, in: Spannowsky/Uechtritz, § 9 LBO BW, Rn. 3.

495 In der Fassung vom 08.08.1995, BW GBl. 1995, 617 [622].

und Sträucher gepflanzt werden oder erhalten bleiben, soweit dies entweder für das Straßen-, Orts- oder Landschaftsbild oder zur Abschirmung beeinträchtigender Anlagen erforderlich ist.

2010 fiel die Regelung ersatzlos weg.[496] § 9 Abs. 1 S. 1 LBO BW sieht wie die übrigen Bundesländer mittlerweile nur noch eine allgemeine Begrünungspflicht vor. Nach dem gesetzgeberischen Willen sei die frühere Regelung *„vor dem Hintergrund, dass in Bebauungspläne häufig ohnehin Vorgaben zur Bepflanzung aufgenommen werden"*, nicht mehr unbedingt erforderlich gewesen.[497] Diese Begründung überzeugt nicht, weil die Vorschrift für sämtliche Grundstücksfreiflächen galt, also auch für solche im unbeplanten Innenbereich im Sinne von § 34 BauGB.

Die aufgehobene Vorschrift zeigt aber, dass eine gesetzliche Baumpflanzungspflicht für Grundstücksfreiflächen möglich ist. Gegen eine solche Regelung bestehen keine rechtlichen Bedenken. Auf kleinen Grundstücken kann sich zwar die Frage stellen, ob die Anpflanzungspflicht überhaupt möglich ist. Wird die Regelung jedoch wie einst in Baden-Württemberg als Ermessensentscheidung ausgestaltet, kann die Behörde im Einzelfall örtliche Besonderheiten berücksichtigen. Zudem besteht die Möglichkeit einer bauordnungsrechtlichen Abweichungsentscheidung, die vor allem bei ungewöhnlichen Grundstückssituationen in Betracht kommt.

Die gesetzlichen Regelungen der Landesbauordnungen über die Bepflanzung von Grundstücksfreiflächen bieten mithin noch baumschutzrechtliches Entwicklungspotential. Bislang ist nicht zu erkennen, dass die Landesgesetzgeber Vorstöße in diese Richtung unternehmen wollen. Baden-Württemberg verfolgte mit seiner Novelle der Landesbauordnung 2015 explizit das Ziel, die Landesbauordnung nach ökologischen Kriterien zu überarbeiten.[498] Die Änderungen von § 9 LBO BW beschränkten sich dann aber auf Begrünungspflichten von baulichen Anlagen[499] – der Baumschutz blieb außen vor.

---

496 § 9 LBO BW, in der Fassung vom 05.03.2010, BW GBl. 2010, 357 [362].
497 BW LT-Drs. 14/5013, 41.
498 BW LT-Drs. 15/5294, 1, 14.
499 BW LT-Drs. 15/5294, 5, 18, 29.

2. Naturschutzrecht

Das Bundesnaturschutzgesetz und die Landesnaturschutzgesetze halten nicht nur die Rechtsgrundlagen für Baumschutzsatzungen bereit, sondern enthalten mit den Vorschriften über den Alleenschutz und mit der allgemeinen Eingriffsregelung auch unmittelbar baumschützende Regelungen.

Die Rechtsgrundlage des Alleenschutzes bilden wegen § 29 Abs. 3 BNatSchG überwiegend die Landesnaturschutzgesetze, wobei sich die Schutzregime der Landesvorschriften in weiten Teilen ähneln. Allerdings werden Alleen nicht in allen Landesnaturschutzgesetzen ausdrücklich geschützt.

Auch durch die allgemeine naturschutzrechtliche Eingriffsregelung (§§ 14 ff. BNatSchG) können Bäume geschützt sein. Entscheidend sind hier in besonderem Maße die Umstände des Einzelfalls sowie die konkretisierenden Vorschriften der Landesnaturschutzgesetze. Bei den Konkretisierungen durch Landesrecht ist zu prüfen, ob es sich um nach Art. 72 Abs. 3 S. 1 Nr. 2 GG zulässige Abweichungen handelt.

Durch das saisonale Fällverbot gemäß § 39 Abs. 5 S. 1 Nr. 2 BNatSchG werden Bäume nur saisonal und nicht dauerhaft geschützt, sodass es sich um keine baumschutzrechtliche Vorschrift handelt.

a) Alleen

Alleen prägen seit Jahrhunderten als Gestaltungselemente Gartenanlagen und Landschaften.[500] Während Alleen in historischen Gärten heute noch als Zeugnisse alter Gartenkunst zu bewundern sind, waren sie entlang der Verkehrswege aus praktischen Gründen bedeutsam. Alleen ersetzten ursprünglich die heutigen Fahrbahnmarkierungen und fassten Wege und Straßen ein. Dadurch definierten sie die Verkehrswege und verhinderten das zum Unmut vieler Bauern führende

500 Wimmer, in: Lehmann/Rohde, Alleen in Deutschland, 14 [15 f.].

Querfeldein-Fahren von Fuhrwerken.[501] Bereits der kulturhistorische Wert von Alleen rechtfertigt ihren Schutz.[502] Hinzu kommen die Ökosystemleistungen von Alleebäumen, wobei die Feinstaubfilterung, der Erosionsschutz und ihre Bedeutung als Habitat hervorzuheben sind.[503]

Aktuelle Angaben zum bundesweiten Alleenbestand liegen nicht vor. Diese Lücke wird derzeit durch das Forschungsprojekt *Alleen als schützenswerte Landschaftselemente – Bundesweite Erfassung und Sicherung von Alleen* geschlossen, das 2022 abgeschlossen sein soll.[504]

Ältere Zahlen zeigen, dass Brandenburg und Mecklenburg-Vorpommern besonders alleenreiche Bundesländer sind.[505] Sie fördern den Erhalt und den Ausbau ihrer Alleen sowohl in historischen Parkanlagen als auch entlang von Straßen mit großem Aufwand.

Die brandenburgische Landesregierung hat 2007 eine Konzeption zur Entwicklung von Alleen an Bundes- und Landesstraßen in Brandenburg entwickelt[506] und dokumentiert den Bestand von Alleebäumen an Straßen in ihrer ein- bis zweijährig veröffentlichten Alleebaumstatistik. Diese Alleebaumstatistik für Brandenburg verdeutlicht das Schutzbedürfnis von Alleen, übersteigt doch seit 2014 die Zahl der gefällten Alleebäume die der neu gepflanzten. 2019 wurden fast fünf Mal mehr Alleebäume gefällt als neu gepflanzt.[507]

501 Klausmeier, in: Lehmann/Rohde, Alleen in Deutschland, 58 [61]; Peters, UVP-Report 2004, 105 f.

502 Hönes, LKV 2007, 337; ders., ZUR 2006, 304 [305 f.].

503 Dazu detailliert: Kraft/Plachter, in: Lehmann/Rohde, Alleen in Deutschland, 76–83; Haberreiter, in: Hochegger, Kulturlandschaft – Natur in Menschenhand, 324 [326]; Hopp, in: BfN, Denkmalschutz und Naturschutz, 153 [169–175].

504 Hochschule für nachhaltige Entwicklung Eberswalde (HNEE), https://www.hnee.de/de/Fachbereiche/Landschaftsnutzung-und-Naturschutz/Forschung/Forschungsprojekte/Aktuelle-Projekte/Alleen-als-schtzenswerte-Landschaftselemente/Forschungsprojekt-Alleen-als-schtzenswerte-Landschaftselemente-Bundesweite-Erfassung-und-Sicherung-von-Alleen-2019-2021-K6742.htm, zuletzt abgerufen am 19.04.2021.

505 BT-Drs. 17/13677, 3.

506 Bbg. LT-Drs. 4/5133, 5/8468.

507 Alleebaumstatistik des Landesbetriebs Straßenwesen Brandenburg, https://www.ls.brandenburg.de/sixcms/detail.php/bb1.c.258774.de, zuletzt abgerufen am 11.04.2021.

Brandenburg[508] und Mecklenburg-Vorpommern[509] regeln wie zahlreiche andere Bundesländer den Alleeschutz selbstständig im Landesnaturschutzgesetz.[510] Das Bundesnaturschutzrecht schützt Alleen nicht unmittelbar selbst und überlässt den Alleenschutz den Bundesländern.[511] Dazu bestimmt § 29 Abs. 3 BNatSchG, dass landesrechtliche Vorschriften über den Alleenschutz unberührt bleiben. Mit dieser Öffnungsklausel wird dem Umstand Rechnung getragen, dass der Alleenschutz in den Landesnaturschutzgesetzen zahlreicher Bundesländer seit langem verankert ist.[512]

aa) Alleenschutz durch Landesnaturschutzgesetze

Mehrere Landesnaturschutzgesetze enthalten eigenständige Regelungen über den Alleenschutz im Sinne von § 29 Abs. 3 BNatSchG. Durch diese Vorschriften werden Alleen an Verkehrswegen geschützt. Gesetzlich definiert ist der Alleebegriff nur in Thüringen. Das Schutzregime der eigenständigen Regelungen über den Schutz von Alleen ist länderübergreifend ähnlich. Rechtliche Fragen werden insbesondere durch Dispenstatbestände aufgeworfen, soweit sie die Voraussetzungen von Befreiungen gemäß § 67 Abs. 1 S. 1 BNatSchG modifizieren.

(1) Definition und Schutzgegenstand

Als Alleen gelten heute gemeinhin beidseitige Baumreihen entlang von Verkehrsflächen und Wegen.[513] Mit diesem allgemeinen Begriffsverständnis bleiben allerdings einige rechtlich relevante Punkte offen. Zum einen zeigt die jüngere Rechtsprechung, dass strittig sein kann, ab

508 § 17 BbgNatSchAG.

509 § 19 NatSchAG M-V.

510 § 31 Abs. 4–7 NatSchG BW; Art. 16 Abs. 1 S. 1 Nr. 5 BayNatSchG; § 41 LNatSchG NRW; § 21 NatSchG LSA; § 21 Abs. 1 Nr. 3 LNatSchG S-H; § 14 Abs. 3 ThürNatG.

511 Zur Zurückhaltung des Bunds beim Alleenschutz vgl.: BT-Drs. 17/13677, 3 f.

512 BT-Drs. 16/13298, 7; 16/13430, 12, 23.

513 VG Potsdam, Beschluss vom 03.02.2020, VG 14 L 59/20, Rn. 14, juris; Dreier, in: Hoppenberg/de Witt, Handbuch des öffentlichen Baurechts, Kap. E, Rn. 430; zur Entwicklung des Alleebegriffs seit dem Barock: Wimmer, Bäume und Sträucher in historischen Gärten, 38–40.

welcher Länge beidseitige Baumreihen als Alleen im Rechtssinne zu qualifizieren sind.[514] Des Weiteren ist zu klären, entlang welcher Art von Verkehrsflächen die Landesnaturschutzgesetze Alleen schützen.

Eine gesetzliche Definition enthält bislang nur das thüringische Naturschutzgesetz. Nordrhein-Westfalen definiert Alleen in der Gesetzesbegründung,[515] das besonders alleenreiche Mecklenburg-Vorpommern im Alleenerlass der Landesregierung.[516]

Gemäß § 14 Abs. 3 S. 2 ThürNatG sind Alleen beidseitig der Straße oder des Weges ausgeprägte Baumreihen von Bäumen meist gleicher Art und in regelmäßigem Pflanzabstand, der in der Regel einen Kronenschluss in der Reihe zulässt.

Bei dieser Definition wird auf eine starre Mindestlänge verzichtet. In den beiden anderen Definitionen ist eine Mindestlänge von 100 m vorgesehen. Dabei besteht allerdings die Gefahr, dass kurze und dennoch schutzwürdige Alleen unberücksichtigt bleiben und verloren gehen.[517] Thüringen umgeht dieses Problem, indem in der Definition auf den Kronenschluss abgestellt wird, wodurch auch kürzere Alleen geschützt sein können. Zu beachten ist, dass kein tatsächlicher Kronenschluss erforderlich ist. Es genügt, dass der regelmäßige Pflanzabstand einen Kronenschluss zulässt. Damit sind insbesondere auch Nachpflanzungen während ihrer Anwuchsphase geschützt, wenn bei ausgewachsenen Bäumen ein Kronenschluss zu erwarten ist.

Geschützt sind jedoch nicht alle Alleen. Die Landesnaturschutzgesetze, die über eigenständige Vorschriften zum Schutz von Alleen im Sinne von § 29 Abs. 3 BNatSchG verfügen, schützen nur Alleen entlang von öffentlichen oder privaten Verkehrsflächen sowie entlang von Feld-

---

514 OVG Berlin-Brandenburg, Beschluss vom 10.02.2020, OVG 11 S 6/20, Rn. 7 juris; OVG Münster, Beschluss vom 08.03.2019, 8 B 1651/18, Rn. 11–16, juris.

515 NRW LT-Drs. 16/11154, 161.

516 M-V AmtsBl. 2016, 9.

517 Lehmann, in: Landesumweltamt Brandenburg, Fachtagung über die Entwicklung von Alleen als prägende Landschaftselemente, 16 [22 f.].

bzw. Wirtschaftswegen.[518] Maßgeblich ist mithin die straßenrechtliche Widmung oder eine bauplanungsrechtliche Festsetzung als Verkehrsfläche des Standorts von Alleen. Alleen in Parkanlagen sind damit ganz überwiegend nicht vom Schutzbereich erfasst.

(2) Verbote

Durch die landesrechtlichen Vorschriften über den Alleenschutz sind neben der Beseitigung auch erhebliche Beschädigungen an Alleen verboten.[519] Die Verbote ähneln stark denen von Baumschutzsatzungen. Im Gegensatz zu Baumschutzsatzungen beziehen sich die Verbote jedoch auf die Alleen insgesamt und nicht auf einzelne Bäume. Die Verbote der Beseitigung und Zerstörung, die der Natur der Sache nach für den Objektschutz gelten können, untersagen daher die Beseitigung oder Zerstörung der gesamten Allee etwa zur Verbreiterung einer Straße und nicht bloß einzelner Bäume.

Daneben sind auch erhebliche Beeinträchtigungen oder Veränderungen an Alleen untersagt. Diese Verbotsvarianten dienen im Zusammenhang mit dem Schutz bestimmter Teile von Natur und Landschaft als Auffangtatbestände.[520] Wegen der Verankerung der Öffnungsklausel für den landesrechtlichen Alleenschutz in § 29 Abs. 3 BNatSchG sprechen systematische Gründe sowie ein einheitliches naturschutzrechtliches Begriffsverständnis dafür, dieses Verständnis auch auf den landesrechtlichen Alleenschutz zu übertragen.

Untersagt sind folglich sämtliche Maßnahmen an Alleen, die zu markanten negativen Abweichungen vom schützenswerten Zustand führen. Da Alleebäume oft in gleichmäßigen Abständen und symmetrisch

518 § 17 Abs. 1 BbgNatSchAG sieht keinen ausdrücklichen Verkehrsbezug vor, diesen nimmt das OVG Berlin-Brandenburg (Beschluss vom 26.09.2016, OVG 11 S 23.16, Rn. 26, 29, juris) jedoch an.

519 § 31 Abs. 4 S. 2 NatSchG BW; Art. 16 Abs. 1 S. 1 Nr. 5 BayNatSchG; § 17 Abs. 1 BbgNatSchAG; § 19 Abs. 1 S. 2 NatSchAG M-V; § 41 Abs. 1 S. 2 LNatSchG NRW; § 21 Abs. 1 S. 2 NatSchG LSA; § 14 Abs. 3 S. 3 ThürNatG.

520 Heugel, in: Lütkes/Ewer, § 23 BNatSchG, Rn. 12; § 30 BNatSchG, Rn. 8; Meßerschmidt, § 29 BNatSchG, Rn. 84; Gellermann, in: Landmann/Rohmer, § 23 BNatSchG, Rn. 17.

gepflanzt sind, kann die Beseitigung oder der starke Rückschnitt einzelner Bäume den Verbotstatbestand bereits erfüllen. Denn solche Maßnahmen haben vor allem Auswirkungen auf den gestalterischen Wert von Alleen. Dadurch erfasst der Alleenschutz regelmäßig auch den Schutz einzelner oder weniger Bäume.

(3) Dispens und Kompensation

Einige Landesnaturschutzgesetze nehmen bestimmte Maßnahmen von den Verboten aus. Zudem enthalten die Landesnaturschutzgesetze alleenspezifische Dispensvorschriften.

(a) Privilegierte Maßnahmen

Baden-Württemberg, Bayern, Nordrhein-Westfalen und Thüringen[521] privilegieren bestimmte Maßnahmen, für die die Verbote nicht gelten. Dies betrifft vor allem dringende Maßnahmen aus Gründen der Verkehrssicherheit.

Bayern und Baden-Württemberg privilegieren auch Pflegemaßnahmen. Diese Regelungen sind indes nicht erforderlich, da Pflegemaßnahmen keinen negativen Eingriff in Alleen darstellen und deswegen keinen Verbotstatbestand erfüllen können. Aufgrund ihres deklaratorischen Inhalts sind die Regelungen jedoch rechtlich unbedenklich. Keine Pflegemaßnahmen sind die entstellenden Kronenkappungen ganzer Alleen, die *Klug* zutreffend als *„baumzerstörende Schnittmaßnahmen“* bezeichnet.[522]

(b) Ausnahmen und Befreiungen

In einigen Landesnaturschutzgesetzen sind Ausnahmen und Befreiungen von den Verboten des Alleenschutzes geregelt. Wegen der Öff-

---

521 § 31 Abs. 4 S. 3 NatSchG BW, Art. 16 Abs. 1 S. 2 BayNatSchG; § 41 Abs. 1 S. 3 LNatSchG NRW; § 14 Abs. 3 S. 4 ThürNatG.

522 Klug, Praxis Baumpflege – Kronenschnitt an Bäumen, 161.

rungsklausel des § 29 Abs. 3 BNatSchG können in den Landesnaturschutzgesetzen Ausnahmen eigenständig geregelt werden.

Einen eigenen Ausnahmetatbestand hat bislang nur Brandenburg geschaffen. Gemäß § 17 Abs. 2 S. 1 BbgNatSchAG können von den Verboten Ausnahmen zugelassen werden, wenn sie aus zwingenden Gründen der Verkehrssicherheit erforderlich sind und keine anderen Maßnahmen zur Erhöhung der Verkehrssicherheit erfolgreich durchgeführt werden konnten.

Auch beim Alleenschutz gilt, dass Befreiungen gemäß § 67 Abs. 1 BNatSchG neben Ausnahmen beantragt werden können.[523] Sind im Landesnaturschutzgesetz keine Ausnahmen vorgesehen, kommt nur eine Befreiung in Betracht. Baden-Württemberg, Mecklenburg-Vorpommern und Sachsen-Anhalt konkretisieren die Befreiungsvoraussetzungen wegen überwiegenden öffentlichen Interesses (§ 67 Abs. 1 S. 1 Nr. 1 BNatSchG) bei Maßnahmen zur Verkehrssicherung an Alleen.[524] Die Möglichkeit einer Befreiung aus anderen Gründen bleibt davon unberührt.[525]

Inhaltlich unterscheiden sich die Voraussetzungen der brandenburgischen Ausnahmeregelung und die landesrechtlichen Konkretisierungen der Befreiungsvoraussetzungen kaum. In beiden Fällen übernehmen die Landesnaturschutzgesetze den Wortlaut von § 29 Abs. 2 S. 2 BNatSchG a. F.,[526] in dem die Anforderungen an Ausnahmen von den Verboten zugunsten geschützter Landschaftsbestandteile aus Gründen der Verkehrssicherheit geregelt waren.

Da die Befreiungsregelung gemäß § 67 Abs. 1 S. 1 Nr. 1 BNatSchG nicht abweichungsfest ist,[527] sind diese landesrechtlichen Konkretisierungen insoweit nicht zu beanstanden. Befreiungen aus anderen

523 OVG Berlin-Brandenburg, Beschluss vom 10.02.2020, OVG 11 S 6/20, Rn. 12, juris.

524 § 31 Abs. 4 S. 3 NatSchG BW; § 19 Abs. 2 S. 2 NatSchAG M-V; § 21 Abs. 2 S. 1 NatSchG LSA.

525 Schumacher/Schumacher/Fischer-Hüftle, in: Schumacher/Fischer-Hüftle, § 29 BNatSchG, Rn. 50.

526 In der Fassung vom 25.03.2002, BGBl. I 2002, 1193 [1203].

527 Sauthoff, in: Schlacke, § 67 BNatSchG, Rn. 47.

Gründen als aus solchen der Verkehrssicherheit sind daneben zulässig.[528]

Warum Baden-Württemberg, Mecklenburg-Vorpommern und Sachsen-Anhalt nicht wie Brandenburg einen inhaltsgleichen Ausnahmetatbestand geschaffen haben, ist nicht bekannt. Für das gewählte Modell spricht, dass der Weg über die Befreiung wegen § 67 Abs. 3 BNatSchG auf Rechtsfolgenseite keine zusätzlichen Regelungen für Kompensationsmaßnahmen im Landesnaturschutzgesetz erfordert. Gemäß § 67 Abs. 3 BNatSchG kann die Naturschutzbehörde die Befreiung mit Nebenbestimmungen über Ausgleichs- und Ersatzmaßnahmen gemäß § 15 Abs. 1 bis 4, 6 BNatSchG versehen.

Brandenburg hat seine Ausnahme mit einer eigenen Kompensationsregelung ausgestattet. Gemäß § 17 Abs. 2 S. 2 BbgNatSchAG müssen die jeweiligen Eigentümer bei einer Bestandsminderung in angemessenem und zumutbarem Umfang Ersatzpflanzungen vornehmen. Eine Ersatzzahlung sieht die Vorschrift nicht vor.

ab) Eingriffsregelung und Biotopschutz

Vorschriften im Sinne von § 29 Abs. 3 BNatSchG finden sich aber nicht in allen Bundesländern. In einigen Landesnaturschutzgesetzen sind Beseitigungen und Beeinträchtigungen von Alleen als Regelbeispiele für Eingriffe im Sinne von § 14 Abs. 1 BNatSchG aufgeführt. Insoweit wird auf die Ausführungen zu den baumschützenden Abweichungsvorschriften zur allgemeinen Eingriffsregelung am Schluss des Kapitels verwiesen.[529]

Hessen[530] und Schleswig-Holstein[531] schützen Alleen als Biotope. Dabei handelt es sich nicht um landesrechtliche Abweichungen im Sinne von Art. 72 Abs. 3 GG. Denn die Bundesländer dürfen wegen § 30 Abs. 2 S. 2 BNatSchG in ihren Landesnaturschutzgesetzen über die

528 OVG Magdeburg, Beschluss vom 17.04.2019, 2 L 115/16, Rn. 13 f., juris.

529 E.II.2.b)ac).

530 § 13 Abs. 1 Nr. 1 HAGBNatSchG.

531 § 21 Abs. 1 Nr. 5 LNatSchG S-H.

Liste des § 30 Abs. 2 S. 1 BNatSchG hinaus eigene Biotope hinzuzufügen.[532]

Die hessische Vorschrift ist redaktionell anzupassen. § 13 Abs. 1 Nr. 1 HAGBNatSchG bestimmt nämlich, dass *„die Verbote des § 30 Abs. 1 Satz 1 des Bundesnaturschutzgesetzes"* auch für Alleen gelten. Die Verbote zum Schutz von Biotopen sind allerdings in § 30 Abs. 2 BNatSchG geregelt.

Die Landesnaturschutzgesetze der Stadtstaaten sowie von Rheinland-Pfalz und des Saarlands enthalten keine Vorschriften über den Schutz von Alleen.

b) Baumschutz durch die allgemeine Eingriffsregelung

Werden Bäume weder durch kommunale Satzungen noch durch andere Vorschriften geschützt, ist zu überlegen, ob geplante Maßnahmen an Bäumen Eingriffe gemäß § 14 Abs. 1 BNatSchG darstellen. Nach der Legaldefinition der Vorschrift sind Eingriffe in Natur und Landschaft unter anderem Veränderungen der Gestalt oder Nutzung von Grundflächen, die die Leistungs- und Funktionsfähigkeit des Naturhaushalts oder das Landschaftsbild erheblich beeinträchtigen können.

Wegen § 18 Abs. 2 BNatSchG findet die naturschutzrechtliche Eingriffsregelung auf Baummaßnahmen im Zusammenhang mit Bauvorhaben im bauplanungsrechtlichen Innenbereich keine Anwendung. Dass die Beseitigung größerer Baumbestände als Eingriff zu beurteilen sein kann, hat die Rechtsprechung bereits zahlreich festgestellt und wird von der Literatur auch bislang nicht in Zweifel gezogen. Umstritten ist aber, ob auch die Beseitigung einzelner Bäume ein Eingriff gemäß § 14 Abs. 1 BNatSchG sein kann.

aa) Veränderung der Gestalt oder Nutzung von Grundflächen

Der naturschutzrechtliche Eingriffsbegriff setzt eine Veränderung der Gestalt oder Nutzung von Grundflächen voraus. Die Gestalt von

532 Endres, in: Frenz/Müggenborg, § 30 BNatSchG, Rn. 22.

Grundflächen ist deren äußeres Erscheinungsbild, das sowohl geomorphologische Erscheinungen wie Hügellandschaften oder Gewässer als auch Gehölze (Wälder, Baumreihen, Büsche, Hecken, Baumgruppen oder Einzelbäume) prägen können.[533]

Veränderungen der Gestalt der Grundfläche sind Handlungen, Vorhaben und Maßnahmen, die eine Grundfläche in ihrem äußeren Erscheinungsbild betreffen. Darunter fällt neben baulichen Vorhaben, Abgrabungen und Aufschüttungen auch das Beseitigen von Bäumen und anderen Pflanzen.[534] Auch durch Rückschnitte von Bäumen kann die Gestalt der Grundfläche verändert werden.[535] Dies gilt vor allem für Kronenrückschnitte, die in der Regel weithin erkennbar sind.

Die Beseitigung von Bäumen kann – anders als ihr Rückschnitt – auch eine Veränderung der Nutzung der Grundfläche bedeuten. Dies kann der Fall sein, wenn Baumfällungen eine landwirtschaftliche Nutzung auf der Grundfläche ermöglichen sollen.[536] Grundsätzlich setzt eine solche Nutzungsänderung immer die Beseitigung der Bäume voraus. Deswegen wird die Nutzungsänderung immer auch eine Veränderung der Gestalt der Grundfläche bedeuten.

Dass Maßnahmen an Bäumen häufig nur einzelne oder kleinere Baumgruppen betreffen, steht einem Eingriff nicht entgegen. Für die Forderung nach einer Flächenhaftigkeit des Baumbestands[537] bietet die Vorschrift keinen Ansatzpunkt, da § 14 Abs. 1 BNatSchG keine Anforderungen an die Größe der Grundfläche stellt. Das Erfordernis der *Flächenhaftigkeit* ergibt sich auch nicht aus der Gesetzesbegründung,[538] weil sich der Gesetzgeber bewusst für einen weiten Eingriffs-

533 Guckelberger, in: Frenz/Müggenborg, § 14, Rn. 17; OVG Münster, Beschluss vom 09.02.2017, 8 A 2206/15, Rn. 6 f., juris, m.w.N.

534 BVerwG, Beschluss vom 26.02.1992, 4 B 38/92, Rn. 5 f., juris; OVG Koblenz, Urteil vom 28.08.2019, 8 A 11472/18, Rn. 33, juris; Meßerschmidt, § 14 BNatSchG, Rn. 13 f.

535 OVG Münster, Beschluss vom 09.02.2017, 8 A 2206/15, Rn. 5, juris.

536 VG Lüneburg, Urteil vom 18.08.2017, 2 A 144/16, Rn. 8, juris.

537 Reimer, in: Durner et al., Das sinnvoll Denkbare denken, das davon Machbare machen, 569 [576].

538 BT-Drs. 7/3879, 22 f.

begriff entschieden hat, um mit der Vorschrift auf die unterschiedlichen Eingriffsformen reagieren zu können:

> *„Wegen der Vielzahl der Eingriffstatbestände und ihrem höchst unterschiedlichen Gewicht vermag nur ein unbestimmter Rechtsbegriff die für die den Einzelfall notwendige Flexibilität zu gewährleisten.“*[539]

Darüber hinaus bedarf es keiner abstrakten und in der Verwaltungspraxis nur schwer handhabbaren Anforderungen an die Flächengröße, da sich Bagatellfälle auf der Ebene der Auswirkungen durch Eingriffe aussortieren lassen. Die Veränderungen der Grundfläche müssen die Leistungs- und Funktionsfähigkeit des Naturhaushalts oder das Landschaftsbild erheblich beeinträchtigen können. Bei punktuellen Maßnahmen wie beispielsweise der Fällung einzelner Bäume spricht oft, aber nicht immer der geringe Umfang der Maßnahme dagegen, dass sich der Eingriff erheblich auswirkt, wie im Folgenden zu erkennen ist.

ab) Erhebliche Beeinträchtigung

Die Veränderung selbst begründet noch keinen Eingriff. Sie muss auch die Leistungs- und Funktionsfähigkeit des Naturhaushalts oder das Landschaftsbild erheblich beeinträchtigen.

(1) Leistungs- und Funktionsfähigkeit des Naturhaushalts

Unter dem Naturhaushalt sind gemäß § 7 Abs. 1 Nr. 2 BNatSchG die Naturgüter Boden, Wasser, Luft, Klima, Tiere und Pflanzen sowie das Wirkungsgefüge zwischen ihnen zu verstehen. Mit dem Schutz der Leistungs- und Funktionsfähigkeit soll durch die Vorschrift das ökologische Funktionieren der einzelnen Naturgüter sowie ihrer gegenseitigen Wechselwirkungen geschützt werden.[540] Für Bäume sind dazu die regulierenden und versorgenden Ökosystemleistungen heranzuziehen. Die gestalterische Bedeutung von Bäumen ist durch den Schutz des Landschaftsbildes erfasst.

539 BT-Drs. 7/3879, 23.
540 Gellermann, in: Landmann/Rohmer, § 14 BNatSchG, Rn. 12.

Die Beeinträchtigung muss die Leistungs- und Funktionsfähigkeit des Naturhaushalts verschlechtern. Pflegemaßnahmen an Bäumen – auch umfangreiche Rückschnitte wie der Kronensicherungsschnitt zum Erhalt kranker Bäume[541] – beeinträchtigen die Leistungs- und Funktionsfähigkeit des Naturhaushalts indes nicht, da sie dem Erhalt von Bäumen und ihrer Funktionen für den Naturhaushalt dienen.[542] § 14 Abs. 1 BNatSchG schützt nicht vor sämtlichen Beeinträchtigungen, sondern nur vor erheblichen. Bagatellfälle unterfallen mithin nicht der naturschutzrechtlichen Eingriffsregelung.

Die Funktionen von Bäumen als Kohlenstoffspeicher und Sauerstoffproduzent können Baumfällungen nur selten erheblich beeinträchtigen. Für eine erhebliche Beeinträchtigung ist der Beitrag einzelner Bäume, aber auch größerer Baumgruppen meist zu gering. Bei den übrigen regulierenden und versorgenden Ökosystemleistungen ist die Frage allerdings nicht so eindeutig zu beantworten, da kleinere Baumbestände oder Einzelbäume lokal durchaus ökologisch bedeutsam sein können. Die Rechtsprechung stellt bei der Beseitigung von Bäumen bislang primär auf ihre Funktion als Habitat und damit auf ihre Bedeutung für den Erhalt der Artenvielfalt ab. Eine Beeinträchtigung ist danach erheblich, wenn sich der Baumbestand so stark reduziert, dass der Lebens- und Rückzugsraum von Pflanzen und Tieren verloren geht.[543] Dabei ist maßgeblich, ob trotz des Eingriffs in der Nähe noch ausreichend gleichwertige Lebensräume verbleiben.

Praktisch bedeutet dies, dass ein Baumbestand übrigbleiben muss, der den Verlust auffangen kann. Die Beseitigung einzelner Bäume wird deswegen unerheblich sein, wenn der Baumbestand in der näheren Umgebung den Verlust kompensieren kann.[544] Dies setzt einen ausrei-

---

541 Klug, Praxis Baumpflege – Kronenschnitt an Bäumen, 130 f.

542 Mühlbauer, in: Lorz et al., § 14 BNatSchG, Rn. 10.

543 OVG Koblenz, Urteil vom 28.08.2019, 8 A 11472/18, Rn. 34, juris; OVG Magdeburg, Beschluss vom 14.01.2019, 2 M 114/18, Rn. 19, juris; VGH Kassel, Beschluss vom 30.11.1992, 3 TH 1789/92 Rn. 17, juris; VG Potsdam, Urteil vom 24.08.2020, 14 K 2023/16, Rn. 39, juris; VG Lüneburg, Urteil vom 18.08.2017, 2 A 144/16, Rn. 30, juris.

544 VG Arnsberg, Urteil vom 12.11.2008, 1 K 792/07, Rn. 40, juris.

chend großen und leistungsfähigen Baumbestand voraus. Allerdings kann sich der Maßstab auch verschieben, wenn der betroffene Baum ein Habitat besonders seltener und schutzwürdiger Pflanzen und Tiere ist. Letztlich muss dem einzelnen Baum aber eine überragende ökologische Funktion zukommen.[545]

Die mikroklimatischen Wohlfahrtswirkungen von Bäumen (Schattenspender, Kühlung durch Transpiration) und somit das vom Begriff des Naturhaushalts umfasste Wirkungsgefüge zwischen Pflanzen und Klima scheinen bislang nicht von Bedeutung zu sein. Dabei sind in diesen Fällen die Leistungen auch einzelner und weniger Bäume vor Ort spürbar. So können beispielsweise schon wenige ausgewachsene Bäume mit großen Kronendächern ihre unmittelbare Umgebung spürbar abkühlen.

Neben der Intensität der Beeinträchtigung ist auch auf ihre Dauer und damit auf die Möglichkeit einer kurzfristigen Regeneration abzustellen.[546] Bei Baumfällungen wird die Dauer der Beeinträchtigung unproblematisch sein, denn erforderliche Ersatzpflanzungen werden meist erst nach mehreren Jahrzehnten den Verlust ausgleichen können. Zudem kann die Beseitigung von Bäumen den Aufwuchsdruck auf andere, insbesondere ökologisch unerwünschte Pflanzen verringern, die das Nachtreiben von Bäumen erschweren.[547] Auch von umfangreichen und pflegerisch nicht erforderlichen Rückschnitten können sich Bäume erst nach Jahren oder Jahrzehnten erholen, sofern sie nicht abgehen.

(2) Landschaftsbild

Baumfällungen von größeren Baumbeständen und von Einzelbäumen sowie Rückschnitte an ihnen können auch das Landschaftsbild erheblich beeinträchtigen. Allerdings gilt dies kaum für Stadtbäume, da nur Auswirkungen auf das Landschaftsbild von Bedeutung sind. Be-

545 Louis, DVBl. 2017, 823 [825].
546 Prall/Koch, in: Schlacke, § 14 BNatSchG, Rn. 42.
547 OVG Münster, Beschluss vom 09.02.2017, 8 A 2206/15, Rn. 16, 19, juris.

einträchtigungen des Ortsbilds werden durch die Eingriffsregelung hingegen nicht untersagt.

Weder im Bundesnaturschutzgesetz noch im Baugesetzbuch ist das Kompositum Landschaftsbild definiert, obwohl das Baugesetzbuch das Landschaftsbild in der Bauleitplanung sowie bei Vorhaben im Außenbereich besonders berücksichtigt (§ 1 Abs. 5 S. 2, § 35 Abs. 3 S. 1 Nr. 5 BauGB). Ausgangspunkt des Begriffsverständnisses ist die Abgrenzung vom Ortsbild, da die beiden Begriffe im Bundesnaturschutzgesetz selbstständig verwendet werden (§ 29 Abs. 1 S. 1 Nr. 2 BNatSchG).[548] Das Ortsbild prägende Bäume sind von § 14 BNatSchG deswegen nicht erfasst. Der nicht näher begründeten Auffassung von *Louis*, der auch das Ortsbild als Bestandteil des Landschaftsbildes versteht,[549] ist daher nicht zu folgen.

Das Landschaftsbild setzt ein besonderes Gewicht grüner oder anderer naturnaher Elemente wie Gewässer oder Gesteinsformationen voraus.[550] Wegen § 1 Abs. 4 Nr. 1 BNatSchG können auch untergeordnete Anlagen oder Baudenkmäler das Landschaftsbild mitprägen.[551] Landschaft im Sinne der Vorschrift sind sowohl die Naturlandschaft als auch die Kulturlandschaft. Es ist also nicht entscheidend, ob die Landschaft ohne menschliches Zutun oder durch einen gestalterischen Akt entstanden ist.[552]

Ob der Begriff des Landschaftsbilds dem Wortlaut entsprechend nur den visuellen Eindruck umfasst oder auch andere Sinneswahrnehmungen,[553] ist für den Baumschutz nicht von Bedeutung. Denn Bäume

548 VG München, Urteil vom 25.04.2012, M 9 K 11.3620, Rn. 30, juris.

549 Louis, DVBl. 2017, 823 (825), die dort in Fn. 17 angegebenen Fundstellen liefern keinen Nachweis für die von Louis vertretene Auffassung.

550 VG Arnsberg, Urteil vom 12.11.2008, 1 K 792/07, Rn. 49, 53, juris; VG Koblenz, Urteil vom 06.03.2007, 7 K 572/06.KO, Rn. 23, juris.

551 BVerwG, Urteil vom 27.09.1990, 4 C 44/87, Rn. 35, juris; VG Minden, Urteil vom 11.05.2016, 1 K 2324/15, Rn. 31, juris.

552 OVG Münster, Urteil vom 05.07.1993, 11 A 2122/90, NVwZ-RR 1994, 260; Kemper, NuR 2010, 767 (768).

553 Siehe umfassend zum Streitstand: Guckelberger, in: Frenz/Müggenborg, § 14 BNatSchG, Rn. 49 m.w.N.; aus technischer Sicht: LANA, Methodik der Eingriffsregelung II, 49.

prägen das Landschaftsbild im Wesentlichen durch ihre optische Erscheinung.

Bäume können das Landschaftsbild sowohl als Baumgruppen als auch als Einzelbäume bestimmen. Bei größeren Baumgruppen wirft dies regelmäßig wenig Schwierigkeiten auf. Die Beseitigung ganzer Baumreihen oder von Obstbäumen auf Streuobstwiesen wird in der Regel dazu führen, dass wesentliche Elemente des Landschaftsbilds wegfallen und dieses somit erheblich beeinträchtigt ist.[554] Die Wegnahme von Einzelbäumen kann das Landschaftsbild in Einzelfällen erheblich beeinträchtigen, ist jedoch eher die Ausnahme als die Regel. Bei einem einzelnen Baum ist ausschlaggebend, *„ob er das Landschaftsbild mitbestimmt oder ob sich sein Fehlen nicht negativ bemerkbar macht.“*[555] In den folgenden Konstellationen kommt eine Beeinträchtigung nach diesen Maßstäben in Betracht.

Im Zuge von Flurbereinigungen sind vielerorts großflächige Agrarlandschaften entstanden, die arm an Hecken und Bäumen sind.[556] Bäume erfüllen auf solchen Flächen nicht nur wertvolle ökologische Aufgaben, indem sie zum Beispiel Bodenerosionen vorbeugen. Schon einzelne Bäume wie zum Beispiel Hutebäume können auf solchen ausgeräumten Flächen als einzige hochwachsende Vegetation das Landschaftsbild prägen und bereichern.

Einzelne Bäume können auch in Baumgruppen das Landschaftsbild erheblich prägen. Bäume mit auffälliger Blattfarbe wie Silberpappeln oder Blutbuchen können sich zum Beispiel in großen und überwiegend grünen Baum- und Gehölzgruppen farblich abheben und einen auffallenden Kontrast bilden. Anschauliche Beispiele finden sich in Kulturlandschaften wie etwa Landschaftsgärten, in denen solche farblichen Kontraste bewusst geschaffen werden.

---

554 OVG Koblenz, Urteil vom 28.08.2019, 8 A 11472/18, Rn. 33, juris; OVG Magdeburg, Beschluss vom 21.04.2016, 2 M 93/15, Rn. 25, juris; Müller-Mitschke, ZUR 2021, 269 [270].

555 Fischer-Hüftle/Czybulka, in: Schumacher/Fischer-Hüftle, § 14 BNatSchG, Rn. 40.

556 Kollmann, in: Kollmann et al., Renaturierungsökologie, 267.

Einzelne Bäume können Baum- oder andere Gehölzgruppen auch miteinander verbinden, worauf bereits der Schöpfer zahlreicher Parkanlagen des 19. Jahrhunderts Fürst Hermann von Pückler-Muskau hinwies:

> *„Der Uebergang von einer Gruppe zur andern muss überdies öfters durch einzelne Bäume gleichsam für das Auge vermittelt werden.“*[557]

Durch die Wegnahme einzelner Bäume kann dann die gestalterische Komposition eines Landschaftsparks erkennbar gestört werden. Dies gilt auch für landschaftsgestalterische Blickachsen in der freien Natur oder in Kulturlandschaften, die häufig Landschaftspunkte miteinander verbinden. Die Herausnahme einzelner Bäume kann die Wirkung einer solchen Blickachse beeinflussen und damit das Landschaftsbild erheblich beeinträchtigen.[558]

ac) Abweichendes Landesrecht

In zahlreichen Landesnaturschutzgesetzen sind Maßnahmen aufgeführt, die Eingriffe (Positivkataloge) oder keine Eingriffe (Negativkataloge) im Sinne von § 14 Abs. 1 BNatSchG darstellen.

Die einzelnen Tatbestandsmerkmale der bundesrechtlichen Eingriffsdefinition bergen anspruchsvolle Auslegungs- und Abgrenzungsprobleme in sich. Um den Verwaltungsvollzug zu erleichtern, ermächtigte § 18 Abs. 4 BNatSchG a. F.[559] die Bundesländer dazu, Positiv- und Negativkataloge zur Konkretisierung des Eingriffsbegriffs zu erstellen.[560]

§ 18 Abs. 4 BNatSchG a. F. ist mit der Novelle des Bundesnaturschutzgesetzes zwar ersatzlos entfallen. Die Positiv- und Negativkataloge sind aber auch im Wege der Abweichungsgesetzgebung durch die Bundesländer zulässig, sofern sie den bundesrechtlichen Eingriffsbegriff nicht modifizieren, sondern durch nicht abschließende, widerlegbare Ver-

557 Pückler-Muskau, Andeutungen über die Landschaftsgärtnerei, 88.

558 VG Frankfurt (Oder), Beschluss vom 29.11.2013, 5 L 229/13, Rn. 21, juris.

559 In der Fassung vom 25.03.2002, BGBl. I 2002, 1193 [1200].

560 BT-Drs. 13/6441, 51; BVerwG, Urteil vom 27.09.1990, 4 C 44/87, Rn. 25, juris; von Stackelberg, Die Abweichungskompetenz der Länder im Naturschutzrecht, 197.

mutungen konkretisieren.[561] Rechtstechnisch sind diese Vermutungen wie Regelbeispiele gekennzeichnet (‚insbesondere', ‚in der Regel').

Die Bundesländer haben in ihren Landesnaturschutzgesetzen den Eingriffsbegriff in Bezug auf Baumbestände ausschließlich in entsprechenden nicht abschließenden und widerlegbaren Positivkatalogen konkretisiert. Primär werden die Beseitigung und die erhebliche Veränderung von Alleen und Baumreihen genannt.[562] Baden-Württemberg, Mecklenburg-Vorpommern, Nordrhein-Westfalen und Schleswig-Holstein schützen Alleen sowohl durch die Konkretisierungen des Eingriffsbegriffs in ihren Landesnaturschutzgesetzen als auch über eigenständige Schutzvorschriften im Sinne von § 29 Abs. 3 BNatSchG.

Daneben wird in einzelnen Landesnaturschutzgesetzen die Beseitigung von Baumgruppen[563] bzw. Gehölzgruppen[564] zum Eingriff erklärt. Mindestgröße oder -umfang dieser schutzwürdigen Baumbestände lassen die Vorschriften aber offen. Die Aufnahme dieser Bestände kommt daher kaum über eine Hinweisfunktion hinaus, denn im Einzelfall wird zu erörtern sein, ob eine schützenswerte Baumgruppe betroffen ist.

c) Saisonales Fällverbot

Die für die gärtnerische Praxis bedeutendste baumbezogene Vorschrift ist vermutlich das Schneide- und Fällverbot gemäß § 39 Abs. 5 S. 1 Nr. 2 BNatSchG. Danach ist es verboten, bestimmte Bäume und Gehölze mit Ausnahme von Pflegemaßnahmen in der Zeit vom 1. März bis zum 30. September abzuschneiden, auf den Stock zu setzen oder zu beseitigen.

561 Weghake, in: Grotefels, Abweichungsgesetzgebung im Naturschutzrecht, 112 f.; Prall, in: Schlacke, § 14 BNatSchG, Rn. 70 f.; Gellermann, in: Landmann/Rohmer, § 14 BNatSchG, Rn. 28; Fischer-Hüftle/Czybulka, in: Schumacher/Fischer-Hüftle, § 14 BNatSchG, Rn. 74.

562 § 14 Abs. 1 Nr. 7 BW NatSchG; § 12 Abs. 1 Nr. 1 NatSchAG M-V; § 5 Nr. 1 NAGBNatSchG; § 30 Abs. 1 Nr. 7 LNatSchG NRW; § 9 Abs. 1 Nr. 10 SächsNatG; § 8 Abs. 1 Nr. 9 LNatSchG S-H.

563 § 30 Abs. 1 Nr. 7 LNatSchG NRW.

564 § 27 Abs. 2 Nr. 8 SaarlNG.

aa) Verbot

Das Verbot gilt nicht für Waldbäume, Kurzumtriebsplantagen[565] und gärtnerisch genutzte Flächen. Gärtnerisch genutzte Flächen umfassen nicht nur den Erwerbsgartenbau in Gärtnereien und Baumschulen, sondern können auch private Gärten, Kleingartenanlagen und Parkanlagen sein. Denn in der Vorschrift wird anders als zum Beispiel in § 1 Abs. 6 BNatSchG nicht zwischen den diversen Formen gärtnerisch genutzter Flächen wie Grünanlagen und gartenbaulichen Flächen unterschieden.[566]

In der ursprünglichen Fassung der Vorschrift waren nur das Auf-den-Stock-Setzen sowie das Abschneiden von Bäumen untersagt.[567] Die Beseitigung, also das vollständige Entfernen und Entwurzeln von Bäumen, sah der Wortlaut nicht vor, was auf Kritik stieß, die sich für ein erweitertes Verständnis aussprach.[568] Nachdem sich das Oberlandesgericht Stuttgart für ein wortlautgetreues Verständnis entschieden hatte, wonach das Verbot die Beseitigung nicht umfasse,[569] ergänzte der Gesetzgeber die Vorschrift um die Tatbestandsalternative des Beseitigens und beendete damit die Diskussion.[570]

Ausdrücklich erlaubt sind schonende Form- und Pflegeschnitte zur Beseitigung des Zuwachses der Pflanzen oder zur Gesunderhaltung von Bäumen. Ausnahmen von dem Verbot bestimmen sich nach § 39 Abs. 5 S. 2 BNatSchG. Danach sind Abweichungen vom saisonalen Fäll- und Schnittverbot unter anderem aus Gründen der Verkehrssicherheit sowie bei geringfügigem Gehölzbewuchs zur Realisierung von Bauvorhaben zulässig (§ 39 Abs. 5 S. 2 Nr. 2 lit. c), Nr. 4 BNatSchG).

565 Auf Kurzumtriebsplantagen werden schnellwachsende Bäume angebaut und innerhalb von weniger als 20 Jahren primär als energetische Biomasse geerntet; zur rechtlichen Einordnung von Kurzumtriebsplantagen: Möckel, NVwZ 2011, 663.

566 BT-Drs. 17/1535, 67 f.; Lau, in: Frenz/Müggenborg, § 39 BNatSchG, Rn. 15.

567 In der Fassung vom 29.07.2009, BGBl. I 2009, 2542 [2558].

568 Breloer, AFZ 2010, 17; Grams, NuR 2016, 171 [172]; Gellermann, in: Landmann/Rohmer, § 39 BNatSchG, Rn. 21 m.w.N.

569 OLG Stuttgart, Beschluss vom 11.12.2014, 4 Ss 569/14, Rn. 13–19, juris.

570 § 39 BNatSchG, in der Fassung vom 15.09.2017, BGBl. I 2017, 3434; BT-Drs. 18/11939, 17.

ab) Kein dauerhafter Baumschutz

Dass der Zweck der Vorschrift im Lebensstättenschutz und in der Sicherung des Blütenangebots für Insekten liegt,[571] steht einer Einordnung als baumschützende Vorschrift nicht entgegen. Zu den schützenswerten Ökosystemleistungen von Bäumen gehört nämlich auch deren Bedeutung als Habitat.

Allerdings schützt das Verbot Bäume nicht dauerhaft vor deren Beseitigung, was ihrer Einordnung als baumschutzrechtliche Vorschrift entgegensteht, denn außerhalb des festgelegten Zeitraums untersagt die Vorschrift keine Maßnahmen an Bäumen. Sowohl Baumfällungen als auch Eingriffe wie Kronenkappungen, die den Fortbestand des Baums bedrohen, sind von Oktober bis einschließlich Februar zulässig. Durch die Verbote der Vorschrift können Eingriffe allenfalls um wenige Monate aufgeschoben werden, Bäume und ihre Ökosystemleistungen lassen sich aber nicht dauerhaft sichern.

3. Zwischenfazit

Der Bund und die Länder überlassen das Baumschutzrecht umfangreich den Gemeinden und haben sich bislang primär darauf beschränkt, gesetzliche Grundlagen für den kommunalen Baumschutz zu schaffen. Unmittelbare gesetzliche Vorschriften mit baumschutzrechtlichem Inhalt sind zwar vorhanden, finden sich jedoch nur vereinzelt und in engen inhaltlichen Kontexten.

Die Untersuchung hat dennoch gezeigt, dass insbesondere das Bauordnungsrecht Potential besitzt, um Anpflanzungspflichten für Grundstücksfreiflächen landesweit vorzuschreiben. Dazu wären die gesetzlichen Vorschriften über die Gestaltung und Begrünung von Grundstücksfreiflächen anzupassen, wobei sich die Länder an der alten Rechtslage in Baden-Württemberg orientieren können. Anpflanzungspflichten in örtlichen Bauvorschriften würden dadurch weitestgehend

571 BR-Drs. 278/09, 212; Gellermann, in: Landmann/Rohmer, § 39 BNatSchG, Rn. 20.

überflüssig werden. Derzeit sind die Anforderungen der Landesbauordnungen an die Begrünung von Grundstücksfreiflächen jedoch gering und verlangen keine Anpflanzung von Gehölzen.

Durch die Vorgabe einiger Bundesländer, dass geschützte Bäume in den Bauvorlagen darzustellen sind, wird zumindest die behördliche Überprüfung des Baumschutzes während der Bauausführung vereinfacht. Die Vorschriften über die Baustelleneinrichtung beschränken sich aus baumschutzrechtlicher Sicht auf solche – durchaus positiv zu bewertenden – organisatorischen Auswirkungen und erlauben den Bauaufsichtsbehörden, den Baumschutz auf Baustellen durchzusetzen.

In ihren Landesnaturschutzgesetzen regeln mehrere Bundesländer allein den Alleenschutz umfangreich. Die Öffnungsklausel des Bundesnaturschutzgesetzes eröffnet den Bundesländern weitgehende Gestaltungsfreiheit beim Alleenschutz. Dennoch sind die Vorschriften stark an die Systematik des Bundesnaturschutzgesetzes angelehnt. Die allgemeine Eingriffsregelung des Naturschutzrechts dient nur eingeschränkt dem Baumschutz. Sie erfasst schon kaum Stadtbäume und schützt wegen ihrer Anforderungen an die Erheblichkeit der Auswirkungen von Eingriffen meist nur größere Baumbestände im Außenbereich. Zum Schutz von Einzelbäumen ist sie nur in wenigen Fällen geeignet. Keine baumschutzrechtliche Vorschrift ist schließlich das saisonale Fällverbot des Bundesnaturschutzgesetzes, da es Baumfällungen außerhalb des Verbotszeitraums nicht untersagt und somit Bäume nicht dauerhaft schützen kann.

F. Rechtsschutz gegen beeinträchtigende Maßnahmen

Die Durchsetzung baumschutzrechtlicher Vorschriften hängt nicht nur von der effektiven Kontrolle durch die zuständigen Behörden ab. Ein zweiter Baustein ist die Möglichkeit, Ausnahmen und Befreiungen von baumschutzrechtlichen Verboten in Rechtsmittelverfahren überprüfen lassen zu können. Da das Baumschutzrecht ausschließlich allgemeinen Interessen dient und keine subjektiven Rechte vermittelt, können ausschließlich anerkannte Umweltverbände im Rahmen ihrer Verbandsklagebefugnis baumschutzrechtliche Erlaubnisse angreifen.

I. Individualrechtsschutz

Erlaubnisse für Beseitigungen oder andere Beeinträchtigungen von Bäumen können Einzelpersonen mangels der erforderlichen Klagebefugnis bzw. Widerspruchsbefugnis nicht anfechten.

1. Baumschutzsatzungen

Die Verwaltungsgerichte sind wiederholt mit Verfahren von Nachbarn konfrontiert, die die Beseitigung von Bäumen oder erhebliche Rückschnitte verhindern wollen. Zurecht weisen die Verwaltungsgerichte solche Klagen wegen fehlender Klagebefugnis (§ 42 Abs. 2 VwGO) zurück, weil Baumschutzsatzungen ausschließlich öffentlichen Interessen dienen und Dritten keine subjektiven Rechte vermitteln. Die Baumschutzsatzungen wiederholen in ihren Ziel- und Zweckbestimmungen im Wesentlichen den Katalog von § 29 Abs. 1 S. 1 BNatSchG und ergänzen diesen punktuell um weitere Aspekte wie die mikroklimatischen Wohlfahrtswirkungen oder die gestalterische Bedeutung von Bäumen, die allesamt nur öffentlichen Interessen dienen.[572]

Allgemein gilt, dass Baumschutzsatzungen nicht darauf angelegt sind, Dritten, die aus verschiedenen Gründen an der Baumerhaltung interessiert sein können, subjektive Rechte einzuräumen. Aus diesem Grund sind auch Miteigentümer und Mitglieder von Wohnungseigentümergemeinschaften bei Maßnahmen auf dem gemeinsamen Grundstück nicht klagebefugt.[573]

2. Sonstiges Baumschutzrecht

Aus ähnlichen Gründen vermitteln auch die übrigen Vorschriften des Baumschutzrechts keinen Drittschutz. Für den naturschutzrechtlichen Baumschutz ist der Drittschutz allgemein abzulehnen, da sich die Ziele der Vorschriften mit denen von Baumschutzsatzungen decken. Soweit Menschen von den auf den Naturschutz zielenden Vorschriften profitieren, zum Beispiel durch Wahrung der Erholungsfunktion, handelt es sich um einen bloßen Rechtsreflex, der keine individuellen und durchsetzbaren Rechtspositionen begründet.[574]

Auch die baumschützenden Vorschriften des öffentlichen Baurechts vermitteln keine individuellen Abwehrrechte. Mit bauleitplanerischen Festsetzungen nach § 9 Abs. 1 Nr. 25 BauGB sowie Baulinien und Baugrenzen verfolgen die Gemeinden ebenfalls primär ökologische und gestalterische Ziele im allgemeinen Interesse.[575] Dies gilt auch für

572 VGH Kassel, Beschluss vom 22.12.2016, 3 B 2591/16, Rn. 24, juris; OVG Magdeburg, Beschluss vom 18.06.2015, 2 L 102/13, Rn. 6 f., juris; VGH München, Beschluss vom 18.02.2020, 9 ZB 17.1284, Rn. 12, juris; Beschluss vom 26.11.2018, 9 ZB 18.912, Rn. 8, juris; OVG Münster, Beschluss vom 22.02.2019, 7 B 1783/18, Rn. 17, juris; Beschluss vom 08.07.2009, 7 B 369/09, Rn. 24, juris; Schulz/Krampetz/Vornholt, in: Spannowsky/Pützenbacher, § 71 HBO, Rn. 67; Sodan, in: Sodan/Ziekow, § 42 VwGO, Rn. 458.

573 VGH München, Beschluss vom 17.11.2014, 14 ZB 14.962, Rn. 5 f., juris.

574 BVerwG, Urteil vom 17.02.2021, 7 C 3/20, Rn. 9, juris.

575 VGH München, Beschluss vom 25.08.1997, 2 ZB 97.00681, NVwZ-RR 1999, 226 [228]; Siegmund, in: Spannowsky/Uechtritz, § 31 BauGB, Rn. 96; Hoppen-

baumschützende seitliche oder hintere Baulinien oder Baugrenzen, die grundsätzlich ein nachbarschaftliches Austauschverhältnis begründen können und deswegen drittschützend sein können.[576] Ist die Intention der Baugrenze bzw. Baulinie der Baumschutz,[577] so bleibt das nachbarliche Austauschverhältnis im Bebauungsplan unberücksichtigt und die planende Gemeinde zielt allein auf das allgemeine Interesse an der Baumerhaltung ab.

Auch die Regelungen der Landesbauordnungen über die Gestaltung von Grundstücksfreiflächen durch Begrünung und Bepflanzung sowie baumschützende Festsetzungen örtlicher Bauvorschriften sind grundsätzlich nicht drittschützend.[578] Bei den bauordnungsrechtlichen Vorgaben an die Begrünung und die Bepflanzung steht wie bei Baumschutzsatzungen die Verbesserung der ökologischen Verhältnisse im Fokus, weswegen sie keine über das Allgemeininteresse hinausgehenden Rechte an einen bestimmten, individuell abgrenzbaren Personenkreis vermitteln.[579]

Festsetzungen örtlicher Bauvorschriften können ausnahmsweise drittschützend sein, soweit hierin bauordnungsrechtliche Vorschriften ausgestaltet werden, die selbst nachbarschützend sind.[580] Dies können beispielsweise Festsetzungen über die Verringerung von Abstandsflächen sein. Durch die baumschützenden Festsetzungen werden hingegen die bauordnungsrechtlichen Vorgaben an die Begrünung von Grundstücksflächen ausgestaltet, die, wie dargestellt, nicht drittschützend sind.

---

berg/Paar/Schäfer, in: Hoppenberg/de Witt, Handbuch des öffentlichen Baurechts, Kap. H, Rn. 166.

576 VGH Mannheim, Urteil vom 09.04.2019, 8 S 1527/17, Rn. 53, juris.

577 So z.B.: Bebauungsplan Nr. 913 – Taunusanlage 9 bis 11, Begründung, 10.

578 OVG Lüneburg, Beschluss vom 18.07.2003, 1 ME 170/03, Rn. 13, juris; Burzynska/Fontana, in: Große-Suchsdorf, § 68 NBauO, Rn. 89; Wiechert/Lenz, in: Große-Suchsdorf, § 84 NBauO, Rn. 37; Hoppenberg/Paar/Schäfer, in: Hoppenberg/de Witt, Handbuch des öffentlichen Baurechts, Kap. H, Rn. 435; Taft, in: Busse/Kraus, Art. 7 BayBO, Rn. 102.

579 VGH Kassel, Beschluss vom 04.01.1983, III TG 57/82, NJW 1983, 2461 [2462]; Dreesen, in: Spannowsky/Saurenhaus, § 8 BauO NRW, Rn. 60.

580 Hornmann, § 91 HBO, Rn. 90 f.

Dritte können sich auch nicht darauf berufen, dass die Beseitigung von Bäumen das Orts- oder Straßenbild verunstalte, da die bauordnungsrechtlichen Gestaltungsvorschriften allgemein nicht drittschützend sind.[581]

II. Verbandsklagerecht

Überprüfbar sind Beseitigungen und Beeinträchtigungen von Bäumen nur durch anerkannte Umweltverbände. Sie sind seit der letzten Novelle des Umwelt-Rechtsbehelfsgesetzes beim Dispens von baumschutzrechtlichen Vorschriften umfangreich klagebefugt. Zudem ist kritisch zu überlegen, ob die Aarhus-Konvention[582] eine Erweiterung der Klagebefugnis von Umweltverbänden auf behördeninterne Verwaltungsvorschriften für nicht von Baumschutzsatzungen erfasste Bäume gebietet.

1. Umwelt-Rechtsbehelfsgesetz

Mit dem Umwelt-Rechtsbehelfsgesetz weicht das Verwaltungsprozessrecht vom Grundsatz des subjektiven Rechtsschutzes ab und schafft zur Umsetzung unionsrechtlicher Vorgaben sowie der Aarhus-Konvention eine altruistische Klagemöglichkeit im Umweltrecht für anerkannte Umweltvereinigungen. Aufgrund der letzten Novelle des Umwelt-Rechtsbehelfsgesetzes ist es nun auch möglich, baumschutzrechtlich relevante Maßnahmen mittels der Verbandsklage überprüfen zu lassen.

Das Umwelt-Rechtsbehelfsgesetz gestattet gemäß § 3 UmwRG anerkannten Umweltvereinigungen nicht, Rechtsbehelfe gegen jede um-

581 Gohde, in: Spannowsky/Pützenbacher, § 9 HBO, Rn. 43 m.w.N. zur Rechtsprechung.

582 Übereinkommen über den Zugang zu Informationen, die Öffentlichkeitsbeteiligung an Entscheidungsverfahren und den Zugang zu Gerichten in Umweltangelegenheiten (Aarhus-Konvention), von Deutschland am 15.01.2007 ratifiziert; Vertragstext veröffentlicht in: BGBl. II 2006, 1251.

weltrechtlich relevante Entscheidung einlegen zu können. § 1 Abs. 1 UmwRG eröffnet den Anwendungsbereich des Umwelt-Rechtsbehelfsgesetzes nur für die dort abschließend aufgezählten Entscheidungen.[583] Da baumschutzrechtlich relevante Maßnahmen nicht den speziellen Katalogtatbeständen gemäß § 1 Abs. 1 S. 1 Nr. 1 bis 4 UmwRG unterfallen,[584] verbleibt nur der Rückgriff auf den Auffangtatbestand[585] nach Nr. 5.

Danach ist der Anwendungsbereich des Umwelt-Rechtsbehelfsgesetzes für Verwaltungsakte oder öffentlich-rechtliche Verträge, durch die andere als in § 1 Abs. 1 S. 1 Nr. 1 bis 2b UmwRG genannte Vorhaben unter Anwendung umweltbezogener Rechtsvorschriften des Bundesrechts, des Landesrechts oder unmittelbar geltender Rechtsakte der Europäischen Union zugelassen werden, eröffnet. Die Vorschrift hat der Gesetzgeber mit der Novelle des Umwelt-Rechtsbehelfsgesetzes 2017 eingefügt.[586] Mit den Ergänzungen in § 1 Abs. 1 S. 1 Nr. 4 bis 6 UmwRG beabsichtigt der Gesetzgeber, die Vorgaben von Art. 9 Abs. 3 Aarhus-Konvention über den Zugang von anerkannten Umweltvereinigungen zu den verwaltungsbehördlichen und gerichtlichen Verfahren in umweltrechtlichen Angelegenheiten abschließend umzusetzen.[587] § 1 Abs. 1 S. 1 Nr. 5 UmwRG soll den Anwendungsbereich auf nicht UVP-pflichtige Vorhaben, auf die § 1 Abs. 1 S. 1 UmwRG a.F. fokussiert war, erweitern.[588]

Der Vorhabenbegriff im Sinne von § 1 Abs. 1 S. 1 Nr. 5 UmwRG entspricht nach dem gesetzgeberischen Willen dem Vorhabenbegriff gemäß § 2 Abs. 4 UVPG.[589] Danach sind Vorhaben nicht nur bauliche Maßnahmen, sondern gemäß § 2 Abs. 4 Nr. 1 lit. c) UVPG auch sonstige in Natur und Landschaft eingreifende Maßnahmen.[590] Dazu

583 Fellenberg/Schiller, in: Landmann/Rohmer, § 1 UmwRG, Rn. 1; Happ, in: Eyermann, § 1 UmwRG, Rn. 5.
584 VG Düsseldorf, Beschluss vom 13.03.2015, 25 L 898/15, Rn. 6, juris.
585 Schieferdecker, in: Hoppe/Beckmann/Kment, § 1 UmwRG, Rn. 64.
586 § 1 UmwRG, in der Fassung vom 29.05.2017, BGBl. I 2017, 1298.
587 BT-Drs. 18/9526, 31 f.
588 Franzius, in: Schink/Reidt/Mitschang, § 1 UmwRG, Rn. 13.
589 BT-Drs. 18/9526, 36; Klinger, NuR 2016, 835 (836).
590 BT-Drs. 18/9526, 36.

zählen unter anderem Baumfällungen und andere substanzverletzende Maßnahmen an Bäumen.[591]

Baumschutzrechtlich relevante Maßnahmen, die unmittelbar auf gesetzlichen Regelungen basieren, wie zum Beispiel Ausnahmen und Befreiungen vom Alleenschutz, können anerkannte Umweltverbände problemlos nach § 1 Abs. 1 S. 1 Nr. 5 UmwRG überprüfen lassen. Schwierigkeiten bereitet indes der Umgang mit dem kommunalen Baumschutzrecht. Erstens ist umstritten, ob kommunale Satzungen allgemein und somit auch Baumschutzsatzungen und baurechtliche Satzungen Landesvorschriften im Sinne von § 1 Abs. 1 S. 1 Nr. 5 UmwRG sind. Zweitens nehmen zahlreiche Baumschutzsatzungen Bäume auf öffentlichen Flächen aus ihrem Geltungsbereich heraus und regeln den Schutz dieser Bäume durch behördeninterne Verwaltungsvorschriften. Maßnahmen auf Grundlage solcher Verwaltungsvorschriften sind schon keine Verwaltungsakte, weswegen § 1 Abs. 1 S. 1 Nr. 5 UmwRG in diesen Fällen nicht anwendbar ist.

a) Kommunale Satzungen

Baumschutzsatzungen und baurechtliche Satzungen sind wesentliche Instrumente des Baumschutzrechts. Ob es sich dabei um landesrechtliche Vorschriften handelt, für die § 1 Abs. 1 S. 1 Nr. 5 UmwRG den Anwendungsbereich des Umwelt-Rechtsbehelfsgesetzes eröffnet, ist umstritten, im Ergebnis aber zu bejahen.

Der Verwaltungsgerichtshof München entschied 2018, dass § 1 Abs. 1 S. 1 Nr. 5 UmwRG nicht auf kommunale Satzungen anwendbar sei, da in der Vorschrift kommunale Rechtsvorschriften neben denen des Bundes- und Landesrechts nicht ausdrücklich genannt würden.[592] Zuletzt hat das Gericht offengelassen, ob es an dieser Auffassung festhält.[593]

591 VG Gelsenkirchen, Beschluss vom 20.02.2020, 6 L 62/20, Rn. 24, juris; zu anderen nicht anlagenbezogenen Maßnahmen in Natur und Landschaft: VGH München, Urteil vom 01.10.2019, 14 BV 17.1278, Rn. 28, juris.

592 VGH München, Beschluss vom 11.04.2018, 2 CS 18.198, Rn. 9, juris; zustimmend: Schlacke, NVwZ 2019, 1392 [1399]; so auch ohne weitere Begründung: Bunge, § 1 UmwRG, Rn. 145.

593 VGH München, Beschluss vom 08.10.2020, 2 ZB 19.44, Rn. 3, juris.

Dem Verwaltungsgerichtshof München folgend würden kommunale Vorschriften eigenständig neben denen des Bundes- und Landesrechts stehen und die nationale Rechtsordnung wäre dreigeteilt. Dabei verkennt der Verwaltungsgerichtshof München jedoch, dass die Gemeinden im zweistufigen Bundesstaat des Grundgesetzes keine eigenständige Ebene darstellen und Teil der Länder sind.[594] Die kommunalen Rechtsvorschriften und somit Baumschutzsatzungen, Bebauungspläne und örtlichen Bauvorschriften sind deshalb Rechtsvorschriften des Landesrechts.[595] Dementsprechend hat zuletzt das Verwaltungsgericht Gelsenkirchen zutreffend die Klagebefugnis einer anerkannten Umweltvereinigung gegen eine Erlaubnis zur Fällung von Bäumen, die eine Baumschutzsatzung erfasst, anerkannt.[596]

b) Baumschutz durch Verwaltungsvorschriften

Zahlreiche hessische Baumschutzsatzungen gelten nicht für Bäume auf öffentlichen Flächen.[597] Einige hessische Städte haben für diese Bäume behördeninterne Verwaltungsvorschriften (‚Dienstanweisungen') erlassen, worauf die Baumschutzsatzungen der Städte auch hinweisen.[598] Nach diesen Verwaltungsvorschriften kann bei Maßnahmen an Bäumen die Zustimmung interner Stellen oder eine vorherige Abstimmung verschiedener Fachämter erforderlich sein.[599] Auf beide Varianten ist § 1 Abs. 1 S. 1 Nr. 5 UmwRG nicht anwendbar, da etwaige Entscheidungen der Verwaltungsstellen keine Verwaltungsakte sind und nicht unter Anwendung umweltbezogener Rechtsvorschriften des

594 BVerfG, Urteil vom 19.09.2018, 2 BvF 1/15, Rn. 184, juris; Urteil vom 07.10.2014, 2 BvR 1641/11, Rn. 90, juris; Urteil vom 27.05.1992, 2 BvF 1/88, Rn. 263, juris.

595 OVG Lüneburg, Beschluss vom 29.12.2020, 1 ME 68/20, Rn. 33, juris; Korioth, in: Maunz/Dürig, Art. 31 GG, Rn. 19; Wolff, in: Hömig/Wolff, Art. 31 GG, Rn. 2; Michl, NuR 2018, 845 [846].

596 VG Gelsenkirchen, Beschluss vom 20.02.2020, 6 L 62/20. Rn. 11–13, juris.

597 Vgl. oben: E.I.1.f)ac)(2).

598 § 3 Abs. 3 Nr. 4 BSS Bensheim; § 1 Abs. 2 Nr. 3 BSS Darmstadt; Präambel BSS Bad Homburg; § 1 S. 3 BSS Königstein; § 3 Abs. 5 BSS Marburg; § 3 Abs. 5 BSS Offenbach; § 3 Abs. 3 lit. b) BSS Rüsselsheim.

599 Nr. 2 der Organisationsverfügung Nr. 149 – Schutz städtischer Grünbestände der Stadt Offenbach.

Bundesrechts, des Landesrechts oder unmittelbar geltender Rechtsakte der Europäischen Union ergehen.

Selbst wenn in der Verwaltungsvorschrift eine interne Zulassungsentscheidung vorgesehen ist, fehlt es den Entscheidungen, die aufgrund baumschützender Verwaltungsvorschriften ergehen, an der für einen Verwaltungsakt erforderlichen Außenwirkung. Solche Entscheidungen sind mithin Realakte. § 1 Abs. 1 S. 1 Nr. 5 UmwRG ist jedoch auf Verwaltungsakte beschränkt, sodass Realakte nicht nach dem Umwelt-Rechtsbehelfsgesetz überprüfbar sind.[600]

Des Weiteren sind diese Verwaltungsvorschriften keine umweltbezogenen Rechtsvorschriften, weil ihnen bereits die Rechtsnormqualität fehlt. Da § 1 Abs. 4 UmwRG den Begriff der Rechtsvorschrift nicht selbstständig definiert, ist die allgemeine Abgrenzung von Rechtsvorschriften und Verwaltungsvorschriften zugrunde zu legen. Danach müssten die baumschützenden Verwaltungsvorschriften zumindest, wie zum Beispiel die TA Lärm oder TA Luft, normkonkretisierend sein und dadurch zumindest mittelbar nach außen wirken, um die Qualität einer Rechtsvorschrift zu erlangen.[601] Die baumschützenden Verwaltungsvorschriften regeln jedoch nur den Umgang kommunaler Stellen mit Bäumen auf den gemeindeeigenen Flächen, weshalb kein Rechtskreis außerhalb der Gemeindeverwaltung betroffen ist.

Trotz des gesetzgeberischen Willens, mit der Novelle des Umwelt-Rechtsbehelfsgesetzes 2017 die Vorgaben von Art. 9 Abs. 3 Aarhus-Konvention abschließend umzusetzen, werden Bedenken geäußert, ob die Beschränkung von § 1 Abs. 1 S. 1 Nr. 5 UmwRG auf Verwaltungsakte und öffentlich-rechtliche Verträge und somit der Ausschluss unter anderem von Realakten mit Art. 9 Abs. 3 Aarhus-Konvention vereinbar sind.[602] Denn eine Beschränkung auf bestimmte verwaltungsrecht-

600 OVG Münster, Beschluss vom 08.03.2019, 8 B 1651/18, Rn. 4, juris.

601 BVerwG, Beschluss vom 18.08.2005, 5 B 68/05, Rn. 6, juris; Beschluss vom 11.05.1988, 2 B 58/88, Rn. 4, juris; Eichenberger/Buchheister, in: Schoch/Schneider, § 137 VwGO, Rn. 22–24.

602 Schlacke/Römling, in: Schlacke/Bunge/Schrader, Aarhus-Handbuch, § 3, Rn. 139; weitere Beispiele nicht erfasster Gegenstände bei: Schlacke, NVwZ 2017, 905 [908]; Heß, ZUR 2018, 686 [688 f.].

liche Handlungsformen sei in Art. 9 Abs. 3 Aarhus-Konvention nicht vorgesehen.[603] Diese Kritik übersieht jedoch, dass den Konventionsstaaten ein großer Gestaltungsspielraum bei der Umsetzung von Art. 9 Abs. 3 Aarhus-Konvention eröffnet ist und die Vorschrift nach der Auffassung des Compliance Committee[604] nicht die Überprüfbarkeit sämtlicher umweltrechtlicher Maßnahmen verlangt:

> „*Unlike article 9, paragraphs 1 and 2, article 9, paragraph 3, of the Convention applies to a broad range of acts or omissions and also confers greater discretion on Parties when implementing it. Yet, the criteria for standing, if any, laid down in national law according to this provision should always be consistent with the objective of the Convention to ensure wide access to justice. The Parties are not obliged to establish a system of popular action (actio popularis) in their national laws to the effect that anyone can challenge any decision, act or omission relating to the environment.*“[605]

Des Weiteren ist zu berücksichtigen, dass Art. 9 Abs. 3 Aarhus-Konvention im Gegensatz zu Art. 9 Abs. 2 Aarhus-Konvention von den Unterzeichnerstaaten nicht verlangt, den Zugang zu Überprüfungsverfahren bei allen denkbaren Maßnahmen zu gewähren. Während in Abs. 2 von „*any decision, act or omission*“ bzw. „*toute décision, tout acte ou toute omission*“ gesprochen wird, fehlen in Abs. 3 die Wörter ‚any' bzw. ‚tout(e)'. Die deutsche Übersetzung[606] der authentischen Vertragstexte ist insofern unpräzise und verschleiert die maßgebliche Abgrenzung zwischen Abs. 2 und 3, da sie in Abs. 2 eine Übersetzung dieser Wörter unterschlägt.

Die Beschränkung auf Verwaltungsakte und öffentlich-rechtliche Verträge sowie der damit einhergehende Ausschluss von Realakten sind daher grundsätzlich vom gesetzgeberischen Gestaltungsspielraum gedeckt. Dem steht auch nicht entgegen, dass das Compliance Committee weiter verlangt, dass die Überprüfbarkeit nach den Vorgaben von Art. 9 Abs. 3 Aarhus-Konvention nicht die Ausnahme darstellen

603 Schlacke, in: Gärditz, § 1 UmwRG, Rn. 55.
604 Zur Stellung und Funktion des Compliance Committee: Bunge, in: Schlacke/Bunge/Schrader, Aarhus-Handbuch, Einleitung, Rn. 40–43.
605 ACCC/C/2008/31 Germany, findings, 19.03.2014, Rn. 92.
606 BGBl. II 2006, 1252 [1267].

darf.[607] Denn Verwaltungsakte stellen überwiegend die behördliche Entscheidungsform für umweltrelevante Maßnahmen dar.

2. Naturschutzrechtliche Mitwirkungs- und Klagerechte – §§ 63, 64 BNatSchG

§§ 63, 64 BNatSchG gewähren anerkannten Umweltverbänden Mitwirkungs- und Klagerechte. Die Vorschriften vermitteln die Rechtspositionen in den abschließend aufgezählten Fällen und enthalten Öffnungsklauseln für weitergehende landesrechtliche Vorschriften. Klage- und Mitwirkungsrechte leiten sich im baumschutzrechtlichen Kontext nur sehr begrenzt unmittelbar aus den §§ 63, 64 BNatSchG ab. Auch die Bundesländer haben nur sehr eingeschränkt entsprechende Möglichkeiten geschaffen.

a) Unmittelbare Rechtspositionen

Gemäß § 64 Abs. 1 BNatSchG können anerkannte Naturschutzvereinigungen Rechtsbehelfe gegen Entscheidungen nach § 63 Abs. 1 Nr. 2 bis 4 und Abs. 2 Nr. 4a bis 7 BNatSchG einlegen. Die Vorschrift knüpft damit an die naturschutzrechtlichen Mitwirkungsrechte an, die § 63 BNatSchG Naturschutzvereinigungen gewährt. Die Mitwirkungsmöglichkeiten nach § 63 Abs. 1 BNatSchG betreffen untergesetzliche Vorschriften nach Bundesrecht und Entscheidungen von Bundesbehörden, die keinen baumschutzrechtlichen Bezug aufweisen.

Mitwirkungsrechte in baumschutzrechtlichen Angelegenheiten ergeben sich lediglich aus § 63 Abs. 2 Nr. 1 BNatSchG. Gemäß § 63 Abs. 2 Nr. 1 BNatSchG ist einer von einem Bundesland anerkannten Naturschutzvereinigung bei der Vorbereitung von Verordnungen und anderen im Rang unter dem Gesetz stehenden Rechtsvorschriften der für Naturschutz und Landschaftspflege zuständigen Behörden der Länder Gelegenheit zur Stellungnahme und zur Einsicht in die einschlägigen

607 ACCC/C/2008/31 Germany, findings, 19.03.2014, Rn. 92; ACCC/C/2010/48 Austria, findings, 17.04.2012, Rn. 69.

Sachverständigengutachten zu geben. Als untergesetzliche Rechtsvorschriften sind kommunale Satzungen von der Vorschrift mitumfasst. Deswegen steht anerkannten Naturschutzvereinigungen bei kommunalen Baumschutzsatzungen ein Mitwirkungsrecht zu. Dies gilt hingegen nicht für Bebauungspläne und örtliche Bauvorschriften, da die Gemeinden diese nicht aufgrund naturschutzrechtlicher Rechtsgrundlagen erlassen können.[608] Allerdings verweist § 64 Abs. 1 BNatSchG nicht auf solche Entscheidungen nach § 63 Abs. 2 Nr. 1 BNatSchG. Deswegen vermittelt § 64 Abs. 1 BNatSchG über das Mitwirkungsrecht hinaus kein Klagerecht.

b) Landesrecht

§ 63 Abs. 2 Nr. 8 BNatSchG sowie § 64 Abs. 3 BNatSchG erlauben den Bundesländern, den Katalog der Mitwirkungsrechte und Rechtsbehelfsmöglichkeiten zu erweitern. Dadurch eröffnen sich in manchen Bundesländern auch in baumschutzrechtlichen Angelegenheiten erweiterte verfahrensrechtliche Möglichkeiten. Die Bundesländer haben davon insgesamt uneinheitlich und bei baumschutzrechtlichen Maßnahmen nur sehr zaghaft Gebrauch gemacht. Hessen hat wie viele andere Bundesländer die Mitwirkungs- und Klagerechte anerkannter Naturschutzvereinigungen bei baumschutzrechtlich relevanten Maßnahmen nicht erweitert.

aa) Brandenburg

Brandenburg sieht Mitwirkungs- und Klagerechte von anerkannten Naturschutzvereinigungen unter anderem vor der Erteilung von Befreiungen nach § 67 BNatSchG sowie bei Ausnahmen vom Alleenschutz vor (§ 36 Nr. 2 und 3, § 37 Abs. 1 BbgNatSchAG).

608 Leppin, in: Lütkes/Ewer, § 63 BNatSchG, Rn. 32; Kerkmann, in: Gärditz, § 63 BNatSchG, Rn. 33.

ab) Mecklenburg-Vorpommern

Ähnlich ist die Rechtslage im neben Brandenburg besonders alleenreichen Mecklenburg-Vorpommern. Gemäß § 30 Abs. 1 findet eine Mitwirkung bei der Erteilung von Befreiungen von Verboten des Alleenschutzes statt. Gegen entsprechende Befreiungen können anerkannte Naturschutzvereinigungen aber nur vorgehen, wenn mehr als zehn Bäume betroffen sind (§ 30 Abs. 5 Nr. 1 NatSchAG M-V).

ac) Nordrhein-Westfalen

Nordrhein-Westfalen hat sowohl die Mitwirkungsrechte als auch die Klagerechte durch sein Landesnaturschutzgesetz erweitert. Gemäß § 66 Abs. 1 Nr. 3 lit. a) und c) LNatSchG NRW sind anerkannte Naturschutzvereinigungen vor Befreiungen und wesentlichen Ausnahmen unter anderem von Baumschutzsatzungen und von den Verboten zum Schutz von Alleen zu beteiligen. § 68 LNatSchG NRW gewährt den anerkannten Naturschutzvereinigungen in diesen Fällen auch Klagerechte gegen entsprechende Entscheidungen.

Der Landesgesetzgeber gewährt die Rechte aber nicht bei jeder naturschutzrechtlich irgendwie relevanten Maßnahme. Dies verdeutlicht zum einen die Beschränkung auf wesentliche Ausnahmen (§ 66 Abs. 1 Nr. 3 LNatSchG NRW) und kommt zum anderen durch § 66 Abs. 2 LNatSchG NRW zum Ausdruck.[609] Danach steht das Mitwirkungsrecht in behördlichem Ermessen, wenn keine oder nur geringfügige Auswirkungen auf Natur und Landschaft zu erwarten sind. Insbesondere Ausnahmen von den Verboten der Baumschutzsatzungen für die Beseitigung einzelner Bäume dürften die Wesentlichkeitsschwelle nur überschreiten können, wenn es sich um besonders große und ökologisch leistungsstarke Bäume handelt.

609 OVG Münster, Beschluss vom 08.03.2019, 8 B 1651/18, Rn. 13 f., juris.

ad) Thüringen

§ 29 Abs. 1 Nr. 2 ThürNatG gewährt Mitwirkungsrechte unter anderem vor der Erteilung von Befreiungen von Geboten und Verboten bei geschützten Landschaftsbestandteilen (Baumschutzsatzungen – § 14 Abs. 1 ThürNatG). Gemäß § 29 Abs. 5 ThürNatG können anerkannte Naturschutzvereinigungen in diesen Fällen auch Rechtsbehelfe einlegen.

c) Verhältnis zum Umwelt-Rechtsbehelfsgesetz

§ 1 Abs. 3 UmwRG sperrt die Anwendung von der naturschutzrechtlichen Verbandsklage nur in Bezug auf § 64 Abs. 1 BNatSchG bei Planfeststellungsverfahren. Auf die durch die Landesnaturschutzgesetze eingeräumten Möglichkeiten der naturschutzrechtlichen Verbandsklage wirkt sich die Vorschrift daher nicht aus, ebenso nicht auf die Mitwirkungsrechte.

III. Zwischenfazit

Ausnahmen und Befreiungen von baumschutzrechtlichen Verboten sind der Anfechtung durch Nachbarn und andere individuelle Kläger entzogen. Allein Umwelt- und Naturschutzverbände können im Rahmen der Verbandsklage gegen entsprechende Entscheidungen vorgehen.

Dabei eröffnet das Umwelt-Rechtsbehelfsgesetz die weitgehendsten Möglichkeiten. § 1 Abs. 1 S. 1 Nr. 5 UmwRG eröffnet den Anwendungsbereich des Gesetzes sowohl für gesetzliche Vorschriften als auch für Vorschriften kommunaler Satzungen. Ausgenommen sind allein verwaltungsinterne Entscheidungen. Diese betreffen lediglich Bäume auf öffentlichen Flächen, die einige Gemeinden nur durch Verwaltungsvorschriften anstatt durch Baumschutzsatzungen schützen. Die Aarhus-Konvention verlangt jedoch keine Ausweitung der Verbandsklagebefugnis auf diese wenigen Fälle.

Die Mitwirkungs- und Klagerechte der Naturschutzvereinigungen nach §§ 63, 64 BNatSchG stehen dahinter erkennbar zurück. Soweit diese Vorschriften den Ländern erlauben, den Naturschutzvereinigungen weitergehende Klagerecht einzuräumen, haben sie davon aus Sicht des Baumschutzrechts nur in geringem Umfang Gebrauch gemacht.

Aufgrund des weitreichenden Verbandsklagerechts nach dem Umwelt-Rechtsbehelfsgesetz lässt sich kein Rechtsschutzdefizit erkennen. Allerdings ist nicht zu erwarten, dass Umweltverbände wegen jeder Einzelgenehmigung Widerspruchs- und Klageverfahren anstrengen werden und sich auf größere Fällvorhaben konzentrieren werden.

G. Baumschutz in rechtlichen Spannungsverhältnissen

Wo Bäume unter Schutz gestellt sind oder ihre Anpflanzung vorgeschrieben ist, sind häufig die Rechte von Grundstückseigentümern betroffen. Dies betrifft vor allem Privatpersonen, die dann nur eingeschränkt über ihr Grundeigentum verfügen können. Bäume in öffentlicher Verantwortung sind entweder von den Verboten ausgenommen (Baumschutzsatzungen) oder die bewachsene Fläche eignet sich wie bei Alleen oder öffentlichen Grünflächen kaum für eine alternative Nutzung.

Die Einschränkungen der Verfügungsmöglichkeiten über ein Grundstück und seine Bäume sind umfangreich mit Art. 14 Abs. 1 GG vereinbar. Sie können jedoch rechtliche Schwierigkeiten aufwerfen, wenn mehrere baumschutzrechtliche Bindungen auf ein Grundstück einwirken. Die eigentumsrechtlichen Fragen betreffen in weitem Umfang auch zivilrechtliche Positionen. Durch die Verbote baumschutzrechtlicher Vorschriften kann die Durchsetzung nachbarrechtlicher Abwehransprüche erschwert werden, wenn Bäume überwachsen. Zudem können haftungsrechtliche Probleme auftreten, wenn die Verbote erforderlichen Maßnahmen der Verkehrssicherung entgegenstehen. Insbesondere die Haftungsfragen verlangen, dass der Grundeigentümer nicht zwischen widerstreitenden Interessen zerrieben wird und ihm die Rechtsordnung einen zumutbaren Ausweg aus der Situation bietet, um sich rechtstreu verhalten zu können.

Baumschutzrechtliche Vorschriften können sich nicht nur auf das Grundeigentum, sondern auch auf öffentliche Interessen auswirken. So können in Gartendenkmälern umfangreiche Eingriffe in den Baumbestand erforderlich sein, um historische Gärten authentisch zu erhalten. Der denkmalpflegerische Auftrag und baumschutzrechtliche

Verbote können dabei miteinander kollidieren. Trotz des vordergründigen Konflikts streben Denkmalschutz und Baumschutz einen Erhalt des historischen Grüns und seiner Funktionen an, was eine belastbare Basis für mögliche Lösungen bietet.

Schließlich offenbart das Verhältnis von Baumschutz und Solaranlagen eine weitere Facette des nicht immer einfachen Verhältnisses zwischen Naturschutz und Klimaschutz durch erneuerbare Energien. Mit dem Ausbau von Solardächern tritt immer häufiger das Problem der Verschattung der Anlagen durch Bäume auf. Die damit einhergehende Unsicherheit für Bauwillige bedarf rechtssicherer Lösungen, um rechtliche Konflikte zukünftig vermeiden zu können.

I. Vereinbarkeit baumschutzrechtlicher Vorschriften mit Art. 14 Abs. 1 GG

Baumschutzrechtliche Bindungen schränken zwangsläufig die Verfügungsbefugnis über Grundstücke und Bäume ein. Entweder erschweren sie den freien Umgang mit Bäumen oder sie machen Vorgaben zur Grundstücksgestaltung durch Anpflanzungspflichten. Dies führt zu der Frage, ob und wie baumschutzrechtliche Vorschriften mit der Eigentumsgarantie gemäß Art. 14 Abs. 1 GG vereinbar sind.

Sowohl die naturschutzrechtlichen als auch die öffentlich-baurechtlichen Vorschriften des Baumschutzrechts sind Inhalts- und Schrankenbestimmungen im Sinne von Art. 14 Abs. 1 S. 2 GG. Die Gefahr unverhältnismäßiger Eingriffe in die Eigentumsfreiheit besteht heute kaum, ist aber insbesondere beim Zusammenspiel unterschiedlicher baumschützender Vorschriften auf kommunaler Ebene im Auge zu behalten.

1. Naturschutzrecht

Naturschutzrechtliche Unterschutzstellungen nach dem vierten Kapitel des Bundesnaturschutzgesetzes und somit auch diverse baumschutzrechtliche Vorschriften beschränken die Eigentümerbefugnisse bei der Grundstücksnutzung zugunsten des Umwelt- und Naturschutzes. Dabei handelt es sich um Inhalt- und Schrankenbestimmungen des Eigentums gemäß Art. 14 Abs. 1 S. 2 GG. Die baumschutzrechtlichen Verbote, auf die sich baumschutzrechtliche Vorschriften des Naturschutzrechts beschränken, sind Ausdruck der Situationsgebundenheit des Grundeigentums und daher in der Regel rechtlich unbedenklich und entschädigungslos hinzunehmen.[610]

Die von Klägern gelegentlich vorgebrachte Auffassung, dass baumschutzrechtliche Verbote, insbesondere solche von Baumschutzsatzungen, enteignend seien,[611] greift nicht durch. *Steinberg* sprach sich 1981 noch für einen entsprechenden Ansatz aus. Demnach sollten baumschutzrechtliche Verbote zu einer Unbebaubarkeit und somit zu einem faktischen Bauverbot von Grundstücken führen können. Dann sei wegen der Schwere des Eingriffs nicht mehr eine Inhalts- und Schrankenbestimmung, sondern eine Enteignung anzunehmen.[612] Dem steht die durch das Bundesverfassungsgericht vorgenommene Abgrenzung zwischen den Inhalts- und Schrankenbestimmungen sowie der Enteignung entgegen. Danach erfordert eine Enteignung, dass das Eigentumsrecht durch einen hoheitlichen Rechtsakt entzogen wird.[613] Selbst eine Unbebaubarkeit oder sonstige Unmöglichkeit der sinnvollen Grundstücksnutzung wegen baumschutzrechtlicher Bindungen lässt die Eigentümerstellung unberührt. Beeinträchtigen baumschutz-

610 BVerwG, Urteil vom 29.11.2018, 4 CN 12/17, Rn. 18, juris; Beschluss vom 30.09.1996, 4 NB 32/96, Rn. 39, juris; explizit zu Baumschutzsatzungen: OVG Lüneburg, Beschluss vom 23.10.2019, 4 LA 71/19, Rn. 9, juris; OVG Koblenz, Urteil vom 12.07.2012, 1 C 11236/11, Rn. 52, juris; OVG Saarlouis, Urteil vom 25.06.2009, 2 C 284/09, Rn. 57, juris; OVG Berlin, Urteil vom 24.11.1992, 2 B 29.90, LKV 1993, 233 [234]; VG Hamburg, Urteil vom 16.10.2017, 7 K 4333/15, Rn. 25, juris; VG Cottbus, Urteil vom 28.07.2017, 3 K 1801/15, Rn. 24, juris; VG Münster, Urteil vom 19.03.2004, 7 K 1438/01, Rn. 13, juris.

611 VG Hamburg, Urteil vom 27.02.2012, 7 K 685/10, Rn. 11, juris; VG Minden, Urteil vom 29.08.2005, 9 K 3761/04, Rn. 19, juris.

612 Steinberg, NJW 1981, 550 [557].

613 BVerfG, Urteil vom 06.12.2016, 1 BvR 2821/11, Rn. 242–257, juris; Beschluss vom 02.03.1999, 1 BvL 7/91, Rn. 74, juris; BVerwG, Urteil vom 15.02.1990, 4 C 47/89, Rn. 20 f., juris; Axer, in: Epping/Hillgruber, Art. 14 GG, Rn. 77.

rechtliche Vorschriften die Privatnützigkeit des Grundeigentums in unzumutbarer Weise, sind sie – wie sonstige naturschutzrechtliche Nutzungsverbote oder -beschränkungen – unverhältnismäßig, eine Enteignung im Sinne von Art. 14 Abs. 3 stellen sie hingegen nicht dar.[614]

Die Eigentümerbefugnisse sind unverhältnismäßig beeinträchtigt, wenn auf dem Grundstück wegen Baumerhaltungspflichten kein Raum mehr für einen sinnvollen, insbesondere ökonomisch vertretbaren privatnützigen Eigentumsgebrauch verbleibt.[615] Als unverhältnismäßig können sich baumschutzrechtliche Vorschriften deswegen vor allem dann erweisen, wenn sie der Bebaubarkeit des Grundstücks entgegenstehen. Allerdings lässt sich aus der Eigentumsgarantie kein Anspruch ableiten, die Grundstücksfläche maximal und wirtschaftlich möglichst rentabel zu bebauen. Maßstab ist der öffentlich-baurechtliche Rahmen der Grundstücksnutzung.[616] Dies bedeutet aber nicht, dass innerhalb eines Baufensters sämtliche Bäume ohne Vorhabenbezug gefällt werden dürfen. Eine Baumfällung kommt nur in Betracht, wenn das Bauvorhaben nicht gleichwertig an anderer Stelle auf dem Baugrundstück realisiert werden kann.[617] Zudem genügt es, wenn die Bäume beseitigt werden, die einem konkreten und zulässigen Bauvorhaben im Wege stehen. Durch die umfangreichen Ausnahmetatbestände der Baumschutzsatzungen ist rechtlich sichergestellt, dass die Privatnützigkeit des Grundeigentums, die zum Kernbereich der Eigentumsgarantie zählt, nicht ausgehöhlt wird, indem der Eigentümer über

614 BVerwG, Beschluss vom 17.01.2000, 6 BN 2/99, Rn. 11, juris; Beschluss vom 18.07.1997, 4 BN 5/97, Rn. 16, juris; VGH München, Urteil vom 25.04.2012, 14 B 10.1750, Rn. 26–29, juris.

615 BVerwG, Beschluss vom 17.01.2000, 6 BN 2/99, Rn. 11, juris; OVG Saarlouis, Urteil vom 25.06.2009, 2 C 284/09, Rn. 57, juris; Papier/Shirvani, in: Maunz/Dürig, Art. 14 GG, Rn. 531.

616 BVerfG, Beschluss vom 09.10.1991, 1 BvR 227/91, Rn. 12, juris; Bachmann, NJW-Spezial 2020, 556 [557].

617 Dazu ausführlich: E.I.1.g)ab)(1)(e).

seine formale Eigentümerstellung hinaus sein Grundeigentum nicht mehr sinnvoll nutzen kann.[618]

Die umstrittenen ausgleichspflichtigen Inhalts- und Schrankenbestimmungen[619] sind für das Baumschutzrecht aufgrund der Ausnahme- und Befreiungsmöglichkeiten nicht von Bedeutung. Entsprechende Ausgleichsregelungen dienen dazu, an sich unverhältnismäßigen Inhalts- und Schrankenbestimmungen zur Verhältnismäßigkeit zu verhelfen.[620]

Dass der Alleenschutz überwiegend nur Befreiungen zulässt und teilweise nur Sonderregelungen für die Verkehrssicherungspflichten enthält, ist unbedenklich, denn Alleen befinden sich schon wegen ihrer Begriffsdefinition ausschließlich entlang von Verkehrswegen und nur ausnahmsweise auf Baugrundstücken. Durch den Alleenschutz wird die Privatnützigkeit von Grundstücken allenfalls in Ausnahmefällen eingeschränkt. Sollte ein solch seltener Fall eintreten, wird eine Befreiung gemäß § 67 Abs. 1 S. 1 Nr. 2 BNatSchG wegen einer unzumutbaren Belastung in Betracht kommen können.

2. Öffentliches Baurecht

Neben den bauleitplanerischen Festsetzungen können auch örtliche Bauvorschriften und die Vorschriften der Landesbauordnungen über die Gestaltung von Grundstücksfreiflächen baumschützend sein. Sämtliche baumschützende Vorschriften des öffentlichen Baurechts sind wie die des Naturschutzrechts Inhalts- und Schrankenbestimmungen im Sinne von Art. 14 Abs. 1 S. 2 GG, da sie die Institutsgarantie des Grundrechts unangetastet lassen.[621]

---

618 VGH München, Urteil vom 25.04.2012, 14 B 10.1750, Rn. 28 f., juris; OVG Koblenz, Urteil vom 16.01.2008, 8 A 10976/07, Rn. 31, juris.

619 Ausführlich zum Streitstand: Papier/Shirvani, in: Maunz/Dürig, Art. 14 GG, Rn. 476–490.

620 Epping, Grundrechte, Rn. 486.

621 Zu bauleitplanerischen Festsetzungen: BVerwG, Beschluss vom 24.04.1991, 4 NB 24/90, Rn. 3, 7, juris; OVG Koblenz, Urteil vom 12.07.2012, 1 C 11236/11, Rn. 52, juris; OVG Lüneburg, Urteil vom 06.04.2006, 9 KN 267/03, Rn. 78, juris; Breuer,

In die Abwägung gemäß § 1 Abs. 7 BauGB hat die planende Gemeinde auch die Eigentumsgarantie als privaten Belang einzubeziehen.[622] Dabei sind in der Regel die Auswirkungen der Festsetzungen auf die Bebaubarkeit des Grundstücks zu berücksichtigen.[623] In den Begründungen der untersuchten Bebauungspläne nehmen die Auswirkungen von Festsetzungen nach § 9 Abs. 1 Nr. 25 lit. b) BauGB zwar keinen großen Raum ein. Die Festsetzungen der Frankfurter Bebauungspläne lassen aber auch kein nennenswertes Konfliktpotential erkennen. Die zeichnerischen Erhaltungsfestsetzungen betreffen vielfach Baugrundstücke, schränken dort jedoch die Bebaubarkeit nicht erkennbar ein, weil sie entweder für den Grundstücksrand oder die nicht überbaubaren Grundstücksflächen gelten.[624]

Bei Erhaltungsfestsetzungen drohen rechtliche Stolpersteine im Abwägungsvorgang nicht erst bei der Abwägung im engeren Sinne, sondern schon bei der Ermittlung des Abwägungsmaterials. Beabsichtigt die Gemeinde, Bäume mittels Festsetzungen nach § 9 Abs. 1 Nr. 25 lit. b) BauGB zu schützen, so muss sie die Erhaltenswürdigkeit der Bäume vorab ermitteln.[625] Andernfalls lassen sich das Erhaltungsinteresse und die Auswirkungen der Erhaltung auf die Grundstücksnutzung nicht abwägen.

Zeichnerisch festgesetzte Anpflanzungspflichten nach § 9 Abs. 1 Nr. 25 lit. a) BauGB betreffen nach den Ergebnissen der untersuchten Bebauungspläne nur Straßenbegleitgrün auf meist öffentlichen Verkehrsflächen. Dabei ist jedoch zu berücksichtigen, dass die Wurzeln zukünftig auf die anliegenden Grundstücke einwirken und dort erhebliche Schäden anrichten können, was den Grundstücksnachbarn nicht zuzumu-

---

in: Schrödter, § 41 BauGB, Rn. 25; zum Bauordnungsrecht: BVerwG, Urteil vom 25.06.1965, IV C 73/65, NJW 1966, 69; VGH München, Urteil vom 22.02.2000, 2 B 94.2587, Rn. 30, juris; Decker, in: Busse/Kraus, Art. 81 BayBO, Rn. 74; Hornmann, § 91 HBO, Rn. 26.

622 Battis, in: Battis/Krautzberger/Löhr, § 1 BauGB, Rn. 123.

623 BVerwG, Beschluss vom 16.01.1996, 4 NB 1/96, Rn. 4, juris.

624 Z.B. Bebauungsplan Nr. 569 – Senckenberganlage/Bockenheimer Warte; Bebauungsplan Nr. 679 – Am Industriehof.

625 OVG Lüneburg, Urteil vom 14.07.2021, 1 KN 9/20, Rn. 31, 34, juris; OVG München, Urteil vom 25.02.2019, 2 B 18.2506, Rn. 34, juris.

ten ist.[626] Mit einer passenden Baumauswahl oder einer Baugrenze bzw. Baulinie lässt sich den Gefahren im Einzelfall jedoch begegnen.

Die untersuchten Bebauungspläne der Stadt Frankfurt am Main bestätigen die Auffassung *Breuers*, dass Festsetzungen nach § 9 Abs. 1 Nr. 25 BauGB nur wenig Potential haben, die Bebaubarkeit und somit die Privatnützigkeit des Grundeigentums unverhältnismäßig zu beschränken.[627] Bei einer großzügigen Grundstücksgröße kann sogar eine Festsetzung, die eine Bepflanzung von 50 % der Grundstücksfläche vorsieht, verhältnismäßig sein, weil dann noch immer genügend Gestaltungsspielraum auf dem Grundstück verbleibt.

Dennoch ist es bei einer zu wenig durchdachten textlichen Festsetzung durchaus denkbar, dass sie den Rahmen der hinzunehmenden Sozialbindung des Eigentums überschreiten kann. Bei kleineren Baugrundstücken, die in städtischen Reihenhaussiedlungen selten größer als 300 m^2 sind, können insbesondere Anpflanzungspflichten nach § 9 Abs. 1 Nr. 25 lit. a) BauGB durch textliche Festsetzungen bedenklich sein, wenn sie die angefangene Grundstücksfläche, für die jeweils ein Baum zu pflanzen ist, zu klein bemessen. Die in Festsetzungen oftmals geforderten mittelkronigen Bäume erreichen problemlos einen Kronendurchmesser von acht bis zehn Metern (zum Beispiel Feldahorn, Erle oder Esche). Bei einem Kronendurchmesser von acht Metern nimmt der Baum ca. 50 m^2, bei einem Kronendurchmesser von zehn Metern sogar fast 80 m^2 Fläche ein. Mehr als ein Baum wird auf kleinen Grundstücken daher kaum gefordert werden können, wenn auf dem Grundstück eine hinreichend große Fläche zur baulichen Nutzung verbleiben soll.

Sinnvoll ist es daher in entsprechenden Gebieten, die Flächenvorgaben der Pflanzgebote ausreichend groß zu bemessen. So setzt die Stadt Frankfurt am Main beispielsweise in zwei Bebauungsplänen für entsprechende Reihenhaussiedlungen fest, dass je angefangene 500 m^2

626 OVG München, Beschluss vom 12.11.2018, 4 ZB 18.215, Rn. 18, juris; OLG Schleswig, Urteil vom 02.04.2002, 11 U 155/98, Die Gemeinde Schleswig-Holstein 2004, 193 f.

627 Breuer, in: Schrödter, § 41 BauGB, Rn. 25.

Grundstücksfläche ein groß- oder mittelkroniger Laubbaum zu pflanzen ist.[628]

Nahezu ausschließen lässt sich ein Konflikt mit der Bebaubarkeit, wenn sich die Festsetzung nicht an der gesamten Grundstücksfläche orientiert, sondern an der nicht überbaubaren Grundstücksfläche.[629] Dies setzt allerdings eine detaillierte Definition durch Baulinien oder Baugrenzen voraus, durch die eine für die Baumpflanzung geeignete und ausreichend dimensionierte nicht überbaubare Grundstücksfläche bestimmt wird.

Eine vergleichbare Festsetzungstechnik ist bei Anpflanzungspflichten örtlicher Bauvorschriften, für die eine Abwägung nach mit § 1 Abs. 7 BauGB vergleichbaren Maßstäben erforderlich ist,[630] zwangsläufig. Wegen der landesrechtlichen Ermächtigungsgrundlagen wie zum Beispiel § 91 Abs. 1 S. 1 Nr. 5 HBO gelten die Festsetzungen nur für die Grundstücksfreiflächen, also für die nicht überbauten Flächen bebauter Grundstücke. Eine Anpflanzungspflicht, die die Bebaubarkeit und somit die Privatnützigkeit unverhältnismäßig einschränkt, ist somit ausgeschlossen.

3. Additiver Grundrechtseingriff durch baumschutzrechtliche Vorschriften

Erhaltungspflichten und Pflanzgebote verschiedener baumschutzrechtlicher Vorschriften können zusammenwirken, wodurch im Zusammenspiel der Vorschriften die Nutzbarkeit von Grundstücken einge-

628 Bebauungsplan Nr. 803 Ä4 – Riedberg – Altkönigblick, textliche Festsetzung Nr. 6.1; Bebauungsplan Nr. 803 Ä3 – Riedberg – Ginsterhöhe, textliche Festsetzung Nr. 6.1.

629 So z.B. Bebauungsplan Nr. 890 – Westlich Friedberger Warte, textliche Festsetzung Nr. 8; Bebauungsplan Nr. 702Ä – Bankenviertel, textliche Festsetzung Nr. 6.1.

630 OVG Koblenz, Urteil vom 01.10.2008, 1 A 10362/08, amtlicher Leitsatz Nr. 5, Rn. 52, juris; VGH Kassel, Urteil vom 28.04.2005, 9 UE 372/04, Rn. 39, juris; Beschluss vom 02.04.1992, 3 N 2241/89, Rn. 20, juris; OVG Weimar, Urteil vom 03.05.1995, 1 KO 16/93, Rn. 46 f., juris.

schränkt werden kann, insbesondere deren Bebaubarkeit. Neben den Erhaltungspflichten einer Baumschutzsatzung können für Baugrundstücke auch baumschutzrechtliche Festsetzungen von Bebauungsplänen und örtlichen Bauvorschriften gelten. Einzeln betrachtet sind solche Regelungen meist unbedenkliche Inhalts- und Schrankenbestimmungen. Kumulieren sich mehrere solcher baumschutzrechtlichen Pflichten, besteht die Gefahr eines unverhältnismäßigen additiven Grundrechtseingriffs, der auch für Eingriffe in das Eigentumsrecht anerkannt ist.[631]

Im Ergebnis kann dies dazu führen, dass ein bauplanungsrechtlich bebaubares Grundstück faktisch kaum noch bebaubar ist, da das Zusammenwirken der baumschutzrechtlichen Vorschriften eine zu umfangreiche Begrünung verlangt. Die Verhältnismäßigkeit ist dann nicht punktuell für die einzelnen Regelungen, sondern in ihrem kumulativen Zusammenwirken zu beurteilen.

Ein additiver Grundrechtseingriff ist auch denkbar, wenn eine einzelne baumschutzrechtliche Bindung mit anderen Inhalts- und Schrankenbestimmungen zusammenwirkt. Dies können vor allem öffentlich-baurechtliche Festsetzungen oder denkmalrechtliche Vorgaben sein, durch die zusammengenommen das Grundeigentum unverhältnismäßig beeinträchtigt werden kann.[632]

Dem Risiko additiver Grundrechtseingriffe lässt sich vor allem bei kommunalen Satzungen vorbeugen, indem das Verhältnis von Satzungen mit baumschutzrechtlichem Inhalt untereinander geregelt wird. Dadurch lassen sich kumulative baumschutzrechtliche Bindungen vermeiden. Bei örtlichen Bauvorschriften, deren Anpflanzungspflichten denen nach § 9 Abs. 1 Nr. 25 lit. a) BauGB stark ähneln können, bietet sich eine Subsidiaritätsklausel gegenüber Bebauungsplänen bei Festset-

631 Hess. Staatsgerichtshof, Urteil vom 12.02.2020, P.St 2610, Rn. 400, juris; Ruschemeier, Der additive Grundrechtseingriff, 40 f.; Kreuter-Kirchhof, NVwZ, 2019, 1791 [1793–1797].

632 OVG Saarlouis, Urteil vom 25.06.2009, 2 C 284/09, Rn. 62, juris; VG Hamburg, Urteil vom 16.10.2017, 7 K 4333/15, Rn. 25, juris.

zungen mit identischem Inhalt an, wie sie der Entwurf der Frankfurter Freiraumsatzung vorsieht:

> *„Soweit Bebauungspläne einzelne oder mehrere Festsetzungen zu den nicht überbauten Flächen der bebauten Grundstücke und der äußeren Gestaltung baulicher Anlagen treffen, finden die auf diese Festsetzungen bezogenen Vorschriften dieser Freiraumsatzung keine Anwendung.“*[633]

Des Weiteren sollten auf Grundstücken vorhandene und insbesondere die bestandsgeschützten Bäume auf die Anzahl der wegen baurechtlicher Anpflanzungspflichten neuzupflanzenden Bäume angerechnet werden.[634] Dadurch lässt sich eine die Bebaubarkeit des Grundstücks ausschließende Bündelung von baumschutzrechtlichen Pflichten vermeiden.

II. Ziviles Nachbarschaftsrecht

Der Streit zwischen Nachbarn um den Überhang und Überwuchs an der Nachbargrenze ist kein Rechtsphänomen der Neuzeit oder Moderne. Bereits der corpus iuris civilis befasste sich ausführlich mit Rechtsfragen rund um den Überhang von Bäumen auf Nachbargrundstücke.[635] Das Sachenrecht regelt mit § 910 BGB den Überhang von Ästen und den Überwuchs von Wurzeln auf Nachbargrundstücke. Baumschutzrechtliche Vorschriften können sich auf die Abwehrrechte von Nachbarn sowie deren Durchsetzung erheblich auswirken.

1. Rechte des gestörten Nachbarn

Mit den Vorschriften des Bürgerlichen Gesetzbuches über das Eigentum (§§ 903 bis 1011 BGB) wird das zivilrechtliche Verhältnis der Nachbarn teilweise sehr detailliert geregelt, wodurch dem speziellen

---

633 § 9 des Entwurfs der Frankfurter Freiraumsatzung.

634 So z.B.: Bebauungsplan Nr. 896 – Flößerbrücke/Südlich Oskar-von-Miller-Straße, textliche Festsetzung Nr. 7.

635 Dig. 43.27.0. De arboribus caedendis.

Konfliktpotential von Nachbarschaftsverhältnissen in besonderer Weise Rechnung getragen wird. Die zivilrechtlichen Vorschriften ermöglichen dem beeinträchtigten Nachbarn, sich sowohl gegen Überhang und Überwuchs von Gehölzen auf sein Grundstück als auch gegen überfliegende Baumimmissionen wie Laub zu wehren. Eine besondere Rolle nehmen bei diesen Abwehrrechten die landesrechtlichen Nachbarschaftsgesetze ein, die zudem eigene Abwehrrechte von Nachbarn begründen. Auf diese nachbarrechtlichen Rechtspositionen können sich Baumschutzvorschriften auswirken.

a) Selbsthilferecht – § 910 BGB

Gemäß § 910 Abs. 1 BGB kann ein Grundstückseigentümer die überwachsenden Wurzeln und überhängenden Zweige sowie Äste eines Nachbarbaums abschneiden und behalten, wenn er den Nachbarn zuvor erfolglos zur Beseitigung aufgefordert hat. Zudem muss der Überwuchs oder Überhang auch die Benutzung seines Grundstücks beeinträchtigen (§ 910 Abs. 2 BGB), wobei die Beeinträchtigung durch Laub und Blütenstaub überhängender Äste genügt.[636] Die Tatbestandsvoraussetzung der Beeinträchtigung war im Entstehungsprozess des Bürgerlichen Gesetzbuchsbuchs stark umstritten. Um Bäume als Wirtschaftsgut und somit als schützenswerte Rechtsposition des Baumeigentümers vor unnötigen Schäden zu schützen, wurde die Einschränkung aufgenommen und besteht heute noch wortgleich fort.[637] Das Erfordernis der Beeinträchtigung ist auch aus ökologischer Perspektive sinnvoll, um der Zerstörung von Bäumen vor allem durch das Abschneiden der Wurzeln vorzubeugen. Dieser Aspekt wird bei der tatgerichtlichen Entscheidung über eine etwaige Beeinträchtigung allerdings nur eine Rolle spielen können, wenn die Vorschrift umweltrechtlich aufgeladen wird, wofür zumindest ihr Entstehungsprozess indes keinen Anlass bietet.

636 BGH, Urteil vom 14.06.2019, V ZR 102/18, Rn. 7, juris.

637 Mugdan, Die gesammelten Materialien zum Bürgerlichen Gesetzbuch für das Deutsche Reich III, 159–161, 973.

An die Beeinträchtigung legen einige Gerichte strenge Maßstäbe an, indem unwesentliche oder unerhebliche Beeinträchtigungen nicht ausreichen sollen.[638] Ein solches Verständnis geht allerdings über den Wortlaut der Vorschrift hinaus.[639] Zudem spricht auch § 906 Abs. 1 S. 1 BGB dagegen, wonach unwesentliche Beeinträchtigungen explizit ausgeschlossen sind. Ein entsprechendes Verständnis der Beeinträchtigung im Sinne von § 910 Abs. 2 BGB erscheint daher aus systematischen Gründen unzutreffend. Im Interesse des Baumschutzes wäre ein mit § 906 Abs. 1 S. 1 BGB vergleichbarer Maßstab zu begrüßen, weswegen gute Gründe dafürsprechen, § 910 Abs. 2 BGB entsprechend anzupassen.

Die Auswirkungen des Rückschnitts auf die Vitalität des Baums können nach dem Bundesgerichtshof das Selbsthilferecht nicht ausschließen oder beschränken.[640] Mithin kommt es nicht darauf an, ob im Zuge der Beseitigung des Überhangs oder des Überwuchses der Baum erheblich beschädigt wird. Der Bundesgerichtshof widerspricht damit der bisherigen Auffassung mehrerer Oberlandesgerichte, deren Argumentation sich aber nicht auf den ökologischen Verlust stützt, sondern darauf, dass der erlaubte Rückschnitt faktisch zu einer unerlaubten Beseitigung erwachse.[641]

Für die Auffassung des Bundesgerichtshofs spricht der Wortlaut der Vorschrift, weil er das Selbsthilferecht nicht ausdrücklich wegen seiner Auswirkungen auf den Baum und seine Vitalität einschränkt. Sachgerecht erscheint das Ergebnis hingegen nicht, weil danach geringfügige Beeinträchtigungen durch einen Baum Maßnahmen rechtfertigen können, die faktisch das Absterben des Baums verursachen können. Das kann zum einen den ökologisch nur schwer zu kompensieren-

638 OLG Karlsruhe, Urteil vom 27.05.2014, 12 U 168/13, Rn. 58, juris; OLG Koblenz, Beschluss vom 08.10,2013, 3 U 631/13, Rn. 27, 30 f., juris; OLG Köln, Urteil vom 12.07.2011, I-4 U 18/10, Rn. 22, juris; Herrler, in: Palandt, § 910, Rn. 3.

639 AG Königstein, Urteil vom 19.04.2000, 21 C 113/00 (11), NJW-RR 2000, 1256; Lüke, in: Grziwotz/Lüke/Saller, Praxishandbuch Nachbarrecht, Kap. 2, Rn. 374.

640 BGH, Urteil vom 11.06.2021, V ZR 234/19, Rn. 23–27, juris.

641 OLG Brandenburg, Urteil vom 08.02.2018, 5 U 109/16, Rn. 32 f., juris; OLG Köln, Urteil vom 12.07.2011, I-4 U 18/10, Rn. 21 f., juris; OLG Saarbrücken, Urteil vom 23.08.2007, 8 U 385/06–102, Rn. 26, juris.

den Verlust ausgewachsener Bäume wegen unverhältnismäßig geringer Beeinträchtigungen des Nachbarn bedeuten und zum anderen zum eigentumsrechtlichen Verlust des Baums führen, dem keine gleichwertige Beeinträchtigung des Nachbarn gegenübersteht. Auch aus diesen Gründen erscheint eine Beschränkung des Selbsthilferechts auf unwesentliche oder unerhebliche Beeinträchtigungen geboten, um den Abgang von Bäumen wegen Bagatellfällen zu vermeiden.

Schließlich reicht das Selbsthilferecht zum Rückschnitt nur so weit, wie die Wurzeln, Zweige oder Äste auf das Grundstück herüberragen.[642] Der flurstücksgenaue Schnitt wird aus baumpflegerischer Sicht allerdings nicht immer der Sinnvollste sein. Bei Rückschnitten hinter der Grundstücksgrenze sollte der Baumeigentümer also stets berücksichtigen, dass ein solcher durchaus seinem Interesse am Erhalt des Baums entsprechen kann, auch wenn er ihn nicht dulden muss.

b) Beseitigungsanspruch – § 1004 BGB

Neben das Selbsthilferecht des gestörten Eigentümers nach § 910 BGB tritt der Beseitigungsanspruch aus § 1004 Abs. 1 BGB. Den Streit um das Verhältnis zwischen Selbsthilferecht und Beseitigungsanspruch hat der Bundesgerichtshof zugunsten des mit Überhang und Überwuchs konfrontierten Grundstückseigentümers gelöst, indem die Vorschriften nebeneinander anwendbar sind und § 910 den Beseitigungsanspruch nach § 1004 Abs. 1 BGB nicht ausschließt.[643] Dabei ist jedoch zu berücksichtigen, dass für § 1004 Abs. 1 BGB auch § 910 Abs. 2 BGB gilt und der Beseitigungsanspruch entfällt, wenn die Wurzeln oder Zweige die Benutzung des Grundstücks nicht beeinträchtigen.[644]

642 Lüke, in: Grziwotz/Lüke/Saller, Praxishandbuch Nachbarrecht, Kap. 2, Rn. 386.

643 BGH, Urteil vom 28.11.2003, V ZR 99/03, Rn. 10, juris; Urteil vom 07.03.1986, V ZR 92/85, Rn. 13, juris.

644 BGH, Urteil vom 11.06.2021, V ZR 234/19, Rn. 9, juris; Urteil vom 22.02.2019, V ZR 136/18, Rn. 10, juris; Urteil vom 26.11.2004, V ZR 83/04, Rn. 28, juris; Urteil vom 14.11.2003, V ZR 102/03, Rn. 20, juris.

Darüber hinaus kann der Beseitigungsanspruch auch verjähren, das Selbsthilferecht gemäß § 910 BGB hingegen nicht.[645]

§ 1004 Abs. 1 BGB schließt eine Lücke, die § 910 BGB wegen der Beschränkung des Selbsthilferechts auf Wurzel und Zweige offenlässt. Denn § 910 BGB erlaubt nicht das Zurückschneiden eines überwachsenden Baumstamms.[646]

c) Nachbarschaftsrecht der Bundesländer

Gemäß Art. 124 EGBGB ist es den Bundesländern gestattet, das Grundeigentum zugunsten der Nachbarn noch anderen als den im Bürgerlichen Gesetzbuch bestimmten Beschränkungen zu unterwerfen. In ihren Nachbarrechtsgesetzen haben zahlreiche Bundesländer Vorschriften erlassen, die einen Mindestabstand von Bäumen und anderen Gehölzen zu Nachbargrundstücken verlangen.

Die einzuhaltenden Abstände können in Abhängigkeit von der Baumart[647] oder von der Baumhöhe[648] variieren. Wird der Grenzabstand unterschritten, kann der betroffene Nachbar den Rückschnitt oder die Beseitigung des Baums verlangen.[649] Die Ansprüche aus den Nachbarrechtsgesetzen stehen neben denen nach §§ 910, 1004 BGB und können nach Maßgabe der landesrechtlichen Bestimmungen verjähren.

d) Weitere Abwehrrechte der Nachbarn

Gemäß § 906 Abs. 1 S. 1 BGB kann der Eigentümer eines Grundstücks die Zuführung von Gasen, Dämpfen, Gerüchen, Rauch, Ruß, Wärme, Geräusch, Erschütterungen und ähnliche von einem anderen Grundstück ausgehende Einwirkungen verbieten, wenn die Einwirkung die Benutzung seines Grundstücks nicht nur unwesentlich beeinträchtigt.

645 BGH, Urteil vom 22.02.2019, V ZR 136/18, Rn. 17, juris; Roth, in: Staudinger, § 910 BGB, Rn. 2.

646 Roth, in: Staudinger, § 910 BGB, Rn. 17.

647 Z.B. § 38 HessNachbG; § 16 Abs. 1 NachbarRG BW.

648 Z.B. Art. 47 Abs. 1 BayAGBGB.

649 Übersicht der landesrechtlichen Regelungen bei: Lüke, in: Grziwotz/Lüke/Saller, Praxishandbuch Nachbarrecht, Kap. 2, Rn. 351a-353.

Das Gleiche gilt gemäß § 906 Abs. 2 S. 1 BGB, wenn eine wesentliche Beeinträchtigung durch eine ortsübliche Benutzung des anderen Grundstücks herbeigeführt wird und nicht durch Maßnahmen verhindert werden kann, die Benutzern dieser Art wirtschaftlich zumutbar sind.

§ 906 BGB wird regelmäßig herangezogen, um Baumimmissionen wie Laub, Baumsäfte oder Pollen als ähnliche von einem anderen Grundstück ausgehende Einwirkungen im Sinne von § 906 Abs. 1 S. 1 BGB zu unterbinden. Solche Ansprüche sind jedoch überwiegend abzulehnen, da die Auswirkungen der Bäume das Nachbargrundstück meist nur unwesentlich beeinträchtigen[650] oder wie die Verschattung keine ähnliche Auswirkung im Sinne der Vorschrift sind.[651]

Auch aus dem nachbarlichen Gemeinschaftsverhältnis ergibt sich in der Regel kein Abwehranspruch gegen überwachsende Bäume. Die Rechtsbeziehungen zwischen Nachbarn regeln die Vorschriften der §§ 905 bis 924 BGB sowie die Nachbarrechtsgesetze der Länder detailliert. Darüberhinausgehende Rechte und Pflichten kommen nur ausnahmsweise in Betracht, *„wenn ein über die gesetzliche Regelung hinausgehender billiger Ausgleich der widerstreitenden Interessen dringend geboten erscheint."*[652] Grenzüberschreitender Baumwuchs oder auch die besondere Höhe von Bäumen und die damit verbundenen Beeinträchtigungen des Nachbargrundstücks rechtfertigen einen Anspruch aus dem nachbarlichen Gemeinschaftsverhältnis nach Auffassung des Bundesgerichtshofs jedenfalls nicht.[653]

Ganz ohne jegliche Störung des Nachbarn rechtfertigt § 923 Abs. 2 S. 1 BGB die Beseitigung eines Grenzbaums. Die Beseitigung kann der Nachbar unter den engen Voraussetzungen von § 923 Abs. 2 S. 4 BGB oder nach § 242 BGB allerdings verhindern. Ökologische Gründe

650 Roth, in: Staudinger, § 906 BGB, Rn. 169; Ring, in: Ring/Grziwotz/Keukenschrijver, § 906 BGB, Rn. 243.

651 BGH, Urteil vom 10.07.2015, V ZR 229/14, Rn. 6, 12 f., juris.

652 BGH, Urteil vom 20.09.2019, V ZR 218/18, Rn. 21, juris.

653 BGH, Urteil vom 26.11.2004, V ZR 83/04, R. 18 f.; juris; Urteil vom 14.11.2003, V ZR 102/03, Rn. 15–17, juris.

lassen sich der Beseitigung des Grenzbaums hingegen nicht entgegenhalten.[654]

2. Auswirkung des Baumschutzes auf Abwehrrechte des gestörten Nachbarn

Baumschutzrechtliche Vorschriften können der Durchsetzung von nachbarlichen Abwehrrechten wegen störender Bäume entgegenstehen, wenn die erforderlichen Maßnahmen einen baumschutzrechtlichen Verbotstatbestand erfüllen. Dies ergibt sich aus Art. 111 EGBGB sowie aus § 903 BGB.

a) Landesrechtliche Vorschriften

Gemäß Art. 111 EGBGB bleiben landesgesetzliche Vorschriften, die im öffentlichen Interesse das Eigentum in Ansehung tatsächlicher Verfügungen beschränken, unberührt. Dies bedeutet, dass die zivilrechtlichen Abwehrpositionen gegen überwachsende oder gegen zu dicht an die Grundstücksgrenze gepflanzte Bäume den Baumschutzvorschriften nicht vorgehen und landesrechtliche Regelungen das Eigentumsrecht allgemein einschränken können.[655]

Für Baumschutzsatzungen ist mittlerweile umfassend geklärt, dass deren Verbote wegen Art. 111 EGBGB der Ausübung eines Selbsthilferechts aus § 910 Abs. 1 BGB oder der Durchsetzung eines nachbarrechtlichen Beseitigungsanspruchs entgegenstehen können. Die Verbote von Baumschutzsatzungen richten sich nicht nur gegen den Baum- und Grundstückseigentümer, sondern gelten im Rahmen des Geltungsbereichs der Satzung für jedermann, weswegen sie auch der durch einen Baum gestörte Nachbar hinnehmen muss.[656]

654 OLG München, Urteil vom 10.06.1992, 27 U 673/91, NJW-RR 1992, 1369.

655 BVerwG, Beschluss vom 01.02.1996, 4 B 303/95, Rn. 10, juris; OLG Bremen, Urteil vom 15.05.1998, 4 U 4/98, Rn. 11, juris; OLG Frankfurt, Urteil vom 13.06.1991, 1 U 122/89, NJW-RR 1991, 1364 [1365].

656 BGH, Urteil vom 11.06.2021, V ZR 234/19, Rn. 29, juris; Urteil vom 14.06.2019, V ZR 102/18, Rn. 14, juris; OLG Hamm, Beschluss vom 06.11.2007, 3 Ss OWi

Dem lässt sich nicht entgegenhalten, dass Baumschutzsatzungen als kommunale Rechtsvorschriften keine landesgesetzlichen Vorschriften im Sinne von Art. 111 EGBGB seien. Nach Auffassung des Amtsgerichts Kerpen seien landesgesetzliche Vorschriften nur solche Regelungen, die für das gesamte Gebiet eines Bundeslandes und nicht bloß für das einer Gemeinde gelten. Das Gericht befürchtet vor allem eine Zersplitterung der rechtlichen Verhältnisse, weil nicht in jeder Gemeinde Baumschutzsatzungen gelten. Das Amtsgericht Kerpen verkennt jedoch, dass kommunale Satzungen Bestandteil des Landesrechts sind und keine eigenständige normative Ebene neben dem Bundes- und Landesrecht darstellen.[657] Darüber hinaus stellen regelmäßig Landesbehörden wie die Regierungspräsidien durch Rechtsverordnung einzelne Gebiete flächenhaft unter Schutz.[658] Nach der Argumentation des Amtsgerichts Kerpen wären auch diese Rechtsverordnungen kein Landesrecht, weil sie nicht landesweit gelten.

Landesrechtliche Vorschriften im Sinne von Art. 111 EGBGB sind neben den Baumschutzsatzungen auch Bebauungspläne oder die Landesnaturschutzgesetze, deren baumschützende Verbote deswegen ebenfalls nachbarrechtlichen Abwehransprüchen entgegenstehen können. Baumschützende Festsetzungen nach § 9 Abs. 1 Nr. 25 lit. b) BauGB richten sich nicht nur an den Eigentümer des bepflanzten Grundstücks und wirken sich daher ebenfalls auf nachbarrechtliche Abwehransprüche aus. Dies verdeutlicht auch der Ordnungswidrigkeitstatbestand des § 213 Abs. 1 Nr. 3 BauGB, mit dem geschützte Bäume vor Beseitigung und Beschädigung geschützt werden sollen und der sich an jedermann (‚wer') und nicht bloß an den Eigentümer des bepflanzten Grundstücks richtet.

494/07, Rn. 8, juris; OLG Düsseldorf, Urteil vom 20.04.1988, 9 U 228/87, Rn. 28, juris.

657 Dazu ausführlich oben: F.II.1.a) AG Kerpen, Urteil vom 12.04.2011, 110 C140/10, Rn. 28–31, juris.

658 Z.B. nach § 12 Abs. 2 S. 1 Nr. 2, § 1 Abs. 2 HAGBNatSchG.

b) Entgegenstehende Gesetze

Gemäß § 903 S. 1 BGB gelten die Rechte des Grundstückseigentümers und somit auch die des gestörten Nachbarn nicht uneingeschränkt, sondern nur soweit nicht das Gesetz entgegensteht. Gesetz in diesem Sinne sind nicht bloß die nicht abschließenden Vorschriften über die Eigentumsbegrenzungen der §§ 903 ff. BGB, sondern wegen Art. 2 EGBGB sämtliche Rechtsnormen. Eigentumsbeschränkungen können sich somit auch aus baumschutzrechtlichen Satzungen sowie aus anderen baumschützenden Vorschriften ergeben und den Abwehrrechten von Nachbarn entgegengehalten werden.[659]

3. Erforderlicher Dispens von baumschützenden Verboten

Der Störer kann sich jedoch nicht uneingeschränkt hinter einem baumschutzrechtlichen Verbot verstecken, wenn ein Dispens von dem baumschützenden Verbot beantragt werden kann. Der nachbarrechtliche Abwehranspruch ist nur dann nicht durchsetzbar, wenn eine Ausnahme oder Befreiung von dem baumschützenden Verbot rechtskräftig versagt wurde. Die Abhängigkeit des zivilrechtlichen Anspruchs und seiner Durchsetzung von einer behördlichen Entscheidung verursacht sowohl im Zivilprozess als auch bei verwaltungsgerichtlichen Verfahren Schwierigkeiten.

a) Zivilprozess

Nach Auffassung des Bundesgerichtshofs muss das Zivilgericht selbstständig prüfen, ob die Voraussetzungen für einen Dispens von einem baumschützenden Verbot vorliegen. In Abhängigkeit vom Ergebnis der inzidenten Prüfung der Ausnahme- oder Befreiungsvoraussetzungen soll das Zivilgericht den Anspruch abweisen oder ihm stattgeben.

659 OLG München, Urteil vom 21.01.1991, 17 U 2577/90, MDR 1991, 971; OLG Düsseldorf, Urteil vom 20.04.1988, 9 U 228/87, Rn. 20 f., juris; Althammer, in: Staudinger, § 903 BGB, Rn. 14, 16–18; Brückner, in: MüKo, § 903 BGB, Rn. 30, 58; Lüke, in: Grziwotz/Lüke/Saller, Praxishandbuch Nachbarrecht, Kap. 2, Rn. 360.

Da die endgültige Entscheidung über den Dispens der zuständigen Behörde und den Verwaltungsgerichten obliegt, soll das Zivilgericht den Störer nur unter dem Vorbehalt verurteilen, dass die erforderliche Erlaubnis einzuholen ist. Deswegen sollten nicht nur der Baumeigentümer und beklagte Störer zur Antragstellung vor den Behörden berechtigt sein, sondern auch der Nachbar, der sich gegen den störenden Baum wehrt:

> *„Nach der Rechtsprechung des Senats stellen aber naturschutzrechtliche Verbote die Störereigenschaft eines Grundstückseigentümers jedenfalls solange nicht in Frage, wie er mit Erfolg eine Ausnahmegenehmigung für die Beseitigung der Störungsquelle beantragen kann […].*
> *Ob das der Fall ist, müssen die Zivilgerichte, ebenso wie das Bestehen des Verbots, selbstständig prüfen. Ergibt die Prüfung, dass die verlangte Maßnahme nach der Baumschutzsatzung grundsätzlich verboten [ist] und eine Befreiungsmöglichkeit von dem Verbot nicht besteht, scheidet eine Verurteilung zur Beseitigung aus […]. In diesem Fall ist auch das Selbsthilferecht aus § 910 Abs. 1 Satz 2 BGB ausgeschlossen […]. Wird die Befreiungsmöglichkeit dagegen bejaht, muss in den Tenor einer eventuellen Verurteilung der Vorbehalt einer Ausnahmegenehmigung aufgenommen werden, auch wenn das nicht in dem Klageantrag enthalten ist […]. Der Nachbar, der an der Durchsetzung eines ihm zustehenden privatrechtlichen Anspruchs auf Rückschnitt der Äste eines Baums (§ 910 Abs. 1 BGB) durch dieses Recht überlagernde öffentlich-rechtliche Bestimmungen einer Baumschutzsatzung gehindert wird, ist ebenso wie der Eigentümer des Baums befugt, selbst eine Ausnahme von dem baumschutzrechtlichen Verbot zu beantragen und im Streit darüber den Verwaltungsrechtsweg zu beschreiten.“*[660]

Diese Auffassung des Bundesgerichtshofs wirft verfahrenspraktische und verfahrensrechtliche Fragen auf.

Da der Anspruch auf Beseitigung bzw. Duldung des Rückschnitts im Rahmen des Selbsthilferechts unter Vorbehalt gestellt werden soll, sollen die Zivilgerichte – wie der Bundesgerichtshof unumwunden zugibt – vom Klageantrag abweichend tenorieren.[661] Diese Abweichung vom Klageantrag verstößt zwar nicht gegen § 308 Abs. 1 ZPO, wonach die Zivilgerichte an die Parteianträge gebunden sind, weil der nicht bean-

660 BGH, Urteil vom 14.06.2019, V ZR 102/18, Rn. 14 f., juris.

661 Tenorierungsbeispiel bei: LG Hamburg, Urteil vom 02.08.2019, 304 O 91/17, vor Rn. 1, juris.

tragte Vorbehalt ein *„formell notwendiges Weniger"*[662] gegenüber dem ursprünglichen Klageantrag und kein unzulässiges aliud ist.

Letztlich führt die inzidente Prüfung der Dispensvoraussetzungen durch die Zivilgerichte jedoch zu einer parallelen Doppelbefassung von Zivil- und Verwaltungsgericht mit den baumschutzrechtlichen Fragen. Dies kann wiederum divergierende Entscheidungen der verschiedenen Gerichtsbarkeiten in derselben Angelegenheit zur Folge haben, die zu vermeiden sind.[663]

Sinnvoller ist es daher, das zivilgerichtliche Verfahren nach § 148 ZPO auszusetzen. Diese Alternative, die *Roth* ohne nähere Begründung als nicht vorzugswürdig erachtet,[664] hat der Bundesgerichtshof bislang noch nicht diskutiert. Gemäß § 148 Abs. 1 ZPO kann das Gericht, wenn die Entscheidung des Rechtsstreits ganz oder teilweise von einer behördlichen Entscheidung abhängt, das Verfahren bis zur Entscheidung über die verwaltungsrechtliche Frage von Amts wegen aussetzen. Das Aussetzen ist auch dann möglich, wenn der Antrag bei der Behörde noch nicht gestellt wurde. Liegt eine bestandskräftige Erlaubnis zum Rückschnitt oder zur Fällung des störenden Baums vor, kann der Zivilprozess wiederaufgenommen und mit einem vorbehaltlosen Urteil abgeschlossen werden.

Dieser Weg ist auch unter vollstreckungsrechtlichen Gesichtspunkten zu bevorzugen. Denn das Urteil lässt sich regulär vollstrecken und nicht unter den zusätzlichen Voraussetzungen nach § 726 Abs. 1 ZPO über bedingte Urteile.[665]

Schließlich stellt sich die Frage, ob der störende Nachbar zur Antragstellung gezwungen werden kann. Der Bundesgerichtshof hat sich an dieser Stelle für eine praktische Lösung entschieden, indem er dem ge-

662 BGH, Urteil vom 20.11.1992, V ZR 82/91, Rn. 19, juris.

663 BGH, Beschluss vom 22.03.2018, I ZR 76/17, Rn. 9, 11, juris; Wöstmann, in: Saenger, § 148 ZPO, Rn. 1.

664 Roth, in: Staudinger, § 910 BGB, Rn. 22; jeweils ohne Präferenz: Peter, in: Schäfer/Fink-Jamann/Peter, Vorb. §§ 40–48 NachbarRG NRW, Rn. 71; Lüke, in: Grziwotz/Lüke/Saller, Praxishandbuch Nachbarrecht, Kap. 2, Rn. 361.

665 Zur Erforderlichkeit der Zwangsvollstreckung nach § 726 ZPO: BGH, Urteil vom 14.06.2019, V ZR 102/18, Rn. 15, juris.

störten Nachbarn eine eigene Antragsbefugnis für den erforderlichen Dispensantrag zuspricht.[666]

b) Verwaltungsrechtliche Antrags- und Klagebefugnis

aa) Antrags- und Klagebefugnis des gestörten Nachbarn

Neben dem Bundesgerichtshof nehmen auch Verwaltungsgerichte die erforderliche Antrag- bzw. Klagebefugnis im Sinne von § 42 Abs. 2 VwGO des gestörten Nachbarn an, damit dieser die erforderliche behördliche Erlaubnis beantragen und gegebenenfalls erstreiten kann.[667] Aus pragmatischer Sicht ist diese Lösung nachvollziehbar. Denn der Baumeigentümer wird selten ein Interesse am Dispens von den baumschutzrechtlichen Verboten haben, der für den Erfolg des gegen ihn gerichteten Anspruchs erforderlich ist. Damit leitet die Rechtsprechung die Antrags- und Klagebefugnis aus Zweckmäßigkeitserwägungen aus dem zivilrechtlichen Abwehrrecht des Nachbarn ab.

Diese Lösung erscheint zwar durchaus sachgerecht, allerdings nicht zwingend erforderlich. Denn einige Baumschutzsatzungen berechtigen den Nachbarn bereits ausdrücklich dazu, eine Ausnahme zu beantragen.[668] Zudem ergibt sich die Antrags- und Klagebefugnis des gestörten Nachbarn unmittelbar aus den Dispenstatbeständen, weil diese Abweichungen von den Ver- und Geboten aufgrund potentieller Auswirkungen auf das Grundeigentum oder anderer subjektiver Positionen des Nachbarn zulassen. Der Schutzzweck der Ausnahmetatbestände umfasst mithin auch den Nachbarn.

666 BGH, Urteil vom 14.06.2019, V ZR 102/18, Rn. 15, juris; Beschluss vom 10.04.2014, V ZB 168/13, Rn. 8, juris; Urteil vom 20.11.1992, V ZR 82/91, Rn. 22, juris.

667 BGH, Urteil vom 14.06.2019, V ZR 102/18, Rn. 15, juris; OVG Saarlouis, Beschluss vom 07.06.2017, 2 A 361/17, Rn. 13, juris; OVG Bremen, Urteil vom 26.03.1985, 1 BA 85/84, NVwZ 1986, 953; OVG Berlin, Urteil vom 27.01.1978, II B 75.76, Rn. 16, juris; VG Düsseldorf, Urteil vom 28.07.2006, 9 K 3675/05, Rn. 16, juris; VG Köln, Urteil vom 07.10.2003, 14 K 736/02, Rn. 21, juris.

668 Z.B. § 3 Abs. 3 BSS Frankfurt (Main); § 6 Abs. 2 BSS Offenbach.

Da letztlich beide Auffassungen die Klagebefugnis des Nachbarn bejahen und somit zum gleichen verfahrensrechtlichen Ergebnis führen, ist zu erwarten, dass die Rechtsprechung nicht von ihrer bisherigen Auffassung abweicht. Interessant ist allerdings, dass das Verwaltungsgericht Augsburg die Klagebefugnis des Nachbarn überhaupt nicht thematisiert, wenn er sich nicht im Kontext eines Nachbarstreits ohne paralleles Verfahren vor den Zivilgerichten um einen Dispens bemüht.[669] Dies lässt vermuten, dass das Gericht in dieser Konstellation davon ausgeht, dass sich die Klagebefugnis unmittelbar aus den Dispenstatbeständen ableitet.

Auch mit Blick auf eine Versagung des baumschutzrechtlichen Dispenses durch die Behörde erscheint es sinnvoll, wenn der gestörte Nachbar die Erlaubnis zur Beseitigung oder zum Rückschnitt selbst beantragt. Sollte die Behörde nämlich den Antrag des Störers ablehnen, wird dieser nicht daran interessiert sein, Rechtsbehelfe zu bemühen, um die Genehmigung zu erstreiten. Gegen eine Ablehnung des Antrags des Störers kann der gestörte Nachbar selbst keine Rechtsbehelfe anstrengen, da er nicht befugt ist, die Rechte des Störers im Wege der gewillkürten Prozessstandschaft im eigenen Namen geltend zu machen.[670]

ab) Keine Klagebefugnis des Baumeigentümers gegen Erlaubnis zugunsten des Nachbarn

Hat der Nachbar die Erlaubnis für die erforderlichen Maßnahmen erwirkt, kann sich der Baumeigentümer nicht dagegen wehren.[671] Denn auch für ihn gilt, dass die Verbote baumschützender Vorschriften allgemeinen Interessen dienen.[672] Aus diesem Grund sind solche Vorschriften zudem keine Schutzgesetze im Sinne von § 823 Abs. 2 BGB, weswegen entsprechende deliktische Schadensersatzansprüche

669 VG Augsburg, Urteil vom 23.07.2015, Au 2 K 15.111, Rn. 22, juris.

670 VG Düsseldorf, Urteil vom 20.03.2020, 9 K 2682/19, Rn. 20–22, juris.

671 OVG Saarlouis, Beschluss vom 07.06.2017, 2 A 361/17, Rn. 14, juris.

672 Bruns, in: Hoppenberg/de Witt, Handbuch des öffentlichen Baurechts, Kap. J, Rn. 663; Meßerschmidt, § 29 BNatSchG, Rn. 105.

des Baumeigentümers ausscheiden, falls der gestörte Nachbar den Baum ohne baumschutzrechtlichen Dispens zurückschneidet.[673]

Der Baumeigentümer ist auch nicht wegen einer möglichen Eigentumsverletzung klagebefugt, da der Dispens unbeschadet privater Rechte Dritter ergeht. Mit der Erlaubnis wird daher weder der Eigentümer dazu gezwungen, die erlaubten Maßnahmen selbst durchzuführen oder zu dulden, noch berechtigt die Genehmigung den gestörten Nachbarn unmittelbar dazu, die Maßnahmen umzusetzen. Ob der Nachbar die erlaubten Maßnahmen gegenüber dem Baumeigentümer durchsetzen darf, hängt vom zivilrechtlichen Anspruch ab. Der öffentlich-rechtliche Dispens hat nur zur Folge, dass die baumschutzrechtlichen Verbote den zivilrechtlich begehrten Maßnahmen nicht mehr entgegenstehen.[674]

Darüber hinaus fehlt es auch an einer für die Klagebefugnis des Baumeigentümers erforderlichen möglichen Beeinträchtigung. Die grundstücks- und nicht personengebundene Erlaubnis begünstigt nämlich den Baumeigentümer, da die Erlaubnis die durch das baumschutzrechtliche Verbot eingeschränkte Verfügungsbefugnis des Baumeigentümers erweitert.[675]

Allerdings kann die Behörde den Antrag des Nachbarn ablehnen, wenn der nachbarrechtliche Abwehranspruch rechtskräftig versagt wurde. Dann ist die baumschutzrechtliche Erlaubnis offensichtlich nutzlos, weswegen es dem Antragsteller am erforderlichen Sachbescheidungsinteresse fehlt. Dazu müsste das Zivilgericht jedoch vorab rechtskräftig über den nachbarrechtlichen Anspruch entscheiden. Dies ist sowohl bei einem Versäumnisurteil als auch dann denkbar, wenn der nachbarrechtliche Abwehranspruch bereits verjährt oder anderweitig entfallen ist und es deswegen für die Entscheidung des Zivilge-

673 OLG Karlsruhe, Urteil vom 15.03.2019, 12 U 77/18, Rn. 59–64, juris; OLG München, Urteil vom 11.05.2016, 20 U 4831/15, Rn. 26 f., juris.

674 OVG Münster, Urteil vom 17.04.1997, 11 A 2054/96, Rn. 5, juris; VGH Mannheim, Beschluss vom 21.12.1995, 5 S 3422/95, Rn. 4, juris.

675 OVG Lüneburg, Urteil vom 11.04.1996, 3 L 3798/94, Rn. 6, juris.

richts nicht mehr auf den Dispens vom baumschutzrechtlichen Verbot ankommt.

III. Auswirkungen von Baumerhaltungspflichten auf Verkehrssicherungspflichten

Von Bäumen gehen aufgrund ihrer natürlichen Wachstums- und Verfallsprozesse diverse Gefahren aus. Der Baumverantwortliche ist verpflichtet, durch regelmäßige Kontrollen und Abhilfemaßnahmen diese Gefahren einzudämmen. Mit der Unterschutzstellung von Bäumen schränken sich die Verfügungsmöglichkeiten des Baumverantwortlichen ein, sodass baumschutzrechtliche Verbote erforderlichen Verkehrssicherungsmaßnahmen entgegenstehen können. Um diese für den Baumverantwortlichen missliche Situation aufzulösen, wird teilweise ein Haftungsübergang auf die zuständige Behörde gefordert. Da die geltende Rechtslage alternative Lösungen bietet, ist die Konstruktion des Haftungsübergangs kritisch zu beurteilen.

1. Verkehrssicherungspflichten bei Bäumen

Zivilrechtlich spiegeln sich die Baumgefahren in den Verkehrssicherungspflichten des Baumverantwortlichen wider. Kommt er seinen Pflichten nicht nach und realisiert sich die Baumgefahr in einem Schadensereignis, drohen dem Verantwortlichen neben der deliktischen Haftung aufgrund der Verletzung von Verkehrssicherungspflichten nach §§ 823, 839 BGB auch strafrechtliche Sanktionen wegen fahrlässiger Körperverletzung und Tötung durch Unterlassen.[676]

Dass Bäume für die deliktische Haftung wegen Verletzung von Verkehrssicherungspflichten eine der bedeutendsten Fallgruppen darstellen, zeigt sich schon anhand der Entstehung der Verkehrssicherungs-

676 LG Trier, Urteil vom 23.12.2014, 7 Ns 8012 Js 4098/13, Rn. 83–86, juris; Gebhardt, Haftung und Strafbarkeit der Baumbesitzer und Bediensteten bei der Verkehrssicherungspflicht für Bäume, Rn. 74, 540–656.

pflichten selbst. Bereits kurz nach Inkrafttreten des Bürgerlichen Gesetzbuchs beschäftigte das Reichsgericht ein morscher Baum, der auf ein benachbartes Gebäude stürzte. Anhand des Falls bejahte das Reichsgericht die Frage, ob *„es nach dem Bürgerlichen Gesetzbuch eine außervertragliche Schadensersatzpflicht auch für Unterlassungen“* gebe, und stellte fest, dass Baumverantwortliche verpflichtet seien, *„die im Verkehr erforderliche Sorgfalt darauf zu verwenden, daß nicht andere durch die mangelhafte Beschaffenheit des Baumes Schaden erleiden.“*[677] Gleichzeitig erkannte das Reichsgericht auch schon die praktischen Schwierigkeiten bei umfangreichen Baumbeständen und stand einer anlasslosen und regelmäßigen Kontrolle des gesamten Baumbestands kritisch gegenüber.[678]

Verkehrssicherungspflichten betreffen nicht nur Bäume an öffentlichen Verkehrsflächen.[679] Im Privatrechtsverkehr treffen sie jeden, der Dritten den Zugang zum Grundstück eröffnet, wie zum Beispiel auf privaten Parkplatzanlagen[680] oder Campingplätzen.[681] Die Definition der Verkehrssicherungspflicht ist mittlerweile nicht mehr auf die Eröffnung des Verkehrs beschränkt: *„Derjenige, der eine Gefahrenlage – gleich welcher Art – schafft, ist grundsätzlich verpflichtet, die notwendigen und zumutbaren Vorkehrungen zu treffen, um eine Schädigung anderer möglichst zu verhindern.“*[682] Entsprechend gilt die deliktische Haftung für Bäume wegen Verkehrssicherungspflichten auch für Bäu-

677 RG, Urteil vom 30.10.1902, VI 208/02, RGZ 52, 373 [373, 379]; ausführlich zum Kontext der Entscheidung und seiner rechtshistorischen Bedeutung: Bohrer, Der morsche Baum sowie Gebhardt, Haftung und Strafbarkeit der Baumbesitzer und Bediensteten bei der Verkehrssicherungspflicht für Bäume, Rn. 72 f.

678 RG, Urteil vom 30.10.1902, VI 208/02, RGZ 52, 373 [379].

679 Instruktiv zur Verkehrssicherungspflicht für Bäume an öffentlichen Verkehrswegen: BGH, Urteil vom 06.03.2014, III ZR 352/13, Rn. 7 f., juris; LG Bochum, Urteil vom 08.07.2016, 5 O 252/14, Rn. 28–44, juris; zur Haftung wegen Verkehrssicherungspflichten bei Waldbäumen: BGH, Urteil vom 02.10.2012, VI ZR 311/11, Rn. 6–27, juris.

680 OLG Brandenburg, Urteil vom 05.09.2007, 4 U 71/07, Rn. 2, 52, juris; LG Fulda, Urteil vom 10.02.2015, 3 O 730/13, Rn. 20–24, juris.

681 OLG Koblenz, Urteil vom 29.04.1966, V ZR 147/63, NJW 1966, 2017.

682 BGH, Urteil vom 19.01.2021, VI ZR 210/18, Rn. 24, juris m.w.N.

me abseits von Verkehrsflächen, zum Beispiel zwischen Grundstücksnachbarn.[683]

Durch die baumschutzrechtlichen Vorschriften werden die Verfügungsmöglichkeiten über Bäume eingeschränkt. Diese Beschränkungen können es dem verkehrssicherungspflichtigen Baumeigentümer erschweren, Bäume zurückzuschneiden oder zu fällen, um deren Verkehrssicherheit herzustellen. Daher ist zu überlegen, ob mit der baumschutzrechtlichen Unterschutzstellung bereits die Verkehrssicherungspflicht auf die Behörde übergeht.

2. Haftung bei Unterschutzstellung

Um die Verkehrssicherheit zu gewährleisten, sind regelmäßig erhebliche Eingriffe in Bäume erforderlich oder sie müssen sogar entfernt werden, was bei unter Schutz gestellten Bäumen grundsätzlich verboten ist. Ergreift der Verkehrssicherungspflichtige die erforderlichen Sicherungsmaßnahmen nicht, drohen ihm zivilrechtliche Haftungsansprüche und strafrechtliche Sanktionen. Andererseits erfüllt der Verstoß gegen baumschützende Verbote häufig Ordnungswidrigkeitstatbestände. Dieses Spannungsverhältnis widerstreitender Pflichten und Verbote ließe sich lösen, wenn die Verkehrssicherungspflicht mit der Unterschutzstellung auf die zuständige Behörde übergehen würde. Aufgrund der Ausnahme- und Befreiungsmöglichkeiten zugunsten verkehrssichernder Maßnahmen ist eine solche Haftungsverschiebung kritisch zu betrachten.

a) Haftungsübergang auf Behörden durch Rechtsvorschriften

Verkehrssicherungspflichten lassen sich nicht nur rechtsgeschäftlich delegieren.[684] Insbesondere das Straßenrecht zeigt anhand der Streupflicht, dass auch Rechtsvorschriften den Verkehrssicherungspflichti-

683 OLG Schleswig, Urteil vom 09.11.1994, 12 U 22/93, Rn. 7, juris.

684 Zur Delegierung von Verkehrssicherungspflichten bei Bäumen: BGH, Urteil vom 13.12.2019, V ZR 43/19, Rn. 7–16, juris.

gen bestimmen können.[685] Ob die Landesnaturschutzgesetze ähnliche Regelungen zu den Verkehrssicherungspflichten treffen, mit denen sie die Verkehrssicherungspflichten auf die unterschutzstellende Behörde übertragen, ist umstritten.[686] Der Streit kann mittlerweile weitgehend dahinstehen, da er sich auf die Rechtslage vor den umfangreichen Novellierungen der Landesnaturschutzgesetze seit 2010 bezieht. Die Landesnaturschutzgesetze enthalten mittlerweile keine Vorschriften mehr, die für eine Übertragung der Verkehrssicherungspflichten bei geschützten Bäumen auf die Behörde sprechen könnten. Stattdessen haben einige Bundesländer den umgekehrten Weg eingeschlagen, indem sie in ihren Landesnaturschutzgesetzen mittlerweile klarstellen, dass die Verkehrssicherungspflicht auch bei einer Unterschutzstellung beim Eigentümer verbleibt.[687]

Nach der Baumfördersatzung der Stadt Gießen gehen die Verkehrssicherungspflichten auf die Stadt über, wenn Eigentümer ihre Bäume in das städtische Baumkataster aufnehmen lassen. Intention der Haftungsübernahme ist hier indes nicht die Lösung des Spannungsverhältnisses zwischen Baumschutz und Verkehrssicherungspflichten, vielmehr soll sie dazu motivieren, Bäume zu erhalten. Die Übernahme von Verkehrssicherungspflichten kann mithin als Instrument des Baumschutzes sinnvoll sein.[688]

b) Kein Haftungsübergang wegen Einschränkung der Verfügungsgewalt

Ursprünglich wurde der Übergang der Verkehrssicherungspflicht auf die Behörde mit Unterschutzstellung nur für Naturdenkmäler angenommen, dann aber mit der gleichen Argumentation allgemein auf die

685 Ausführlich zur Streupflicht in den Bundesländern: Haag, in: Haag, Haftpflichtprozess, Kap. 14, Rn. 132–144.

686 Otto, NJW 1996, 356 [357–359]; Wedekind/Klein KommJur 2009, 257 [264]; Wittek/Otto, KommJur 2009, 373 [374 f.].

687 § 21 Abs. 5 S. 2 BremNatSchG; § 14 Abs. 10 S. 2 NatSchAG M-V; § 23 Abs. 3 S. 2 LNatSchG NRW.

688 S.o.: E.I.3.b).

naturschutzrechtliche Unterschutzstellung von Bäumen übertragen.[689] Konsequenterweise müsste die Auffassung auch auf andere baumschutzrechtliche Vorschriften, insbesondere auf die baumerhaltenden Festsetzungen von Bebauungsplänen ausgeweitet werden, da sie sich inhaltlich kaum von den Erhaltungspflichten des Naturschutzrechts unterscheiden.

Der Haftungsübergang wird nach dieser Auffassung damit begründet, dass die Verfügungsgewalt des Verkehrssicherungspflichtigen durch die naturschutzrechtliche Unterschutzstellung von Bäumen massiv beschränkt sei bzw. dem Eigentümer hiermit Rechte genommen würden, weshalb er auch keine Pflichten mehr habe.[690] Ausgangspunkt dieser Auffassung ist eine auf baumschutzrechtliche Vorschriften umfangreich übertragene Entscheidung des Oberlandesgerichts Frankfurt am Main, das eine Haftung des Eigentümers für ein Naturdenkmal ablehnte:

> *„Der Beklagten als Eigentümerin ist es weitgehend nicht möglich, von sich aus Sicherungsmaßnahmen zu ergreifen. Handlungen, die zu einer Zerstörung, Beschädigung, Veränderung oder nachhaltigen Störung des Naturdenkmals führen können, sind ihr untersagt […]. Wegen dieser begrenzten Einwirkungsmöglichkeit ist bei einem Naturdenkmal eine Verkehrssicherungspflicht nur insoweit gegeben, als der Eigentümer verpflichtet ist, das Naturdenkmal auf seine Gefährlichkeit hin zu beobachten und, wenn Anlaß zur Besorgnis ist, bei der unteren Naturschutzbehörde vorstellig zu werden.“*[691]

Die eingeschränkte Verfügungsgewalt, mit der das Oberlandesgericht Frankfurt am Main seine Entscheidung begründet, rechtfertigt aus zwei Gründen keinen Haftungsübergang auf Behörden wegen der Unterschutzstellung von Bäumen. Zum einen wird verkannt, dass die Unterschutzstellung eine Inhalts- und Schrankenbestimmung im Sinne von Art. 14 Abs. 1 S. 2 GG ist und die Eigentümerstellung dadurch unberührt bleibt. Eine Einschränkung der Verfügungsbefugnis ist da-

689 Hötzel, VersR 2004, 1234 [1238]; ders., AUR 1999, 237 [239]; Schneider, VersR 2007, 743 [750 f.].

690 Breloer, Verkehrssicherungspflicht bei Bäumen, 43.

691 OLG Frankfurt, Urteil vom 30.03.1989, 1 U 81/88, Rn. 19, juris.

her im Rahmen der Sozialbindung des Eigentums hinzunehmen.[692] Erweist sich die Unterschutzstellung als unverhältnismäßig, so ist sie aufzuheben. Ein zivilrechtliches Korrektiv durch die Haftungsverschiebung ist daher nicht erforderlich.

Zum anderen bleibt unberücksichtigt, dass bereits die Verbote zugunsten des Schutzes von Naturdenkmälern nicht absolut gelten. Ausnahmen von den Verboten können entweder die Umsetzungsregelungen (in der Regel Verordnungen) zulassen, da die Verbote nach Maßgabe näherer Bestimmungen seit Inkrafttreten des Bundesnaturschutzgesetzes 1976 gelten,[693] oder der Eigentümer kann eine Befreiung von den Verboten nach § 67 BNatSchG beantragen.[694] Dies gilt vollumfänglich auch für baumschutzrechtliche Vorschriften – sowohl des Naturschutz- als auch des öffentlichen Baurechts. Keines der oben dargestellten baumschutzrechtlichen Verbote gilt absolut, da Ausnahmen von ihnen möglich sind. Enthalten die baumschützenden Vorschriften keinen konkreten Erlaubnistatbestand wegen Baumgefahren oder Verkehrssicherungspflichten, kann auf die allgemeinen Befreiungsvorschriften zurückgegriffen werden.[695]

Ausschließlich für Baumschutzsatzungen wird der Haftungsübergang auf die Behörde teilweise wegen ihrer Ausnahmetatbestände, die Verkehrssicherungspflichten umfassen, abgelehnt,[696] was das Festhalten am Haftungsübergang in den übrigen Fällen umso widersprüchlicher erscheinen lässt. Dies gilt in besonderem Maße, wenn *Hötzel* den Haftungsübergang bei Baumschutzsatzungen ablehnt, ihn jedoch ausdrücklich für geschützte Landschaftsbestandteile annimmt.[697] Denn

692 VGH Kassel, Urteil vom 06.08.1992, 3 UE 2486/91, Rn. 29, juris.

693 So bereits § 17 Abs. 2 BNatSchG, in der Fassung vom 20.12.1976, BGBl. I 1976, 3573 [3578].

694 Gellermann, in: Landmann/Rohmer, § 28 BNatSchG, Rn. 10.

695 VG München, Urteil vom 14.04.2012, M 8 K 11.2134, Rn. 42, juris; Urteil vom 28.03.2011, M 8 K 10.2378, Rn. 28, juris; Dreier, in: Hoppenberg/de Witt, Handbuch des öffentlichen Baurechts, Kap. E, Rn. 472.

696 Breloer, Verkehrssicherungspflicht bei Bäumen, 45; Schneider, VersR 2007, 743 [751].

697 Hötzel, AUR 1999, 237 [239 f.]; so auch im Ergebnis ohne nähere Begründung: Wedekind/Klein, KommJur 2009, 257 [264].

Baumschutzsatzungen erklären Bäume zu geschützten Landschaftsbestandteilen im Sinne von § 29 BNatSchG.

Da der Verkehrssicherungspflichtige einen Dispens von den Verkehrssicherungspflichten beantragen kann, wird bereits durch die geltende Rechtslage das Spannungsverhältnis zwischen Baumschutzrecht und Verkehrssicherungspflichten grundsätzlich aufgelöst. Dennoch kann sich eine rechtliche Schieflage ergeben, wenn die Behörde trotz erforderlicher Maßnahmen zur Verkehrssicherung eine Erlaubnis der Maßnahmen widerrechtlich versagt. Auch dann ist kein Haftungsübergang auf die Behörde erforderlich, da in diesem Fall ein Amtshaftungsanspruch des Geschädigten gegenüber der rechtswidrig handelnden Behörde besteht.[698]

c) Lösung durch Privilegierung von Verkehrssicherungsmaßnahmen

Einige Vorschriften wie die Alsfelder Baumschutzsatzung[699] sowie vereinzelte Landesnaturschutzgesetze[700] bieten normative Lösungen, die über Ausnahmen und Befreiungen hinausgehen. Dabei wird der Konflikt zugunsten der Verkehrssicherungspflichtigen gelöst, indem den Verkehrssicherungsmaßnahmen ein Vorrang gegenüber dem Baumschutz eingeräumt wird. Maßnahmen aus Gründen der Verkehrssicherheit bleiben demnach von den Verboten der baumschützenden Vorschriften unberührt und sind somit privilegiert.

Hier wird zwar die Auffassung vertreten, dass mit der Unterschutzstellung die Verkehrssicherungspflicht nicht auf die Behörde übergeht. Aus Gründen der Rechtssicherheit sind diese normativen Lösungen dennoch sinnvoll.

Diesem Lösungsweg lässt sich auch nicht aus Sicht der Verwaltungspraxis entgegenhalten, dass die Maßnahmen wegen des fehlenden

698 OLG Düsseldorf, Beschluss vom 25.04.2014, IV-2 RBs 2/14, Rn. 30, juris; OLG Hamm, Urteil vom 08.01.1993, 9 U 100/92, Rn. 6, juris; Führen, in: Lübbe-Wolff/Wegener, Umweltschutz durch kommunales Satzungsrecht, Rn. 520.

699 § 6 Abs. 1 BSS Alsfeld.

700 Z.B. Art. 16 Abs. 1 S. 2 Nr. 3 BayNatSchG; § 23 Abs. 3 S. 1 LNatSchG NRW; § 14 Abs. 3 S. 4 ThürNatG.

Genehmigungsvorbehalts nicht mehr überprüfbar wären. Denn die Privilegierung der Verkehrssicherungsmaßnahmen lässt sich mit einer (bußgeldbewehrten) Anzeigepflicht verknüpfen.[701] Die Behörden können dann vorab oder auch noch nachträglich überprüfen, ob die Maßnahme dem Tatbestand tatsächlich unterfällt, und gegebenenfalls erforderliche Anordnungen treffen.

Zu berücksichtigen ist jedoch, dass der Baumschutz dadurch umfangreich zugunsten der Verkehrssicherungsmaßnahmen zurücktritt. Bei Baumbeseitigungen aus Gründen der Verkehrssicherheit sollte deswegen nicht auf Kompensationsmaßnahmen – bestenfalls eine Ersatzpflanzung – verzichtet werden. Im Falle der Alsfelder Baumschutzsatzung ist keine Kompensation zu leisten, da die Ersatzpflichten nur für genehmigte Maßnahmen gelten und für die Verkehrssicherungsmaßnahmen keine Genehmigung erforderlich ist.[702]

IV. Baumschutz in Gartendenkmälern

Bäume sind prägende Gestaltungselemente denkmalgeschützter Garten- und Parkanlagen und können aus gartendenkmalpflegerischen Gründen zurückzuschneiden oder sogar zu beseitigen sein. Solche Maßnahmen zur Erhaltung oder Wiederherstellung des Denkmalwerts können mit den Verboten baumschützender Vorschriften kollidieren. Die derzeitige Rechtslage löst dieses Spannungsverhältnis nur unzureichend und weitestgehend ohne Berücksichtigung des praktischen Verhältnisses zwischen Gartendenkmalpflege und Baumschutz. Aus diesem Grund ist nach neuen Lösungsansätzen zu suchen, die gemeinsame Interessen betonen und die jeweiligen Interessen miteinander in Ausgleich bringen.

701 Z.B. § 23 Abs. 3 S. 2 LNatSchG NRW; § 14 Abs. 3 S. 4 Hs. 2 ThürNatG.
702 § 7 BSS Alsfeld.

1. Ausgangslage und Problemstellung

Historische Park- und Gartenanlagen sind ein bedeutender Bestandteil des europäischen und nationalen Kulturguts. Mehrere Hundert Hektar große Parkanlagen wie Bad Muskau oder Sanssouci wie auch kleinere Kloster- oder Privatgärten sind nicht nur Zeugnisse vergangener Gartenkunst. Sie sind vielfach ein unverzichtbarer Bestandteil historischer Gesamtanlagen, vielerorts identitätsstiftend und bieten in ihrer klassischen Gestaltung einen hohen Erholungswert. Dieser besonderen Bedeutung historischer Gärten wird seit Jahrzehnten auch durch das Denkmalschutzrecht stärker Rechnung getragen. Bereits seit 1972 ordnet das UNESCO-Übereinkommen zum Schutz des Kultur- und Naturerbes der Welt[703] historisches Grün als schutzwürdige Stätten ein.[704] Mit dem Gartenreich Dessau-Wörlitz, dem Bad Muskauer Fürst-Pückler-Park oder dem Bergpark Wilhelmshöhe gehören mittlerweile auch deutsche Gartenlandschaften und -denkmäler zum UNESCO-Weltkulturerbe.

Die 1981 verabschiedete und völkerrechtlich nicht verbindliche Charta der historischen Gärten (Charta von Florenz) des ICOMOS widmet sich ausführlich der Bedeutung und den Anforderungen an den Schutz des historischen Grüns.[705] Diesen Detailgrad erreichen die Landesnaturschutzgesetze bislang nicht und ordnen Gartendenkmäler in ihr denkmalschutzrechtliches System ein. Die Landesdenkmalschutzgesetze erfassen Gartendenkmäler teilweise als eigene Gattung oder Untergattung des Denkmalbegriffs. In Bayern[706] und Mecklenburg-Vorpommern[707] werden Gartendenkmäler als Baudenkmäler behandelt. Schützen die Denkmalschutzgesetze denkmalwürdige Gärten und Parks

703 Art. 1 des UNESCO-Übereinkommens zum Schutz des Kultur- und Naturerbes der Welt vom 23.11.1972, BGBl. II 1977, 213.

704 Rohde, in: Martin/Krautzberger, Handbuch Denkmalschutz und Denkmalpflege, Kap. C.IV., Rn. 131.

705 Deutsche Fassung abrufbar über das österreichische Bundesdenkmalamt: https://bda.gv.at/fileadmin/Medien/bda.gv.at/SERVICE_RECHT_DOWNLOAD/Charta_von_Florenz.pdf, zuletzt abgerufen am 23.06.2021.

706 Art. 1 Abs. 2 S. 2 BayDSchG.

707 § 2 Abs. 2 S. 2 DSchG M-V.

nicht explizit, sind sie unter den Oberbegriff des Kulturdenkmals zu subsumieren.[708]

Art. 2 der Charta von Florenz beschreibt den historischen Garten als *ein Bauwerk, das vornehmlich aus Pflanzen, also aus lebendem Material, besteht, folglich vergänglich und erneuerbar ist.* Die natürliche Vergänglichkeit von Pflanzen, mit der sich jedes Gartendenkmal konfrontiert sieht, ist Vor- und Nachteil zugleich.

Im Vergleich zu historischen Gebäuden lässt sich der Originalzustand von Gartendenkmälern durch Nachpflanzungen einfacher wiederherstellen, ohne an Originalität einzubüßen.[709] Allerdings erfordert die natürliche Entwicklung der Pflanzen in Gartendenkmälern regelmäßige Eingriffe, um die denkmalprägende Gestalt beizubehalten. Dazu sind insbesondere Bäume und andere Gehölze zurückzuschneiden oder zu entfernen, zum Beispiel um historisch bedeutsame Blickachsen zu erhalten, um Alleen gleichmäßig zu verjüngen oder um willkürlich überwachsene Bereiche des Gartendenkmals wiederherzustellen.[710]

Die gartendenkmalpflegerisch erforderlichen Maßnahmen, die die denkmalschutzrechtliche Erhaltungspflicht verlangt,[711] können mit den Verboten baumschutzrechtlicher Vorschriften kollidieren. Der baurechtliche Baumschutz ist dabei zu vernachlässigen, da Gemeinden bei Gartendenkmälern in der Regel bauleitplanerisch zurückhaltend sind.

Maßgeblich für das rechtliche Spannungsverhältnis sind die baumschützenden Vorschriften des Naturschutzrechts. Neben Baumschutzsatzungen kann auch der Schutz von Alleen betroffen sein. Der naturschutzrechtliche Schutz von Alleen beschränkt sich zwar auf Alleen an Verkehrswegen. Diese können aber auch durch Gartendenkmäler

708 Übersicht zu den einzelnen Bundesländern: Hönes, in: Martin/Krautzberger, Handbuch Denkmalschutz und Denkmalpflege, Kap. C.IV., Rn. 134–138; Bratner, in: Viebrock, HDSchG Einführung, Rn. 16.

709 Viebrock/Davydov, in: Viebrock, § 2 HDSchG, Rn. 14.

710 Modrow/Gröschel, Fürstliches Vergnügen, 13.

711 Bratner, in: Viebrock, HDSchG Einführung, Rn. 17.

oder an ihnen vorbei verlaufen.[712] Zudem können gartendenkmalpflegerische Maßnahmen mit der naturschutzrechtlichen Eingriffsregelung kollidieren, indem die Maßnahmen vor allem das Landschaftsbild beeinträchtigen können.[713]

Nicht jede gartendenkmalpflegerische Maßnahme an Bäumen kollidiert mit dem Baumschutzrecht. Wie dem Baumschutz ist auch der Gartendenkmalpflege daran gelegen, Bäume eines Gartendenkmals langfristig zu erhalten, sodass die meisten Pflegemaßnahmen baumschutzrechtlich unbedenklich sind, weil sie der langfristigen Erhaltung von Bäumen dienen. Daran wird bereits deutlich, dass der Baumschutz sowie allgemein der Naturschutz und die Gartendenkmalpflege gemeinsame Ziele verfolgen und deswegen mehr Partner als Widersacher sind. Begünstigend kommt hinzu, dass Gartendenkmalpflege in der Praxis überwiegend Aufgabe von Gärtnern, Gartenbautechnikern und Landschaftsarchitekten ist, die von Berufs wegen besonders für das Wohl der Bäume und des übrigen Pflanzenbestandes sensibilisiert sind.[714]

Der Konflikt zwischen Baumschutz und Gartendenkmalpflege tritt vor allem dann auf, wenn *„sich die Natur durch unterlassene Pflege einer Anlage Terrain zurück erobert hat.“*[715] Dann sind regelmäßig Sichtachsen freizuschneiden oder spontan gewachsene Gehölze zu entfernen, um die historische Gartengestaltung wiederherzustellen.[716] Bäume und andere Gehölze können jahrelang vernachlässigte Flächen sogar so stark überwachsen, dass ein Wald entsteht und damit die Eigen-

712 So z.B. die Allee (Kesselstädter Straße) am westlichen Rand des Staatsparks Hanau-Wilhelmsbad.

713 Ausführlich zur Beeinträchtigung des Landschaftsbilds in historischen Gärten: E.II.2.b)ab)(2).

714 Modrow/Gröschel, Fürstliches Vergnügen, 9.

715 Wohlleben, in: BfN, Denkmalschutz und Naturschutz, 35 [38].

716 Sautter, in: BfN, Denkmalschutz und Naturschutz, 137 [142]; Kemper, Der Schutz historischer Kulturlandschaften nach deutschem Recht im Lichte der Europäischen Landschaftskonvention, 267; Hönes, in: ICOMOS, Die Gartenkunst des Barock, 182 [188].

schaft als Gartendenkmal verloren geht und Wiederherstellungsmaßnahmen eine forstrechtliche Umwandlungsgenehmigung erfordern.[717]

Der denkmalpflegerische Auftrag des Denkmalschutzes und der Baumschutz kollidieren dann miteinander, indem die baumschutzrechtlichen Verbote die denkmalpflegerisch erforderlichen Maßnahmen, die umfangreiche Baumfällungen erfordern können, untersagen. Dieses Spannungsverhältnis lässt sich auf verschiedene Weise lösen. Dabei ist mit Blick auf das praktische Verhältnis zwischen Gartendenkmalpflege und Baum- bzw. Naturschutz zu hinterfragen, ob pauschale Vorranglösungen zugunsten des Denkmalschutzes noch zeitgemäß sind.

2. Lösungsansätze und -vorschläge

Zur Lösung des Spannungsverhältnisses bieten sich zwei Ansätze an. Der erste setzt auf einen einseitigen Vorrang der Gartendenkmalpflege und ist vereinzelt auch schon normativ umgesetzt worden. Dabei bleibt allerdings die zunehmende Annäherung der jeweiligen Fachdisziplinen und ihrer Interessen unberücksichtigt. Aus diesem Grund sind kooperative Lösungen zu entwickeln und rechtlich auszugestalten. Auch dazu finden sich bereits Regelungsbeispiele, die zukünftig weiterverfolgt werden sollten. Dieser zweite Ansatz ist nicht auf das Baumschutzrecht beschränkt und kann als Grundlage weitergehender Überlegungen zur Lösung des übergeordneten Spannungsverhältnisses zwischen Naturschutzrecht und Gartendenkmalpflege dienen.

a) Vorrang der Gartendenkmalpflege

Einige gesetzliche Regelungen und Baumschutzsatzungen lösen das Spannungsverhältnis pauschal zugunsten des Denkmalschutzes. Zum Beispiel dürfen gemäß § 14 Abs. 1 S. 1 ThürNatG Baumschutzsatzun-

717 OVG Berlin-Brandenburg, Beschluss vom 28.08.2020, OVG 11 S 69/20, Rn. 7, juris.

gen keine Bäume in denkmalschutzrechtlich geschützten historischen Park- und Gartenanlagen erfassen.

Für die hier untersuchten hessischen Baumschutzsatzungen findet sich in § 12 HAGBNatSchG keine vergleichbare Vorgabe. Den hessischen Gemeinden steht es folglich frei, das Spannungsverhältnis durch die Baumschutzsatzung selbst zu lösen. Eine Vorrangregelung zugunsten der Denkmalpflege enthält in Hessen bislang allein die Baumschutzsatzung der Stadt Bad Homburg, deren Stadtgebiet unter anderem mit dem Schlosspark und dem Kurpark in besonderem Maße durch historische Gartenanlagen geprägt ist. Gemäß § 1 Abs. 3 lit. d) BSS Bad Homburg gilt die Baumschutzsatzung nicht für die nach dem Hessischen Denkmalschutzgesetz geschützten Park- und Gartenanlagen.

Ähnliches gilt in einigen Bundesländern auch für die naturschutzrechtliche Eingriffsregelung, die in historischen Gärten bedeutsam ist.[718] So sind in Mecklenburg-Vorpommern und Sachsen-Anhalt gartendenkmalpflegerische Maßnahmen in denkmalgeschützten Garten- und Parkanlagen keine Eingriffe im Sinne von § 14 BNatSchG.[719]

Diese einseitigen Regelungen finden einigen Zuspruch in der denkmalschutzrechtlichen Literatur. Ihre Vertreter plädieren für einen Vorrang der denkmalpflegerischen Belange gegenüber den baumschutzrechtlichen und allgemein gegenüber den naturschutzrechtlichen Einschränkungen im Umgang mit dem historischen Grün. Dabei nehmen sie unabhängig von gesetzlichen oder untergesetzlichen Regelungen einen Vorrang der Denkmalpflege an, weil das Denkmalschutzrecht lex specialis gegenüber dem Baum- und Naturschutzrecht sei.[720]

Diese Auffassung lässt indes bereits unberücksichtigt, dass naturschutzrechtliche und denkmalschutzrechtliche Unterschutzstellungen wegen der unterschiedlichen Ziel- und Zweckbestimmungen von Na-

718 S.o.: E.II.2.b)ab)(2).

719 § 12 Abs. 2 S. 1 Nr. 3 NatSchAG M-V; § 6 Abs. 2 S. 1 Nr. 2 LNatSchG LSA.

720 Moench/Otting, NVwZ 2000, 146 [147, Fn. 14]; Sautter, in: BfN, Denkmalschutz und Naturschutz, 137 [143]; Hönes, in: Martin/Krautzberger, Denkmalschutz und Denkmalpflege, Kap. H.I., Rn. 57; Hönes, ZUR 2006, 304 [307].

tur- und Denkmalschutzrecht nebeneinander zulässig sind.[721] Vor allem besteht kein zwangsläufiges Bedürfnis für eine pauschale und einseitige Vorranglösung, weil die baumschützenden Verbote niemals absolut gelten. So können zugunsten gartendenkmalpflegerischer Maßnahmen Ausnahmen und Befreiungen von den baumschützenden Verboten beantragt werden,[722] was sogar *Hönes*, der vehement für einen Vorrang der Denkmalpflege eintritt, anerkennt.[723] Insbesondere können Denkmalschutzgründe ein überwiegendes öffentliches Interesse im Sinne von § 67 Abs. 1 S. 1 Nr. 1 BNatSchG begründen.[724]

Schließlich überzeugt das Argument, dass das Denkmalschutzrecht lex specialis gegenüber dem Naturschutzrecht sei, nicht. Der Rechtssatz lex specialis dient zur „*Koordinierung zusammentreffender Einzelfallregelungen*“[725], deren Tatbestandsmerkmale sich überschneiden.[726] Die Argumentation der Vertreter der einseitigen Vorranglösung stellt hingegen nur auf die Rechtsgebiete Denkmalschutzrecht und Naturschutzrecht ab, nicht aber auf einzelne Vorschriften. Mithin will die Auffassung keine Normkonkurrenz, sondern in unzulässiger Weise eine Rechtsgebietskonkurrenz über den Spezialitätsgrundsatz auflösen, ohne dass sie sich überhaupt mit konkreten Vorschriften auseinandersetzt. Die Auffassung ist des Weiteren abzulehnen, weil sich die beiden Rechtsgebiete nicht alternativ zueinander verhalten, sondern völlig eigenständige Regelungsziele verfolgen und keine Einzelnormen zu erkennen sind, die alternative Aussagen über den gleichen Regelungsgegenstand treffen.

---

721 VGH Mannheim, Urteil vom 15.11.1991, 5 S 615/91, Rn. 25, juris; Rohde/Sautter, Stadt + Grün 5/2008, 26.

722 VG Gelsenkirchen, Urteil vom 03.11.1999, 10 K 1131/97, BeckRS 2009, 33977.

723 Hönes, in: Martin/Krautzberger, Denkmalschutz und Denkmalpflege, Kap. H.I., Rn. 57.

724 VG Frankfurt (Oder), Urteil vom 07.11.2014, 5 K 1190/12, Rn. 45, 54 f., juris.

725 Reimer, Juristische Methodenlehre, Rn. 196.

726 Wank, Juristische Methodenlehre, § 5, Rn. 172, § 16, Rn. 182.

b) Kooperative Lösung durch Interessenausgleich

Eine Lösung für das Spannungsverhältnis können satzungsrechtliche oder gesetzliche Ausnahmen sowie Befreiungen nach § 67 Abs. 1 BNatSchG bieten. Dies ist zumindest aus praktischer Sicht aber nicht befriedigend. Denn Dispensentscheidungen erfordern insbesondere bei größeren und langfristigen Projekten einen erheblichen bürokratischen Aufwand. Vor allem der mit jeder neuen Maßnahme verbundene Aufwand lässt sich durch umfassende Lösungen vermeiden.[727]

Normative Lösungen mittels einseitiger Vorrangregelungen können zwar einen rechtssicheren und unbürokratischen Zustand herbeiführen, lassen jedoch die Entwicklung des praktischen Verhältnisses zwischen Baum-/Naturschutz und Denkmalpflege außer Acht. Anders als das rechtliche Spannungsverhältnis auf den ersten Blick vermuten lässt, prägt nämlich kein unüberwindbarer Dualismus zwischen Natur und Kultur das Verhältnis von Baum-/Naturschutz und Gartendenkmalpflege. Letztlich geht es in jedem Fall um die Bewahrung des historischen Grüns, wenngleich im Detail die Schwerpunkte abweichen können. Daher ist die Forderung nach einem „*Dialog im Garten*“[728] zwischen Naturschutz und Gartendenkmalpflege nachvollziehbar.[729]

Zudem erfordern die durch den Klimawandel gestiegenen Anforderungen an die Pflege der Vegetation in Gartendenkmälern, die Synergien zwischen Baum-/Naturschutz und Gartendenkmalpflege zu nutzen.[730] Dementsprechend wird in der 2014 verabschiedeten Erklärung von Sanssouci zum Erhalt von historischen Gärten und Kulturlandschaften im Gegensatz zur Charta von Florenz von 1981 nicht mehr isoliert die Bedeutung historischer Park- und Gartenanlagen

727 Rohde/Sautter, Stadt + Grün 5/2008, 26 [32].

728 Wohlleben, in: BfN, Denkmalschutz und Naturschutz, 35 [41].

729 Sigel/Kowarik/Schmidt, in: Kowarik/Schmidt/Sigel, Naturschutz und Denkmalpflege, 11; Wohlleben, in: BfN, Denkmalschutz und Naturschutz, 35 [39–41]; von der Lippe et al., in: Brickwedde, Denkmalpflege und Naturschutz, 47 [49].

730 Kühn, in: Kühn/Gillner/Schmidt-Wiegand, Gehölze in historischen Gärten im Klimawandel, 25 [28 f.]; Kowarik, in: Kühn/Gillner/Schmidt-Wiegand, Gehölze in historischen Gärten im Klimawandel, 78 [79–81].

betont. Vielmehr wird das Ziel deutlich, Gartendenkmalpflege und Naturschutz miteinander zu verbinden:

> *„Die Gefährdungen durch die Folgen des Klimawandels für die historischen Gärten, Bauwerke und Kulturlandschaften müssen deshalb erkannt, beschrieben und erforscht werden. Das ist eine gemeinsame Aufgabe für Natur- und Geisteswissenschaften, denn nur so lassen sich längerfristig wirksame Handlungsstrategien entwickeln, um den negativen Auswirkungen auf unser kulturelles Erbe nachhaltig und grenzüberschreitend zu begegnen.“*[731]

Die Erklärung von Sanssouci ist kein rechtsverbindliches Regelwerk. Sie verdeutlicht jedoch die Intentionen bei der Pflege historischen Grüns. Die theoretischen Forderungen werden zunehmend auch praktisch mit Leben gefüllt. Im Rahmen des Projektes *Naturschutz und Denkmalpflege in historischen Parkanlagen* der Technischen Universität Berlin wurden zum Beispiel 62 Beispiele für eine gelungene Zusammenarbeit zwischen Naturschutz und Gartendenkmalpflege aufgelistet.[732]

Die Aufgabe des Rechts muss es sein, diese Entwicklung, die auf einen Ausgleich der Interessen von Baum-/Naturschutz und Gartendenkmalpflege bedacht ist und keinen radikalen Vorrang der Denkmalpflege proklamiert, zu fördern und die erforderlichen rechtlichen Instrumente zur Verfügung zu stellen. Dazu bieten sich verschiedene Ansätze an:

Ausnahmetatbestände oder Vorrangvorschriften können unter den Vorbehalt einer verbindlichen Abstimmung zwischen den beteiligten Denkmalschutz- und Naturschutzstellen gestellt werden. Fehlen solche Vorschriften, können die verantwortlichen Stellen stattdessen öffentlich-rechtliche Verträge abschließen, um eine rechtsverbindliche Grundlage für zukünftige Maßnahmen zu schaffen.

731 Ziffer 5 der Erklärung von Sanssouci zum Erhalt von historischen Gärten und Kulturlandschaft, abrufbar unter: https://www.spsg.de/schloesser-gaerten/erklaerung-sanssouci/, zuletzt abgerufen am 30.06.2021.

732 https://naturschutz-und-denkmalpflege.projekte.tu-berlin.de/pages/musterbeispiele.php, zuletzt abgerufen am 30.06.2021.

aa) Normative Lösungen

Der erste Lösungsansatz ist nicht vollkommen neu und findet in § 18 Abs. 1 Nr. 6 NatSchAG M-V ein gesetzliches Vorbild.[733] Danach gilt der gesetzliche Baumschutz nicht für Bäume in denkmalgeschützten Parkanlagen,[734] sofern die untere Naturschutzbehörde und die zuständige Denkmalschutzbehörde einvernehmlich ein Konzept zur Pflege, Erhaltung und Entwicklung des Parkbaumbestands erstellt haben. Im Gegensatz zu den übrigen normativen Lösungen, die allgemein den Vorrang der Denkmalpflege annehmen, ist vorab eine enge Zusammenarbeit und Interessenabwägung zwischen Vertretern von Denkmalschutz und Baumschutz erforderlich.

In der Vorschrift werden keine näheren Vorgaben zum Inhalt des Konzepts gemacht, wodurch ein umfangreicher Spielraum eröffnet wird. Gleichzeitig besteht aber auch das Risiko, dass die Mindestanforderungen an das abzustimmende Konzept unklar bleiben und somit dessen Erarbeitung erschwert wird. Dies lässt sich verhindern, indem ein fachlich anerkanntes Konzept wie etwa ein Pflegeplan oder ein Parkpflegewerk verlangt wird.

Eine solche Konkretisierung sieht die Alsfelder Baumschutzsatzung vor. Gemäß § 5 Abs. 4 S. 4 BSS Alsfeld gelten Maßnahmen in parkartig gestalteten Grünbeständen aufgrund eines Pflegeplans, dem der Magistrat zugestimmt hat, als genehmigt. Der Pflegeplan ist ein in der Gartendenkmalpflege etabliertes Instrument, das das Hessische Ministerium für Wissenschaft und Kunst in seinen Vollzugshinweisen zum Denkmalschutz definiert und dessen Inhalte es konkretisiert. Danach dienen Pflegepläne unter Berücksichtigung der Ziele von Naturschutz und Denkmalschutz als Grundlage von Erhaltungs- und Pflegemaßnahmen in einfach gestalteten Grünflächen, die dem Denkmalschutz unterliegen.[735]

733 Brandenburg hat eine vergleichbare Vorschrift zur Eingriffsregelung mittlerweile aufgehoben: Bbg. LT-Drs. 5/4349, Begründung, 14.

734 S.o. zum gesetzlichen Baumschutz in Mecklenburg-Vorpommern: E.I.1.c)aa).

735 Hess. Stanz. 35/1988, 1957.

Des Weiteren ist die Zustimmung des Magistrats der Stadt Alsfeld erforderlich. Am Ende der Abstimmung steht also eine *Genehmigung* des Pflegeplans, der dadurch zur rechtsverbindlichen Grundlage zukünftiger baumpflegerischer Maßnahmen wird.

Für größere und komplexe historische Grünanlagen sind regelmäßig Parkpflegewerke erforderlich, die im Vergleich zu Pflegeplänen umfangreicher und in ihrer Entwicklung aufwendiger sind. Gemäß den rechtlich unverbindlichen Leitlinien zur Erstellung von Parkpflegewerken für Gartendenkmäler der Deutschen Gesellschaft für Gartenkunst und Landschaftskultur sind Parkpflegewerke *„ein Instrument zur Analyse, zur Dokumentation, zur denkmalgerechten Pflege, zur Erhaltung und zur Restaurierung historischer Gärten, Parks, Plätzen und Grünanlagen.“*[736] Auch sollen sie die Interessen von Denkmalpflege und Naturschutz miteinander in Ausgleich bringen und helfen, den historischen Garten langfristig und fachgerecht zu erhalten.[737]

Gartendenkmalpfleger bemängeln indes, dass Parkpflegewerke und Pflegepläne bislang rechtsunverbindlich seien, obwohl sie sich eignen würden, die in Gartendenkmälern aufeinandertreffenden öffentlichen Interessen in Ausgleich zu bringen.[738] Diese Kritik ist nachvollziehbar. Durch Regelungen wie die der Alsfelder Baumschutzsatzungen lässt sich dieser Missstand beheben, mit dem Ergebnis, dass langfristige und rechtsverbindliche Grundlagen für den Umgang und die Entwicklung historischer Gärten geschaffen werden können.

Mit Parkpflegewerken und Pflegeplänen lassen sich neben dem Spannungsverhältnis zwischen Baumschutz und Gartendenkmalpflege auch die sonstigen Konflikte der Gartendenkmalpflege mit dem Naturschutz und mit anderen Belangen wie denen des Forsts in einem großen Umgriff lösen. Dazu bedarf es aber zentraler Regelungen. Sinnvoll erscheint deswegen, entsprechende Regelungen im Denkmalschutzrecht zu konzentrieren. Denkbar wäre, Parkpflegewerke und Pflege-

736 DGGL, Historische Gärten in Deutschland, 56.

737 Hess. Stanz. 35/1988, 1957.

738 Modrow/Gröschel, Fürstliches Vergnügen, 24 [26]; DGGL, Historische Gärten in Deutschland, 60.

pläne als denkmalschutzrechtliche Fachplanungsinstrumente in die Landesdenkmalschutzgesetze aufzunehmen. Durch verbindliche Beteiligungsverfahren und Abwägungsvorgaben könnten sich die in Gartendenkmälern zusammentreffenden Belange aufeinander abstimmen lassen. Konkrete Überlegungen scheinen in diese Richtung bislang jedoch nicht angestellt worden zu sein.

ab) Öffentlich-rechtliche Verträge

Anhand der wenigen normativen Beispiele in den vorherigen Abschnitten wird ersichtlich, dass gesetzliche Regelungen, Baumschutzsatzungen und andere Regelwerke das Spannungsverhältnis nur vereinzelt lösen. Normative Lösungen sind zeitnah und vor allem flächendeckend nicht zu erwarten, sodass das Bedürfnis nach pragmatischen Lösungswegen auch zukünftig bestehen wird. Als geeignet erweisen sich dafür öffentlich-rechtliche Verträge.

Diesen Weg gingen beispielhaft die Landeshauptstadt Potsdam und die Stiftung Preußische Schlösser und Gärten 2006 mit einer Vereinbarung für die Bäume in den historischen Gärten Potsdams. Grundlage der Vereinbarung war ein gemeinsam abgestimmtes Pflege- und Maßnahmenkonzept für die Potsdamer Gärten im Zuständigkeitsbereich der Stiftung Preußischer Schlösser und Gärten, das neben dem Baumschutz auch Regelungen zum Biotopschutz, zur Eingriffsregelung und zu Verboten in Naturschutzgebieten trifft.[739] Durch den umfangreichen Abstimmungsprozess konnte ein gegenseitiges Verständnis für die jeweiligen Belange geschaffen werden. Vor allem stellte die Stiftung Preußische Schlösser und Gärten einen wesentlich geringeren Einzelabstimmungsbedarf fest, wodurch die Umsetzung gartendenkmalpflegerischer Maßnahmen erheblich vereinfacht und beschleunigt wurde.[740] Insbesondere Letzteres zeigt den verwaltungspraktischen Mehrwert solcher Vereinbarungen.

---

739 Detailliert zum Inhalt des Vertrags: Rohde/Sautter, Stadt + Grün 5/2008, 26 [29–31].

740 Sautter, in: BfN, Denkmalschutz und Naturschutz, 137 [150].

Die gartendenkmalpflegerischen Baummaßnahmen wurden durch die Vereinbarung von den Verboten der Potsdamer Baumschutzverordnung ausgenommen. An die Stelle zahlreicher Dispensanträge und -genehmigungen trat die Vereinbarung, sodass sie insoweit als verwaltungsaktersetzender und somit als öffentlich-rechtlicher Vertrag im Sinne von § 54 S. 2 VwVfG bzw. entsprechender landesrechtlicher Vorschriften einzuordnen ist. Eine spezielle Rechtsgrundlage ist für solche öffentlich-rechtliche Verträge, mit denen der baumschutzrechtliche Dispens allgemein geregelt wird, daher nicht erforderlich. Dem steht auch nicht entgegen, dass zwei öffentliche Stellen Vertragspartner sind, da entsprechende öffentlich-rechtliche Verträge auch zwischen Hoheitsträgern zulässig sind.[741]

Denkbar ist auch, Parkpflegewerke oder Pflegepläne in die öffentlich-rechtlichen Verträge einzubeziehen. Sie würden dadurch rechtlich aufgewertet und wären eine maßgebliche rechtsverbindliche Grundlage der zukünftigen Entwicklung historischer Gärten, an die alle Beteiligten gebunden wären.

V. Verschattung von Solaranlagen

Rechtliche Spannungsverhältnisse zwischen baumschutzrechtlichen Vorschriften und öffentlichen Interessen können nicht nur beim Baumschutz in Gartendenkmälern, sondern auch durch die Verschattung von Solaranlagen durch Bäume entstehen. Mit der Energiewende gewinnen dezentrale Energiequellen zur Stromerzeugung immer rasanter an Bedeutung und sind ein zentraler Baustein, um die Klimaschutzziele zu erreichen. Dazu zählen auch Anlagen zur Stromgewinnung aus Sonnenenergie auf Hausdächern. Diese lassen sich indes nur effizient betreiben, wenn sie bestmöglich zur Sonneneinstrahlung ausgerichtet sind. Bei der Planung der Anlagen sind folglich sämtliche Störfaktoren zu berücksichtigen, die die Leistungsfähigkeit beeinträchtigen können. Dazu zählen umstehende Gebäude sowie Bäume, die

741 Rozek, in: Schoch/Schneider, § 54 VwVfG, Rn. 78.

Dachflächen verschatten und den Stromertrag erheblich mindern können.

Stehen verschattende Bäume nicht unter Schutz, kann der Grundstückseigentümer störende Bäume zugunsten von Solarmodulen zurückschneiden oder fällen. Bei Bäumen, die einer rechtlichen Erhaltungspflicht unterliegen, ist ihm dies allerdings nicht ohne weiteres möglich. Dies kann unterschiedliche Folgen haben. Bei freiwilliger Errichtung von Solaranlagen ist zu überlegen, ob eine Ausnahme oder Befreiung von baumschützenden Vorschriften verlangt werden kann. Ist die Errichtung von Solaranlagen hingegen rechtlich vorgeschrieben, können miteinander kollidierende Pflichten des Baumschutzes und der Klimaschutzgesetze den Grundstückseigentümer wirtschaftlich spürbar belasten. Bei parallelen bauplanungsrechtlichen Festsetzungen zum Schutz von Bäumen sowie zur Förderung regenerativer Energien ist darauf zu achten, dass keine geschützten Bäume geeignete Bauflächen verschatten.

1. Verschattung und Baumschutzsatzungen

a) Ausnahme von Verboten einer Baumschutzsatzung

Der Schattenwurf von Bäumen gehört grundsätzlich zu den hinzunehmenden Beeinträchtigungen durch Bäume. Einige der untersuchten Baumschutzsatzungen lassen Ausnahmen von ihren Verboten zu, wenn Bäume Fenster von Aufenthaltsräumen verschatten.[742] Für den Schattenwurf auf Dachflächen sind diese Ausnahmen hingegen nicht einschlägig. Dennoch ist aus praktischen Gesichtspunkten nicht auszuschließen, dass dieser Ausnahmetatbestand zumindest indirekt durchgreifen kann. Verschatten Bäume Dachflächen, so werden sie nämlich regelmäßig auch darunterliegende Aufenthaltsräume verdunkeln.

742 Z.B. § 5 Abs. 3 Nr. 7 BSS Bensheim; § 5 Abs. 3 Nr. 7 BSS Marburg; § 5 Abs. 1 Nr. 6 BSS Wiesbaden.

b) Härtefallregel und Befreiung

Somit verbleibt nur der Rückgriff auf die allgemeine Härtefallregelung einer Baumschutzsatzung oder auf § 67 Abs. 1 S. 1 BNatSchG, um die erforderlichen Maßnahmen an verschattenden und geschützten Bäumen zu legalisieren. Dazu müssten entweder Gründe des überwiegenden öffentlichen Interesses vorliegen oder die Verbote der Baumschutzsatzungen müssten zu einer unzumutbaren Belastung führen.

aa) Überwiegendes öffentliches Interesse

Unbestritten dienen Solaranlagen öffentlichen Interessen, weil sich hiermit ressourcenschonend und emissionsarm Energie gewinnen lässt. Dieses Interesse überwiegt allerdings nicht in jedem Fall den Interessen des Baumschutzes. Ein allgemeiner Vorrang erneuerbarer Energien vor anderen Belangen des Umweltschutzes ist abzulehnen und ergibt sich nicht aus den einschlägigen Fachgesetzen.

Weder das Erneuerbare-Energien-Gesetz noch das Bundes-Klimaschutzgesetz verlangen, dass alle anderen Belange hinter dem Klimaschutz zurücktreten müssen. Während insbesondere in den §§ 1, 2 EEG über die Zwecke, Ziele und Grundsätze des Gesetzes keine Aussagen zum Verhältnis zwischen erneuerbaren Energien und Naturschutz getroffen werden, bestimmt § 13 KSG lediglich, dass der Klimaschutz bei behördlichen Entscheidungen zu berücksichtigen ist. § 13 KSG verlangt damit allenfalls eine Abwägung, keineswegs aber ein Zurückstellen anderer Interessen hinter den Klimaschutz.

Ob die öffentlichen Interessen des Klimaschutzes überwiegen, ist bei einer beantragten Befreiung gemäß § 67 Abs. 1 S. 1 Nr. 1 BNatSchG ebenfalls im Einzelfall abzuwägen.[743] Das Verwaltungsgericht Regensburg hat diese Abwägung im konkreten Fall einer Rotbuche, die den potentiellen Standort einer Solaranlage auf einem Hausdach verschattete, zugunsten des Baumschutzes vorgenommen:

743 Fischer-Hüftle, in: Schumacher/Fischer-Hüftle, § 67 BNatSchG, Rn. 12.

> *„An einem Standort, wo schutzwürdige Interessen des Naturschutzes bestehen, hat die Energiegewinnung jedenfalls dann keinen Vorrang, wenn die erzeugte Energiemenge – wie bei einem Solardach – relativ gering ist und standortgebundene Interessen des Naturschutzes – hier: Erhaltung eines gesunden und, wie die Fotografie zeigt, großen und gut entwickelten Baumes – entgegenstehen. Diese Standortgebundenheit des Interesses besteht bei der Energiegewinnung gerade nicht. Denn es gibt in Deutschland tausende von Hausdächern, auf denen dezentral Solarenergie erzeugt werden kann, ohne dass Interessen des Natur- und Baumschutzes entgegenstehen."*[744]

Dem Verwaltungsgericht Regensburg folgend, würde die fehlende Standortgebundenheit von Solardächern dazu führen, dass Solaranlagen faktisch immer hinter den Interessen des Baumschutzes zurückstehen müssten. Das Verwaltungsgericht Regensburg geht damit über die Einzelfallabwägung hinaus und trifft eine allgemeine Wertung. Die Entscheidung ist zurecht kritisiert worden,[745] weil sie zu wenig Raum für eine Interessenabwägung des Einzelfalls lässt.

Dennoch wird die Abwägung meist zugunsten des Baumschutzes ausfallen müssen, da der Mehrwert von Solaranlagen auf Hausdächern individuell kaum ins Gewicht fällt. Dies mag zwar auch für einzelne Bäume und ihre Ökosystemleistung gelten. Allerdings ist für die Befreiung nach § 67 Abs. 1 S. 1 Nr. 1 BNatSchG die Hürde zu nehmen, dass die Gründe des Allgemeinwohles so gewichtig sind, dass sie sich gegenüber den Belangen des Naturschutzes durchsetzen, sie überwiegen und nicht bloß gleichgewichtig sind.

ab) Unzumutbare Belastung oder Härte durch Verschattung

Eine Befreiung nach § 67 Abs. 1 Nr. 2 BNatSchG wegen einer unzumutbaren Belastung oder eine Ausnahme nach der Härtefallregelung wegen einer unzumutbaren Härte wegen der Verschattung wird nicht zu erlangen sein. Für einen solchen Dispens müsste unter anderem die Voraussetzung erfüllt sein, dass das Festhalten an der naturschutzrechtlichen Vorschrift im Einzelfall zu einer unzumutbaren Belastung bzw. zu einer unzumutbaren Härte führen würde. Der Schattenwurf

744 VG Regensburg, Urteil vom 19.02.2008, RN 4 K 07.455, Rn. 20, juris.
745 Günther, NuR 2013, 387 [389 f.].

von Bäumen zählt zu den gewöhnlichen Beeinträchtigungen, die von Bäumen ausgehen und stellt schon deswegen bei Solaranlagen keine ungewöhnliche Belastung oder Härte dar. Zudem wird selbst durch die vollflächige Verschattung eines Hausdachs die Nutzbarkeit eines Grundstücks nicht in außergewöhnlicher Weise eingeschränkt, denn Art. 14 Abs. 1 GG gewährt keinen Anspruch darauf, ein Grundstück wirtschaftlich optimal nutzen zu können.[746]

c) Lösungsvorschläge

Die Konflikte zwischen Naturschutz und erneuerbaren Energien beschränken sich nicht auf den Konflikt zwischen Baumschutz und Solardächern. Ähnliche Probleme tauchen zum Beispiel auch bei Wasserkraftanlagen in Naturschutzgebieten oder bei Windkraftanlagen auf.[747] Auch für diese Fallgruppen existieren bislang keine Vorrangregelungen, deren Wertungen sich übertragen ließen.

Lösen lässt sich das Spannungsverhältnis durch die baumschützenden Satzungen selbst, indem die Gemeinden spezielle Ausnahmen für Anlagen zur Gewinnung regenerativer Energie in ihre Satzungen aufnehmen. Solche Ausnahmen enthalten zumindest weder die hessischen Baumschutzsatzungen noch die Bebauungspläne der Stadt Frankfurt am Main.

Inhalt etwaiger Ausnahmen sollte kein pauschaler Vorrang sein. Stattdessen sollte versucht werden, die Interessen des Baumschutzes und an der Erhöhung des Anteils regenerativer Energiequellen bestmöglich aufeinander abzustimmen. Sinnvoll ist daher der Vorschlag von *Günther*, wonach die Ausnahme davon abhängen soll, wie stark der Baum den Wirkungsgrad der Anlage beeinträchtigt.[748] Alternativ könnte für die Ausnahme maßgeblich sein, ob die Leistungsbeeinträchtigung

746 BVerfG, Beschluss vom 02.03.1999, 1 BvL 7/91, Rn. 84; juris; VG Bayreuth, Urteil vom 16.09.2015, B 2 K 15.493, Rn. 30, juris; Papier/Shirvani, in: Maunz/Dürig, Art. 14 GG, Rn. 147.

747 OVG Münster, Beschluss vom 08.11.2017, 8 A 2454/14, Rn. 4–6, juris; VGH München, Beschluss vom 26.02.2007, 8 ZB 06.879, Rn. 11, juris; Urteil vom 25.03.1996, 14 B 94.119, Rn. 32, juris.

748 Günther, NuR 2013, 387 [390 f.]

durch die Verschattung einer Amortisierung der Investitionskosten über einen bestimmten Zeitraum (zum Beispiel 15 Jahre oder durchschnittliche Haltbarkeitserwartung) entgegensteht.

In der Verwaltungspraxis bieten sich auch Lösungen im Vergleichswege an. Ist das Grundstück ausreichend groß, kann die Behörde im Einzelfall eine Baumfällung ausnahmsweise erlauben. Im Gegenzug verpflichtet sich der Grundstückseigentümer zu umfangreichen Ersatzpflanzungen, die über das erforderliche Maß der Baumschutzsatzung hinausgehen. Verbunden mit einer Erhaltungsbindung dieser Neupflanzungen lässt sich so auf den betroffenen Grundstücken langfristig ein ökologischer Mehrwert sichern, der durch emissionsarme Energiegewinnung und einen großen Gehölzbestand entsteht. Die gesetzgeberische Zurückhaltung und die nur sehr vagen gesetzlichen Vorgaben sollten die Gemeinden und Behörden nutzen, um klima- und umweltpolitische Ziele im Dialog mit den Bürgern und unter Berücksichtigung lokaler Besonderheiten umzusetzen.

2. Verschattung und energierechtliche Installationspflichten

Solaranlagen auf Hausdächern sind mittlerweile nicht mehr nur freiwillige Beiträge Privater zum Klimaschutz. Die Klimaschutzgesetze von Baden-Württemberg (KSG BW) und Hamburg (HmbKliSchG) enthalten seit kurzem Installationspflichten für Solaranlagen auf Hausdächern bei bestimmten Vorhaben.

§ 8a Abs. 1 KSG BW[749] verlangt, Solaranlagen beim Neubau von Nichtwohngebäuden zu installieren. Die baden-württembergische Landesregierung will die Pflicht zukünftig auch auf Wohngebäude sowie auf Dachsanierungen ausweiten.[750] § 16 Abs. 2, 3 HmbKliSchG[751] verpflichtet für Neubauten ab 2023 und bei Dachsanierungen ab 2025 dazu, Solaranlagen auf der Dachfläche zu errichten und zu betreiben.

749 In der Fassung vom 15.10.2020, BW GBl. 2020, 937 [941].
750 BW LT-Drs. 17/521, 5.
751 In der Fassung vom 20.02.2020, Hmb. GVBl. 2020, 148 [152].

Verschatten geschützte Bäume Dachflächen, entsteht ein Konflikt zwischen den baumschutzrechtlichen Erhaltungspflichten und der klimaschutzrechtlichen Installationspflicht zulasten des Grundstückseigentümers. Ihm drohen erhebliche wirtschaftliche Nachteile, wenn durch die Verschattung ein wirtschaftlich sinnvoller Betrieb der Anlage verhindert wird und somit die Kosten für die Errichtung und die Instandhaltung der Anlage nicht amortisierbar sind.

Lösungsansätze bieten in diesen Fällen nicht etwa die baumschutzrechtlichen Vorschriften, sondern die Abweichungsmöglichkeiten der jeweiligen Klimaschutzgesetze. Die Hamburger Regelung zeigt bereits im Gesetzeswortlaut, dass der Gesetzgeber den Konflikt zwischen Baumschutz und der Verschattung von Solaranlagen erkannt hat. Gemäß § 16 Abs. 1 HmbKliSchG will der Stadtstaat Dachflächen unter Berücksichtigung des Schutzes von Bäumen im Stadtgebiet zur Stromerzeugung nutzbar machen. Dies wird dann auch in den Ausnahmebestimmungen deutlich. Gemäß § 16 Abs. 4 Nr. 1 lit. c) HmbKliSchG entfällt die Installationspflicht, wenn sie wirtschaftlich nicht vertretbar ist.

Die Hamburger Klimaschutz-Umsetzungspflichtverordnung (HmbKliSchUmsVO),[752] zu der § 16 Abs. 5 Nr. 2 HmbKliSchG ausdrücklich ermächtigt, bestimmt näher, wann die Installationspflicht wirtschaftlich nicht vertretbar ist. Dies ist gemäß § 4 Abs. 2 Nr. 2 HmbKliSchUmsVO anzunehmen, wenn bei Gebäuden mit bis zu 150 m^2 Bruttogrundfläche die Einstrahlungsmenge auf die Solarkollektoren unter anderem aufgrund von Verschattung um mehr als 30 % geringer ist als die höchste jährliche solare Einstrahlungsmenge auf eine optimal ausgerichtete und unverschattete Solaranlage. Die Verordnung macht mithin objektiv ermittelbare Vorgaben an die Auswirkungen einer Verschattung von Solaranlagen. Führt die Verschattung eines

752 Verordnung zur Umsetzung der Pflichten zur Nutzung von Photovoltaik und erneuerbarer Energien bei der Wärmeversorgung nach dem Hamburgischen Klimaschutzgesetz und zur Änderung der Verordnung über Schornsteinfegerarbeiten, in der Fassung vom 22.12.2020, Hmb. GVBl. 2020, 711.

geschützten Baums oder jedes anderen Baums zu einer solchen Leistungseinbuße, entfällt die Installationspflicht für die Solaranlage.

Mit der zugrunde gelegten maximalen Bruttogrundfläche greift die Ausnahme vor allem bei Einfamilienhäusern und kleineren Mehrparteienhäusern. Sollten bei größeren Gebäuden geschützte Bäume Dachflächen in einem solchen Maß verschatten, dass die Installation und der Betrieb unwirtschaftlich erscheinen, bietet sich ein weiterer Ausweg an. Gemäß § 4 Abs. 2 Nr. 1 HmbKliSchUmsVO entfällt die Installationspflicht, wenn sich die Kosten der Anlage nicht innerhalb von 20 Jahren amortisieren können. Dabei ist ausdrücklich auch auf die jährliche Einstrahlungsmenge und somit auf die Effekte einer Verschattung abzustellen. Die Vorschrift entbindet damit von der Installationspflicht, wenn sie wirtschaftlich nicht zumutbar ist.

Unter ähnlichen Voraussetzungen lässt das baden-württembergische Klimaschutzgesetz in § 8a Abs. 7 KSG BW eine Befreiung zu, wenn die Installationspflicht nur mit unverhältnismäßig hohem wirtschaftlichem Aufwand erfüllbar wäre. Die näheren Voraussetzungen regeln weder das Gesetz noch eine Verordnung, zu der § 8e KSG BW ermächtigt. Eine Befreiung wegen der Verschattung durch geschützte Bäume erscheint danach möglich. Denn der Gesetzgeber begründet die wirtschaftliche Zumutbarkeit der Installationspflicht damit, dass sich die Kosten über eine Betriebsdauer von 20 Jahren nicht nur amortisieren würden, sondern sogar ein Gewinn erwirtschaftet werde.[753] Werden diese Maßstäbe herangezogen, so wäre ein unverhältnismäßig hoher wirtschaftlicher Aufwand anzunehmen, wenn sich die Kosten – wie in Hamburg – nicht binnen 20 Jahren amortisieren können, weil die Anlage wegen der Verschattung nicht die erforderliche Leistung erreichen kann.

Damit bieten die Klimaschutzgesetze – im Fall von Baden-Württemberg vermutlich unbewusst – einen Ausweg aus der für den Grundstückseigentümer misslichen Kollision von Baumerhaltungspflichten und der Pflicht zur Errichtung einer Solaranlage. Dabei werden nicht

753 BW LT-Drs. 16/8570, 22 f., 85.

nur die wirtschaftlichen Folgen zulasten des Pflichtigen berücksichtigt. Auch dem Baumschutz wird umfangreich Rechnung getragen, indem wegen der wirtschaftlichen Folgen von der Installationspflicht entbunden werden kann und die baumschutzrechtlichen Regelungen unberührt bleiben.

Durch Modifikationen von Baumschutzsatzungen und -verordnungen kann die Situation auch umgekehrt werden. Wollen Gemeinden oder die Stadtstaaten dem Klimaschutz einen Vorrang gegenüber dem Baumschutz einräumen, müssen sie dazu nur eine Ausnahme von den baumschutzrechtlichen Verboten zugunsten von Solaranlagen aufnehmen. Die Verschattung durch Bäume wird dann aufgrund der wirtschaftlichen Belastungen nicht mehr von den Vorgaben des jeweiligen Klimaschutzgesetzes entbinden können, weil ohne weiteres eine baumschutzrechtliche Ausnahme begehrt werden kann.

3. Bauplanungsrechtlicher Baumschutz

Im Baugesetzbuch ist mittlerweile neben dem Schutz von Bäumen auch die Förderung regenerativer Energiegewinnung angelegt. § 1 Abs. 6 Nr. 7 lit. f) BauGB verpflichtet die Gemeinden, die Nutzung erneuerbarer Energien als Belang des Umweltschutzes in der Bauleitplanung zu berücksichtigen. Zur Förderung erneuerbarer Energien lassen sich in Bebauungsplänen Flächen zur Nutzung erneuerbarer Energien (§ 9 Abs. 1 Nr. 12 BauGB) sowie Gebiete, in denen bei der Errichtung von Anlagen bestimmte bauliche und sonstige technische Maßnahmen für die Erzeugung, Nutzung oder Speicherung von Strom, Wärme oder Kälte aus erneuerbaren Energien getroffen werden müssen (§ 9 Abs. 1 Nr. 23 lit. b) BauGB), festsetzen.

Die letztgenannten Festsetzungen verpflichten dazu, die erforderlichen technischen Vorbereitungsmaßnahmen für den Einsatz erneuerbarer Energien vorzunehmen. Mögliche Festsetzungen können zum Beispiel eine Dachausrichtung nach Süden oder der Einbau von Leerrohren für den späteren Einbau von Solaranlagen sein.[754]

Die planende Gemeinde muss darauf achten, dass die spätere Nutzung von Anlagen zur Gewinnung erneuerbarer Energien, die sie durch entsprechende Festsetzungen fördert, auch möglich ist. Andernfalls wären die Festsetzungen nicht erforderlich, weil die mit ihnen verfolgten Ziele offensichtlich nicht erreichbar wären. Sollen im Bebauungsplan auch baumschützende Festsetzungen getroffen werden, sind Verschattungen vor allem durch Bäume, die einer Erhaltungsbindung nach § 9 Abs. 1 Nr. 25 lit. b) BauGB unterliegen, zu vermeiden.[755] Dazu können die potentiell widerstreitenden Festsetzungen aufeinander abgestimmt werden. Ein gangbarer Weg könnte dabei sein, auf eine der Festsetzungen so weit zu verzichten, dass keine Verschattung zu befürchten ist.

Alternativ kann die Gemeinde eine Ausnahme nach § 31 Abs. 1 BauGB in den Bebauungsplan aufnehmen, die wahlweise von einer der Festsetzungen entbindet, wenn ein geschützter Baum eine Solaranlage so stark verschatten würde, dass ihre Nutzung nicht rentabel wäre. Welchem Belang die Gemeinde dabei einen Vorrang einräumt, kann sie nach sorgsamer Abwägung der Belange selbst entscheiden.

Bei der Aufstellung von Bebauungsplänen können die Auswirkungen von Festsetzungen nach § 9 Abs. 1 Nr. 25 BauGB auf die Nutzung erneuerbarer Energien wegen § 1 Abs. 6 Nr. 7 lit. f) BauGB auch dann besonders zu berücksichtigen sein, wenn der Bebauungsplan keine gesonderten Festsetzungen zur Förderung der Nutzung solarer Strahlungsenergien enthalten soll. Denn zu beachten ist, dass § 3 Abs. 1 bis 3 EEWärmeG vor allem bei der Neuerrichtung diverser baulicher Anlagen eine anteilige Nutzung von erneuerbaren Energien vorschreibt. Sind in dem Plangebiet Bauvorhaben zu erwarten, für die entsprechende Pflichten nach dem Erneuerbare-Energien-Wärmegesetz gelten, ist darauf zu achten, dass baumschützende Festsetzungen nicht zu absehbaren Verschattungen von Hausdächern führen und somit nicht mit energierechtlichen Pflichten kollidieren. Das gilt im

754 Schrödter/Möller, in: Schrödter, § 9 BauGB, Rn. 173.

755 Söfker/Runkel, in: Ernst/Zinkahn/Bielenberg, § 1 BauGB, Rn. 150.

besonderen Maße, wenn zu erwarten ist, dass unter den verschiedenen Möglichkeiten zur Nutzung erneuerbarer Energien (§ 2 Abs. 1 EEWärmeG) primär die Nutzung solarer Strahlungsenergie sinnvoll und realisierbar erscheint. Auch hierbei bieten sich Ausnahmen von den Festsetzungen nach § 9 Abs. 1 Nr. 25 BauGB als praktische Lösung durch den Bebauungsplan selbst an.

VI. Zwischenfazit

Die rechtlichen Spannungsverhältnisse weisen mehrere ungeklärte oder nur unzureichend gelöste Rechtsfragen auf. Während die Vereinbarkeit baumschutzrechtlicher Vorschriften mit der grundrechtlichen Eigentumsfreiheit weitgehend unproblematisch ist und vor allem die Rechtsprechung die Anforderungen an die Verhältnismäßigkeit baumschutzrechtlicher Vorschriften klar formuliert hat, gilt dies für die Auswirkungen auf das Nachbarschaftsrecht und die Verkehrssicherungspflichten nur teilweise. Letztlich lassen sich für das Nachbarschaftsrecht sowie für die Verkehrssicherungspflichten Lösungen über das vorhandene Normgefüge finden.

In beiden Fällen führen die Auswirkungen auf die zivilrechtlichen Eigentümerbefugnisse dazu, dass nachbarliche Abwehransprüche und die Verkehrssicherungspflichten bei Bäumen einen Dispens von baumschutzrechtlichen Verboten erfordern. Bei der Durchsetzung nachbarrechtlicher Abwehransprüche führt das Nebeneinander von Zivilprozess (Nachbarschaftsstreit) und verwaltungsrechtlichem Verfahren (baumschutzrechtlicher Dispens) zu verfahrensrechtlichen Fragen. Die Lösung des Bundesgerichtshofs vermengt unnötigerweise beide Verfahren im Zivilprozess, was sich durch eine Aussetzung des Zivilverfahrens und eine klare Trennung der Verfahren verhindern ließe.

Bei den Verkehrssicherungspflichten können baumschutzrechtliche Verbote erforderlichen Maßnahmen an Bäumen entgegenstehen. Der Baumverantwortliche kann dann zwischen den widerstreitenden Pflichten gefangen sein. Dennoch ist kein Haftungsübergang wegen der Unterschutzstellung auf die Behörde erforderlich. Denn die vorhandenen Dispensmöglichkeiten und die Privilegierung eiliger Sicherungsmaßnahmen bieten einen rechtssicheren Ausweg.

Für das Aufeinandertreffen baumschutzrechtlicher Vorschriften mit der Gartendenkmalpflege und für den Umgang mit Bäumen, die Solaranlagen verschatten, sind bislang kaum geeignete Regelungen vorhanden. Die Ergebnisse der Untersuchung zeigen, dass Regelungslücken bestehen, die zu schließen sind.

Für Maßnahmen an geschützten Bäumen in Gartendenkmälern sind vereinzelt Regelungen vorhanden, die jedoch zumeist das praktische Verhältnis zwischen Baumschutz und Gartendenkmalpflege unberücksichtigt lassen. Durch Ausnahme- oder Vorrangvorschriften, die eine vorherige Abstimmung zwischen den beteiligten Stellen der Gartendenkmalpflege und der baumschutzrechtlichen Behörde verlangen, oder durch die Schaffung eines gartendenkmalpflegerischen Fachplanungsinstruments ließen sich rechtssichere Lösungen unter Berücksichtigung des praktischen Verhältnisses zwischen Baumschutz und Gartendenkmalpflege gestalten. Solche Lösungen können sogar über den Baumschutz hinausgehen und die Interessen des Naturschutzes in Gartendenkmälern allgemein einbeziehen. Zwischenzeitlich können sich die betroffenen Stellen mit öffentlich-rechtlichen Verträgen behelfen und darin einzelfallbezogene Vereinbarungen treffen, um die jeweiligen Interessen abzustimmen und tragfähige sowie langfristige Lösungen für die Umsetzung der gartendenkmalpflegerischen Maßnahmen zu finden.

Kaum geklärt ist bislang der Umgang mit geschützten Bäumen, die Solaranlagen verschatten. Weder die Baumschutzsatzungen noch andere Regelwerke haben hierauf reagiert. Selbst Befreiungen von den baumschutzrechtlichen Verboten erscheinen nicht möglich. Bei den teilweise schon geltenden Installationspflichten für Solaranlagen auf Hausdächern verschärft sich die Situation für den Bauherrn weiter. Für diese Fälle liefern jedoch die Klimaschutzgesetze der Länder bereits erste Lösungsansätze, die allerdings nicht auf eine Beseitigung des verschattenden Baums, sondern auf eine Befreiung von der Installationspflicht hinauslaufen. Insgesamt ist in den einschlägigen Regelwerken eindeutig zu bestimmen, wie sich Baumschutz und regenerative Energien konkret zueinander verhalten. Ein ungeklärtes Nebeneinander führt zwangsläufig zu rechtlichen Konflikten, die sich durch konkrete Dispenstatbestände zugunsten eines Belangs verhindern ließen.

H. Schlussbetrachtung

Die vorliegende Arbeit zeigt, dass vor allem Gemeinden durch Satzungen vielfältige Möglichkeiten haben, den Baumschutz lokal umfassend zu regeln, während sich Bund und Länder bei unmittelbaren Vorschriften zum Schutz von Bäumen bislang stark zurückhalten. Handlungsbedarf besteht bei einigen der untersuchten Spannungsverhältnisse – insbesondere dort, wo baumschutzrechtliche Verbote mit anderen öffentlichen Interessen kollidieren.

I. Rechtliche Grundlagen und baumschutzrechtliche Instrumente

Die Ökosystemleistungen von Bäumen sind heute und zukünftig unverzichtbar, um den Herausforderungen des Klimawandels begegnen und gesunde Lebensverhältnisse sicherstellen zu können. Dazu ist der vorhandene Baumbestand zu schützen und die Durchgrünung menschlicher Lebensräume durch Neupflanzungen zu erhöhen. Deswegen ist das bisherige Verständnis vom Baumschutzrecht, das sich auf baumerhaltende Vorschriften beschränkt, zu erweitern. Gegenstand des Baumschutzrechts sind neben baumerhaltenden Vorschriften auch Vorschriften über Baumpflanzungen, die über Ersatzpflanzungen hinausgehen und zu Neupflanzungen verpflichten. Allerdings ist daran festzuhalten, dass Waldbäume auch nach den Ergebnissen dieser Arbeit nicht zum Regelungsgegenstand des Baumschutzrechts gehören.

Zu den Vorschriften des Baumschutzrechts zählte die Literatur bislang ganz überwiegend nur kommunale Satzungen. Anhand der Untersuchung wurde offensichtlich, dass auch Vorschriften des Landes- und Bundesrechts unmittelbar baumschützende Regelungen kennen und diese dem Baumschutzrecht zuzurechnen sind. Damit ist auch die Annahme widerlegt, dass das Baumschutzrecht nur Stadtbäume erfasse, weil weder der Alleenschutz noch die Eingriffsregelung auf den Innenbereich beschränkt ist. Allerdings bleibt der Schutz von Bäumen im Außenbereich die Ausnahme.

So umfangreiche Regelungsmöglichkeiten wie kommunale Satzungen bieten die gesetzlichen Vorschriften bislang nicht. Vielmehr können Gemeinden durch eine durchdachte Kombination von Satzungen die Entwicklung des lokalen Baumbestands zukunftssicher fördern.

Mit den bisher im Fokus baumschutzrechtlicher Arbeiten stehenden Baumschutzsatzungen können Gemeinden Bäume durch Verbote flächenhaft schützen, in Hessen im gesamten bauplanungsrechtlichen Innenbereich. Die allgemeinen Fragen zum Umfang des räumlichen Geltungsbereichs sind mittlerweile geklärt. Dennoch wurde durch die Untersuchung im Rahmen dieser Arbeit deutlich, dass einzelne Baumschutzsatzungen den räumlichen Geltungsbereich zu unbestimmt oder zu umfangreich definieren. Rechtliche Schwierigkeiten werfen auch Detailregelungen wie Rückausnahmen vom sachlichen Geltungsbereich der Baumschutzsatzungen oder die Verbindung des Verwaltungsverfahrens bei Dispensanträgen mit dem Baugenehmigungsverfahren auf. Diese Probleme sind jedoch nicht auf die rechtlichen Rahmenbedingungen, sondern auf eine rechtsfehlerhafte Satzungsgestaltung zurückführen.

Baumschutzsatzungen sind auf Verbote zum Erhalt von Bäumen beschränkt, weshalb Gemeinden hierin nur Ersatzpflanzungen und keine Neupflanzungen verlangen können. Beabsichtigt eine Gemeinde, die lokale Durchgrünung durch Bäume zu erhöhen, sind weitere regulative Maßnahmen erforderlich. Dazu eignen sich vor allem Bebauungspläne. Mit diesen lassen sich im Plangebiet durch Festsetzungen nach § 9 Abs. 1 Nr. 25 BauGB zum einen einzelne Bäume oder auch größere Bestände durch Beseitigungsverbote schützen, zum anderen können die Festsetzungen zu Neuanpflanzungen verpflichten. Die untersuchten Bebauungspläne der Stadt Frankfurt am Main zeigen dabei insgesamt ein sehr großes Spektrum an textlichen, zeichnerischen sowie kombinierten Festsetzungsmöglichkeiten auf und enthalten baumschutzrechtliche Festsetzungen unter anderem für Wohnquartiere, Kerngebiete und Gewerbegebiete. Daneben können Baulinien und Baugrenzen baumschützend sein, indem sie einen ausreichenden Abstand zwischen Bäumen und baulichen Anlagen sichern. Anhand der Frankfurter Bebauungspläne lassen sich beispielhaft die vielfältigen baumschutzrechtlichen Festsetzungsmöglichkeiten erkennen, die sich für diverse städtebauliche Situationen eignen und die anderen Gemeinden als Vorbild dienen können.

Zu bedenken ist indes, dass sich Bebauungspläne zwar sehr gut dazu eignen, vorhandene Bäume zu erhalten und die Durchgrünung zu erhöhen. Dies setzt jedoch eine hohe Planungsdichte voraus, die nicht überall gegeben ist. Im unbeplanten Innenbereich muss aber nicht zwangsläufig ein baumschutzrechtliches Defizit herrschen. Denn während Baumschutzsatzungen dort zum Erhalt von Bäumen beitragen können, können durch örtliche Bauvorschriften Anpflanzungspflichten für Grundstücksfreiflächen bestimmt werden. Örtliche Bauvorschriften können gemeindeweit gelten und Baumschutzsatzungen mithin sinnvoll ergänzen, um die Durchgrünung nicht nur zu erhalten, sondern auch zu erhöhen.

Neben den regulativen Instrumenten nutzen einige der großen hessischen Städte mit Förderprogrammen, die Zuschüsse zu Neupflanzungen gewähren, auch Instrumente zur indirekten Verhaltenssteuerung. Mit den Zuschüssen übernehmen die Städte einen umfangreichen Teil der Anschaffungs- und Pflanzkosten, um Anreize für Neupflanzungen zu setzen. Erfolgversprechend ist zudem der Weg der Stadt Gießen, die auf eine klassische Baumschutzsatzung verzichtet und stattdessen zur Baumerhaltung motivieren will, indem sie Baumeigentümer weitreichend bei den Verkehrssicherungspflichten entlastet.

Zusammenfassend ist festzustellen, dass den Gemeinden umfangreiche rechtliche Instrumente zur Verfügung stehen, um Bäume zu erhalten und den Baumbestand anwachsen zu lassen. Dazu sind verschiedene Satzungen erforderlich, die aufeinander abzustimmen und anhand der lokalen Gegebenheiten zu entwickeln sind. Zur Verbreitung und Akzeptanz solcher Satzungen zeichnet die vorangegangene Untersuchung ein differenziertes Bild. Baumschutzsatzungen sind ein seit

Jahrzehnten etabliertes rechtliches Instrument des Baumschutzes, aber nur wenige Gemeinden haben eine Baumschutzsatzung erlassen. In Hessen haben dies ca. 6 % der Gemeinden getan, in anderen Bundesländern liegen die Zahlen nicht exorbitant höher. Ähnlich ist die Situation bei örtlichen Bauvorschriften. Eine gemeindeweite Pflicht zur Anpflanzung von Bäumen durch eine örtliche Bauvorschrift ist in Hessen bislang nur in Frankfurt am Main in der Planung, während bayerische Großstädte schon länger auf dieses Instrument zurückgreifen. Ein anderes Bild ergibt sich für die Bebauungspläne. Sämtliche der untersuchten Bebauungspläne enthalten baumschützende Festsetzungen, was für eine hohe Akzeptanz von grünordnerischen Belangen und der Bedeutung von Bäumen für urbane Räume in der modernen Stadtplanung spricht.

Das Landesrecht und das Bundesrecht stellen umfangreich die erforderlichen Rechtsgrundlagen für das kommunale Baumschutzrecht bereit, enthalten daneben aber auch einige wenige eigenständige baumschutzrechtliche Vorschriften. Die einschlägigen Rechtsgebiete sind spiegelbildlich zum kommunalen Baumschutzrecht das Naturschutzrecht sowie das öffentliche Baurecht.

Anstelle von Baumschutzsatzungen können die Bundesländer Bäume auch unmittelbar durch Gesetze oder Verordnungen landesweit zu geschützten Landschaftsteilen erklären. Dies ist bislang ausschließlich in Mecklenburg-Vorpommern geschehen und würde in allen anderen Bundesländern eine Anpassung der Landesnaturschutzgesetze erfordern. Das gilt auch für die bauordnungsrechtlichen Anpflanzungspflichten. Diese müssen nicht zwangsläufig örtlichen Bauvorschriften überlassen werden und ließen sich durch eine Änderung der Vorschriften über die Begrünung von Grundstücksfreiflächen auch gesetzlich verankern. Eine entsprechende Regelung galt in Baden-Württemberg, wurde mittlerweile aber aufgehoben. Solche flächendeckenden Regelungen werden zwar kaum geeignet sein, die lokalen Besonderheiten hinreichend zu berücksichtigen. Jedoch könnte sich durch Baumerhaltungsvorschriften in den Landesnaturschutzgesetzen und zentralen bauordnungsrechtlichen Anpflanzungspflichten ein Mindestmaß rechtlichen Baumschutzes vor allem für besiedelte

Gebiete erreichen lassen. Durch einen Vorbehalt für weitergehende Regelungen durch kommunale Satzungen ließen sich die baumschutzrechtlichen Vorschriften zudem an die lokalen Gegebenheiten anpassen.

Ansonsten unterstützen die bauordnungsrechtlichen Vorschriften über die Baustelleneinrichtung den Baumschutz während der Bauausführung. Einige Bundesländer vereinfachen die verwaltungspraktische Kontrolle, indem sie Angaben zu geschützten Bäumen in den Bauvorlagen vorschreiben.

Das Bundesnaturschutzgesetz und die Landesnaturschutzgesetze schützen durch die Vorschriften über den Alleenschutz einen sehr speziellen Baumbestand und durch die allgemeine Eingriffsregelung Bäume nur in wenigen Fällen. Mit der Öffnungsklausel des § 29 Abs. 3 BNatSchG ist es den Bundesländern erlaubt, den Alleenschutz selbstständig zu regeln, wovon sie umfangreich Gebrauch gemacht haben. Zudem nennen einige Bundesländer Maßnahmen an Alleen in ihren Landesnaturschutzgesetzen als Regelbeispiele für Eingriffe im Sinne von § 14 Abs. 1 BNatSchG. In diesen Katalogen finden sich auch noch andere baumbezogene Maßnahmen, wodurch die Landesnaturschutzgesetze den Eingriffsbegriff im baumschutzrechtlichen Sinne konkretisieren. Maßnahmen an Bäumen, insbesondere ihre Beseitigung, können auch ansonsten die Voraussetzungen eines naturschutzrechtlichen Eingriffs erfüllen. Bei kleineren Baumbeständen und Einzelbäumen sowie bei Stadtbäumen ist ein Eingriff nur in seltenen Fällen anzunehmen, da solche Maßnahmen meist keine erheblichen Auswirkungen auf die Leistungs- und Funktionsfähigkeit des Naturhaushalts oder auf das Landschaftsbild haben können. Als Instrument für einen umfassenden und effektiven Baumschutz ist die allgemeine Eingriffsregelung daher nicht geeignet.

Kein baumschutzrechtliches Instrument ist schließlich das in der Gartenbaupraxis sehr relevante Fällverbot gemäß § 39 Abs. 5 S. 1 Nr. 2 BNatSchG. Mit dieser Vorschrift werden Bäume saisonal geschützt, weshalb sie nicht zum dauerhaften Schutz von Bäumen beiträgt.

II. Rechtsdurchsetzung

Rechtliche Defizite oder Nachbesserungsbedarf konnten bei den Regelungen zur Durchsetzung baumschutzrechtlicher Vorschriften und zur Überprüfung von Erlaubnissen für Eingriffe in den Baumbestand nicht ausgemacht werden.

Die Durchsetzung baumschutzrechtlicher Regelungen erfordert für die zuständigen Gemeinden keine zusätzlichen Ermächtigungen. Die naturschutzrechtlichen Regelungen lassen sich zumeist auf Grundlage der allgemeinen behördlichen Befugnisse und der Duldungspflicht nach dem Bundesnaturschutzgesetz in Verbindung mit den Landesnaturschutzgesetzen durchsetzen. Dies ist für die gesetzlichen Vorschriften unbestritten und auch für die kommunalen Baumschutzsatzungen anzunehmen.

Das gilt im Ergebnis auch für die bauplanungsrechtlichen und bauordnungsrechtlichen Regelungen. § 178 BauGB ermächtigt die Gemeinden, die nach § 9 Abs. 1 Nr. 25 BauGB in Bebauungsplänen festgesetzten Anpflanzungspflichten (lit. a)) und Ersatzpflanzungspflichten (lit. b)) anzuordnen. Die baumschutzrechtlichen Ge- und Verbote des Bauordnungsrechts können die Bauaufsichtsbehörden entsprechend ihren Befugnissen nach den Landesbauordnungen durchsetzen.

Dennoch können verwaltungspraktische Probleme auftreten. Denn vor allem gegen Baumschutzsatzungen tragen Kritiker vor, dass der personelle Aufwand zu groß und zu kostspielig sei. Sofern dieser Einwand zutrifft, ist der Weg der Städte Neu-Isenburg und Dreieich überlegenswert. Die Städte haben die mit der Baumschutzsatzung verbundenen Aufgaben im Rahmen der interkommunalen Zusammenarbeit auf ein gemeinsames kommunales Unternehmen übertragen.

Ausnahmen und Befreiungen von baumschutzrechtlichen Verboten sind nur im Rahmen des Verbandsklagerechts überprüfbar, da Privatpersonen wie insbesondere Nachbarn nicht klagebefugt sind. Seit der Novelle des Umwelt-Rechtsbehelfsgesetzes 2017 ist das Verbandsklagerecht bei baumschutzrechtlichen Entscheidungen umfangreich gegeben. Eine Ausnahme stellen Maßnahmen aufgrund kommunaler Verwaltungsvorschriften dar, die anstelle von Baumschutzsatzungen für Bäume auf öffentlichen Flächen gelten können. Diese Fallgruppe bildet allerdings eine untergeordnete Ausnahme und auch Art. 9 Abs. 3 Aarhus-Konvention gebietet keine Ausweitung der Verbandsklagebefugnis auf diese Konstellation.

III. Spannungsverhältnisse

Für die Spannungsverhältnisse lassen sich zwei übergeordnete Gruppen ausmachen. Zum einen können baumschutzrechtliche Vorschriften eigentumsrechtliche Positionen betreffen – sowohl verfassungsrechtliche als auch privatrechtliche. Zum anderen können sie in Konflikt mit anderen öffentlichen Interessen geraten.

Verbieten Vorschriften Maßnahmen an Bäumen oder verlangen sie, neue Bäume anzupflanzen, werden hierdurch die Verfügungsbefugnisse von Grundstückseigentümern eingeschränkt. Als Inhalts- und Schrankenbestimmungen im Sinne von Art. 14 Abs. 1 S. 2 GG sind baumschutzrechtliche Regelungen in der Regel hinzunehmen. Wird durch baumschutzrechtliche Vorschriften die Privatnützigkeit eines Grundstücks hingegen so erheblich eingeschränkt, dass eine sinnvolle Nutzung nicht mehr möglich ist, sind diese unverhältnismäßig. Diesem Risiko begegnen die umfangreichen Ausnahme- und Befreiungsvorschriften und stellen insbesondere die Bebaubarkeit von Grundstücken sicher, hinter die der Baumschutz umfangreich zurücktreten muss. Wollen Gemeinden durch verschiedene Satzungen die baumschutzrechtlichen Möglichkeiten ausschöpfen, ist darauf zu achten, dass sie das Verhältnis der Satzungen zueinander regeln, um unverhältnismäßige additive Grundrechtseingriffe durch eine Agglomeration von baumschutzrechtlichen Bindungen auf einzelnen Grundstücken zu vermeiden.

Die Auswirkungen auf das zivilrechtliche Eigentum betreffen nachbarliche Abwehransprüche und die Verkehrssicherungspflichten bei Bäumen. Baumschutzrechtliche Vorschriften können nachbarrechtliche Abwehrrechte gegen überwachsende und emittierende Bäume sperren. Die Durchsetzung nachbarrechtlicher Abwehrrechte erfordert daher, dass ein Dispens von baumschützenden Verboten vorliegt oder erreichbar ist. Dies bringt zahlreiche verfahrensrechtliche Fragen mit sich, für die der Bundesgerichtshof Lösungen entwickelt hat, die im Detail allerdings nicht vollkommen überzeugen. Insbesondere die Verquickung von Verwaltungsverfahren und zivilgerichtlichen Verfahren ist problematisch und lässt sich durch eine Aussetzung des zivilgerichtlichen Verfahrens bis zur abschließenden Klärung des Dispenses von den baumschützenden Vorschriften vermeiden.

Auch im Spannungsverhältnis mit den Verkehrssicherungspflichten ist die Lösung über die Dispensmöglichkeiten zu suchen, da die baumschutzrechtlichen Verbote zunächst einmal der Umsetzung erforderlicher Verkehrssicherungsmaßnahmen entgegenstehen können. Durch Ausnahmen und Befreiungen wird es den Baumverantwortlichen ermöglicht, dass sie in hinreichendem Maße ihren Pflichten nachkommen können. Der Übergang der Haftungsverantwortung auf die Behörde wegen der Unterschutzstellung, den Teile der Literatur fordern, ist daher nicht erforderlich. In besonderem Maße rechtssicher und praktisch einfach handzuhaben sind die vereinzelt vorzufindenden Regelungen, die Verkehrssicherungsmaßnahmen allgemein von baumschützenden Verboten ausnehmen.

Eine bislang noch offene und entwicklungsbedürftige Rechtslage ist im Spannungsverhältnis baumschutzrechtlicher Vorschriften mit anderen öffentlichen Interessen auszumachen. Das betrifft die Konflikte des Baumschutzrechts mit der Gartendenkmalpflege und mit Solaranlagen.

In Gartendenkmälern können baumschutzrechtliche Verbote denkmalpflegerisch notwendigen Maßnahmen entgegenstehen. Teilweise wird dieser Konflikt durch einseitige Vorrangregelungen zugunsten der Gartendenkmalpflege gelöst. Diese Lösungen sind jedoch zum einen nicht flächendeckend etabliert und entsprechen zum anderen nicht dem auf Dialog und Interessenausgleich bedachten Verhältnis von Gartendenkmalpflege und Baumschutz bzw. Naturschutz. Daher sind Regelungen zu entwickeln, die eine vorherige und rechtsverbindliche Abstimmung zwischen den beteiligten Fachstellen vorsehen, wobei auf vorhandenen Regelungsansätzen aufgebaut werden kann. Alternativ ist zu überlegen, gartenbaufachliche Instrumente wie Parkpflegewerke rechtlich aufzuwerten oder gartendenkmalpflegerische Planungsinstrumente zu normieren, die langfristig und rechtssicher die erforderlichen Maßnahmen in Gartendenkmälern regeln. Fehlen – wie bisher ganz überwiegend – rechtliche Vorschriften zur Ordnung des Spannungsverhältnisses, können die beteiligten Stellen für den Einzelfall öffentlich-rechtliche Verträge über den Umgang mit dem historischen Grün abschließen.

Umfangreiche normative Lösungen sind schließlich für das Problem von geschützten Bäumen erforderlich, die Solaranlagen verschatten. Entscheiden sich Eigentümer dazu, ihre Hausdächer mit einer Solaranlage auszurüsten, müssen sie vorab kritisch prüfen, ob ein geschützter Baum das Hausdach verschattet und somit die Leistungsfähigkeit der Anlage beeinträchtigt. Eine Ausnahme oder Befreiung, um die Beseitigung des Baums zu legalisieren, ist ausgeschlossen, da bislang keine entsprechenden Ausnahmetatbestände existieren und die Voraussetzungen für eine naturschutzrechtliche Befreiung nicht gegeben sind. Ist die Installation der Solaranlage wie in Hamburg und Baden-Württemberg verpflichtend, ist zumindest teilweise eine Befreiung von der Installationspflicht nach den Landesklimaschutzgesetzen möglich. Durch eine solche Befreiung wird der Eigentümer davor bewahrt, eine Solaranlage errichten zu müssen, deren Kosten sich nicht amortisieren können. Mit der Frage, ob zugunsten von Anlagen zur Gewinnung von Sonnenenergie der Baumschutz eingeschränkt werden kann, haben sich Satzungs- und Gesetzgeber bislang nicht auseinandergesetzt. Hier besteht wie auch bei anderen Konflikten zwischen Naturschutz und Klimaschutz Handlungsbedarf.

IV. Abschließendes Fazit

Abschließend lässt sich festhalten, dass das Baumschutzrecht eine Querschnittsmaterie ist, deren Regelungen im Naturschutzrecht und öffentlichem Baurecht verankert sind. Der regulative Inhalt geht über

Verbotsvorschriften zum Erhalt von Baumbeständen hinaus und umfasst auch Regelungen zur Neupflanzung von Bäumen. Die Arbeit hat gezeigt, dass die geltende Rechtslage zahlreiche baumschutzrechtliche Instrumente bereithält, die es ermöglichen, den Baumbestand außerhalb des Walds und vor allem in besiedelten Gebieten effektiv zu schützen sowie zu vermehren. Die rechtlichen Instrumente ermöglichen es somit, die allgemeinen Bestrebungen zum Schutz von Bäumen und zur Stärkung der Durchgrünung durch Bäume zu unterstützen und verbindlich umzusetzen. Dabei kommt es letztlich vor allem auf die Gemeinden an, da Bund und Länder bislang umfangreich darauf verzichtet haben, unmittelbare baumschutzrechtliche Vorschriften zu schaffen, und stattdessen den Gemeinden umfangreiche Satzungskompetenzen zugesprochen haben.

Die untersuchten Satzungen lassen ein funktionierendes Regelungssystem erkennen. Zudem verfügen die Behörden über ausreichende Befugnisse, um die baumschutzrechtlichen Regelungen durchzusetzen. Durch die Verbandsklage nach dem Umwelt-Rechtsbehelfsgesetz ist sichergestellt, dass Maßnahmen zu Lasten von Bäumen umfassend überprüfbar sind.

Die Untersuchung der rechtlichen Spannungsverhältnisse, die sich aus der Kollision baumschutzrechtlicher Vorschriften mit anderen Rechtspositionen und Interessen ergeben können, offenbart hingegen teilweise einen Anpassungsbedarf der Rechtslage. Die Auswirkungen auf eigentumsrechtliche Rechtspositionen lassen sich noch weitestgehend durch Dispensmöglichkeiten von den baumschutzrechtlichen Ver- und Geboten in ein ausgewogenes Verhältnis bringen. Das gilt jedoch umfangreich nicht für die Kollision mit der Gartendenkmalpflege und den in einigen Bundesländern bereits geltenden Installationspflichten für Solaranlagen. Die geltende Rechtslage hält für diese Fälle bislang keine ausreichenden Lösungsmöglichkeiten bereit. Neue Ansätze und Vorschläge zur Änderung und Ergänzung von Rechtsvorschriften werden mit dieser Arbeit aufgezeigt.

Für die Zukunft bleibt zu hoffen, dass Rechtswissenschaft und Rechtspraxis die Bedeutung des Baumschutzes wieder stärker in ihren Fokus nehmen. Dazu wird ein intensiver Austausch mit den baumpflegerischen sowie mit anderen Fachdisziplinen erforderlich sein, um den rechtlichen Rahmen für den zur Bewältigung des Klimawandels unerlässlichen Baumschutz bestmöglich und rasch gestalten zu können.

Anhänge

Anhang 1 – hessische Baumschutzsatzungen

Stand: 30.08.2020

	Gemeinde/ Stadt	Satzungs-beschluss	Geltungsbereich		Verbote	Ausnahmen	Kompensa-tionen
			räum-lich	sachlich			
1	Alsfeld	17.06.2004	§ 2	§ 3	§ 4 Abs. 1	§ 6 Abs. 2	§ 7
2	Bad Camberg	14.09.1989	§ 2	§ 3 Abs. 3	§ 3 Abs. 1, 2	§ 4 Abs. 1	§ 7
3	Bad Hersfeld	23.08.2001	§ 2 Abs. 1	§ 2 Abs. 1	§ 3	§ 4	§ 9
4	Bad Homburg	15.07.2004	§ 1 Abs. 1	§ 1 Abs. 3	§ 2	§ 3 Abs. 2	§ 5 Abs. 2 bis 5
5	Bad Soden	25.11.2015	§ 1 Abs. 1	§ 2 Abs. 2, 3	§ 3	§ 5 Abs. 1	§ 8
6	Bensheim	14.12.2017	§ 2	§ 3 Abs. 3	§ 4	§ 5 Abs. 3	§ 7
7	Darmstadt	01.04.2004	§ 1 Abs. 1	§ 1 Abs. 2	§ 2	§ 4 Abs. 1	§§ 5 bis 7
8	Diemelsee	07.05.1999	§ 2	§ 3 Abs. 3	§ 3 Abs. 1, 2	§ 5 Abs. 3, 4	§§ 6 f.
9	Dreieich	25.03.2014	§ 2 Abs. 1	§ 3	§ 4	§ 6	§§ 8 f.
10	Edertal	04.05.2017	§ 2	§ 3	§ 4 Abs. 1 bis 4	§ 5	§§ 7 f., 10
11	Frankfurt/M.	29.01.2004	§ 1 Abs. 1	§ 1 Abs. 2, 3	§ 2	§ 3 Abs. 1	§§ 4 f.
12	Gudensberg	25.09.2008	§ 2 Abs. 1	§ 2 Abs. 2, § 3 Abs. 3	§ 3 Abs. 1, 2	§ 4 Abs. 3	§ 5
13	Hanau	07.05.2007	§ 1 Abs. 1	§ 1 Abs. 2, 3	§ 2	§ 3 Abs. 1	§§ 4 f.

	Gemeinde/ Stadt	Satzungs-beschluss	Geltungsbereich		Verbote	Ausnahmen	Kompensa-tionen
			räum-lich	sachlich			
14	Hünfeld	28.02.2018	§ 1 Abs. 1	§ 2	§ 3	§ 4	§§ 7 f.
15	Königstein	10.02.2010	§ 3 Abs. 1 BSS	§ 3 Abs. 2, 3 BSS	§ 4 Abs. 1, 2	§ 5 Abs. 2	§§ 6 f.
16	Kronberg	16.04.2008	§ 2 Abs. 1	§§ 2 Abs. 2, 3 Abs. 3	§ 3 Abs. 1, 2	§ 4	§§ 5 f.
17	Kassel	11.12.2007	§ 2	§ 3	§ 4 Abs. 1 bis 4	§ 5	§§ 7 f., 10
18	Langenselbold	03.02.1986	§ 1 Abs. 1	§ 1 Abs. 2	§ 2	§ 3 Abs. 2, 3	§ 8
19	Maintal	10.11.2003	§ 2	§ 3 Abs. 1, 2	§ 4	§ 6	§§ 7 f.
20	Marburg	19.12.2003	§ 2	§ 3 Abs. 1, 2	§ 4	§ 5 Abs. 3	§§ 7 bis 9
21	Neu-Isenburg	19.03.2020	§ 3 Abs. 1	§ 3 Abs. 2, 3	§ 4	§ 5 Abs. 1, 3	§ 5 Abs. 2, § 7
22	Niederdorfel-den	09.11.2004	§ 2	§ 3	§ 4	§ 6 Abs. 2	§§ 7 f.
23	Offenbach	22.01.2004	§ 2 Abs. 1	§ 3	§ 4	§ 6 Abs. 2	§§ 7 f., 10
24	Rüsselsheim	06.07.2006	§ 2 Abs. 1	§ 2 Abs. 2, § 3 Abs. 3	§ 3 Abs. 1, 2	§ 4 Abs. 3	§§ 5 bis 7
25	Wetzlar	08.03.2005	§ 2	§ 3	§ 4 Abs. 1 bis 4	§ 5 Abs. 3	–[756]
26	Wiesbaden	08.02.2007	§ 2	§ 3	§ 4 Abs. 1 bis 3	§ 5 Abs. 1	§§ 7, 9

756 Rechtslage ist nicht eindeutig, s.o.: E.I.1.g)ad)(1)(b).

Anhang 2 – Bebauungspläne der Stadt Frankfurt am Main 2015 – 2019

	Bebauungsplan	Inkrafttreten	Anpflanzungspflichten nach § 9 Abs. 1 Nr. 25 lit. a) BauGB		Erhaltungsbindung nach § 9 Abs. 1 Nr. 25 lit. b) BauGB		andere baumschützende Festsetzungen	textliche Festsetzung zur Pflege und/oder über Ersatzpflanzungen
			zeichnerisch	textlich	zeichnerisch	textlich		
1	803 Ä6 – Riedberg – Niederurseler Hang	19.05.2015	+	Nr. 6.1, 6.3.1, 8.2, 9	+	-	-	Nr. 5.1, 5.3
2	896 – Flößerbrücke / Südlich Oskar-von-Miller-Straße	16.06.2015	+	Nr. 7	-	-	-	Nr. 8.1
3	887 – Kaiserlei-Promenade	10.11.2015	+	Nr. 5.1	-	-	-	Nr. 6.1
4	913 – Taunusanlage 9 bis 11	10.11.2015	+	-	+	-	Baumschutz durch Baugrenze (Begründung, 10)	Nr. 4.1, 5
5	679 – Am Industriehof	01.12.2015	+	Nr. 4, 5-2	+	-	-	Nr. 3.1, 3.2
6	891 – Nördlich Adickesallee – Bereich um die ehemalige Oberfinanzdirektion	23.02.2016	+	Nr. 8.2	+	-	-	Nr. 8.4

	Bebauungsplan	Inkrafttreten	Anpflanzungspflichten nach § 9 Abs. 1 Nr. 25 lit. a) BauGB		Erhaltungsbindung nach § 9 Abs. 1 Nr. 25 lit. b) BauGB		andere baumschützende Festsetzungen	textliche Festsetzung zur Pflege und/oder über Ersatzpflanzungen
			zeichnerisch	textlich	zeichnerisch	textlich		
7	894 – Ben-Gurion-Ring	15.03.2016	+	Nr. 8, 10.1, 10.2	+	-	-	Nr. 7.1, 7.6
8	569 – Senckenberganlage / Bockenheimer Warte	26.04.2016	+	Nr. 5.4, 5.5 5.6	+	-	-	Nr. 5.1
9	812 – Grüngürtelpark Seckbach Nord	06.09.2016	+	Nr. 3.2	-	-	-	-
10	845Ä – Ehemalige Hauptpost / Zeil – 1. Änderung	01.11.2016	+	Nr. 7.1	+	-	-	Nr. 7.3, 8.1
11	890 – Westlich Friedberger Warte	08.11.2016	-	Nr. 8	+	-	-	Nr. 7.2
12	872 – Lyoner Straße	22.11.2016	+	Nr. 5.1, 5.2	+	-	-	Nr. 6.1
13	873 – Ferdinand-Porsche-Straße[757]	08.08.2017	-	Nr. 6.1	+	-	-	Nr. 5.1

757 Der Verwaltungsgerichtshof Kassel hat den Bebauungsplan mit Urteil vom 28.04.2021, 3 C 2337/17.N wegen einer fehlerhaften Öffentlichkeitsbeteiligung

	Bebauungsplan	Inkrafttreten	Anpflanzungspflichten nach § 9 Abs. 1 Nr. 25 lit. a) BauGB		Erhaltungsbindung nach § 9 Abs. 1 Nr. 25 lit. b) BauGB		andere baumschützende Festsetzungen	textliche Festsetzung zur Pflege und/oder über Ersatzpflanzungen
			zeichnerisch	textlich	zeichnerisch	textlich		
14	905 – Kleyerstraße / Ackermannstraße	14.11.2017	+	Nr. 8.1	+	-	-	Nr. 7.1, 7.7
15	786 – Schwanheim, Südlicher Höchster Weg (Freizeitgärten)	12.06.2018	-	Nr. 1.3	-	-	-	-
16	916 – Sport-Akademie – Südlich Niederräder Landstraße	1812.2018	-	Nr. 7.3, 8, 11	+	-	-	Nr. 10.1
17	702 Ä2 – Bankenviertel – Zwischen Taunusanlage und Goethestraße – 2. Änderung	05.02.2019	-	Nr. 6.1, 6.2	+	-	-	Nr. 8

für unwirksam erklärt. Zu den baumschutzrechtlichen Festsetzungen hat sich das Gericht nicht geäußert.

	Bebau-ungs-plan	Inkraft-treten	Anpflanzungs-pflichten nach § 9 Abs. 1 Nr. 25 lit. a) BauGB		Erhaltungsbin-dung nach § 9 Abs. 1 Nr. 25 lit. b) BauGB		andere baum-schützende Festsetzun-gen	textliche Festsetzung zur Pflege und/oder über Ersatz-pflanzungen
			zeich-nerisch	textlich	zeich-nerisch	text-lich		
18	799Ä – Honsell-straße - 1. Ände-rung	07.05.2019	+	Nr. 8.1, 10	+	-	-	Nr. 9.1
19	851Ä – Gateway Gardens - 1. Ände-rung	06.08.2019	+	Nr. 11.1, 11.2, 12	+	-	-	Nr. 10
20	861 – Nördlich Am Stock-born	12.11.2019	+	-	+	-	-	Nr. 8.1, 8.7
21	715Ä – Güter-platz / Henrich-straße – 1. Ände-rung	19.11.2019	+	-	+	-	Nr. 3.1.2 – Unter-schreiten der Baulinie	Nr. 7, 8.1

Literaturverzeichnis

Albrecht, Juliane, Zwischen Wald, Park und Stadtwildnis, NuR 2014, 817–821

Allgeier, Erich/Lutzau, Jutta von, Die neue Bauordnung für Hessen. Textausgabe der HBO mit Erläuterungen sowie Zeichnungen zu den Gebäudeklassen, zum Vollgeschoßbegriff, zu den Abstandsregelungen und zu den Brandschutzvorschriften, 4. Auflage 1996

Allgeier, Erich/Rickenberg, Hans, Die Bauordnung für Hessen. Kommentar der Hessischen Bauordnung mit Zeichnungen zu den Gebäudeklassen, zum Vollgeschossbegriff und zu den Abstandsregelungen, 9. Auflage 2013

Armson, David/Rahman, Mohammad Asrafur/ Ennos, Anthony Roland, A Comparison of the Shading Effectiveness of Five Different Street Tree Species in Manchester, Arboriculture & Urban Forestry 2013, 157–164

Bachmann, Peter, Baurecht und geschützte Natur- und Landschaftsbestandteile, NJW-Spezial 2020, 556–557

Bartholomäi, Eberhardt, Baumschutzsatzungen und Baumschutzverordnungen. Eine Zwischenbilanz, UPR 1988, 241–248

Bartsch, Norbert/Röhrig, Ernst, Waldökologie, 2016

Battis, Ulrich/Krautzberger, Michael/Löhr, Rolf-Peter (Begr.), Baugesetzbuch. Kommentar, 14. Auflage 2019

Baudy, Gerhard, Baumkult, in: Cancik, Hubert/Schneider, Helmuth (Hrsg.), Der Neue Pauly. Enzyklopädie der Antike. Band 2, 2015, 505

Baum, Marius, Das hessische Ausführungsgesetz zum Bundesnaturschutzgesetz, LKRZ 2011, 401–406

Bischopink, Olaf/Külpmann, Christoph/ Wahlhäuser, Jens, Der sachgerechte Bebauungsplan, 5. Auflage 2021

Böhm, Manfred, In den Himmel wachsen. Bäume der Bibel, 2019

Böll, Susanne et al., Stadtbäume unter Stress, LWF-aktuell 2014, 4–8

Böll, Susanne et al., Urbane Artenvielfalt fördern. Arthropodenvielfalt auf heimischen und gebietsfremden Stadtbäumen, NuL 2019, 576–583

Bönker, Christian/Bischopink, Olaf (Hrsg.), Baunutzungsverordnung. Kommentar, 2. Auflage 2018

Bohrer, Melanie, Der morsche Baum. Verkehrssicherheit und Fahrlässigkeit in der Rechtsprechung des Reichsgerichts [Rechtsprechung 30], 2010

Borngräber, Stefan/Krisman, Alfons/Schmieder, Klaus, Ermittlung der Streuobstbestände Baden-Württembergs durch automatisierte Fernerkundungsverfahren [Naturschutz und Landschaftspflege Baden-Württemberg 81], 2020

Bracher, Christian-Dietrich/Reidt, Olaf/Schiller, Gernot (Hrsg.), Bauplanungsrecht. Kommentar, 8. Auflage 2014

Brandstetter, Martin, Der Brandkrustenpilz (Ustulina deusta) – eine fast unsichtbare Gefährdung für zahlreiche Laubbäume, Forstschutz aktuell 2007, 18–20

Breloer, Helge, Baum- und Gehölzpflege nach dem neuen Bundesnaturschutzgesetz, AFZ 2010, 17–19

Breloer, Helge, Die neue Rechtsprechung des BGH zur Methode Koch, DS 2006, 382–387

Breloer, Helge, Rechtsfragen der Gehölzwertermittlung, NVwZ 1989, 121–122

Breloer, Helge, Verkehrssicherungspflicht bei Bäumen. Aus rechtlicher und fachlicher Sicht, 6. Auflage 2003

Breloer, Helge, Zum Vollzug von Baumschutzsatzungen in Niedersachsen, NVwZ 1999, 45

Breuste, Jürgen, Die Grüne Stadt, 2019

Brügelmann, Hermann (Begr.), Baugesetzbuch. Kommentar, Loseblatt, Stand: 01/2021

Bruns, Patrick, Echo: Kommunale Baumschutzsatzungen leben weiter, NZBau 2010, 232

Bunge, Thomas, Umwelt-Rechtsbehelfsgesetz. Kommentar, 2. Auflage 2019

Burgi, Martin, Eigentumsordnung und Wohnungsnot: Spielräume für eine wohnraumbezogene Bodenpolitik, NVwZ 2020, 257–264

Busse, Jürgen/Kraus, Stefan (Hrsg.), Bayerische Bauordnung. Kommentar, Loseblatt, Stand: 03/2021

Deutsche Akademie der Naturforscher Leopoldina e. V. – Nationale Akademie der Wissenschaften, Saubere Luft. Stickstoffoxide und Feinstaub in der Atemluft: Grundlagen und Empfehlungen, 2019

de Witt, Siegfried/ Wolf, Robert, Echo: Kommunale Baumschutzsatzungen leben weiter, NZBau 2010, 493–494

Dörken, Veit, Ginkgo biloba – Ginkgo, Fächerblattbaum (Ginkgoaceae). Ein lebendes Fossil aus China, in: Bochumer Botanischer Verein (Hrsg.), Jahrbuch des Bochumer Botanischen Vereins 4, 2013, 181–186

Dörken, Veit, Ginkgo biloba L. – abgasverträgliches lebendes Fossil, Der Palmengarten 2009, 99–103

Dujesiefken, Dirk, Baumschutz und Schadensbegrenzung bei Baumaßnahmen – die neue RAS-LP 4, in: Dujesiefken, Dirk (Hrsg.), Jahrbuch der Baumpflege 2000, 2000, 76–85

Dreßler, Ulrich/Rabbe, Magnus, Kommunales Baumschutzrecht, 3. Auflage 2001

Eidgenössisches Department für Wirtschaft, Bildung und Forschung WBF, Die Bewertung der Obstkultur. Anleitung für die Schätzung von Obstkulturen, 2019

Engel, Christoph, Die Konkurrenz von Baumschutzrecht und Baurecht am Beispiel Schleswig-Holstein, NVwZ 1985, 252–253

Ennos, Roland, Quantifying the cooling benefits of urban trees, in: Johnston, Mark (Hrsg.), Trees, people and the built environment, 2012, 113–118

Epping, Volker, Grundrechte, 8. Auflage 2019

Epping, Volker/Hillgruber, Christian (Hrsg.), Grundgesetz. Kommentar, 3. Auflage 2020

Ernst, Werner/Zinkahn, Willy/Bielenberg, Walter (Begr.), Baugesetzbuch. Kommentar, Loseblatt, Stand: 02/2021

Eyermann, Erich (Begr.), Verwaltungsgerichtsordnung. Kommentar, 15. Auflage 2015

Fischer-Hüftle, Peter, Baumschutz und Befreiung nach altem und neuem Recht, NuR 2012, 845

Formann, Inken, Ein Garten vergisst nichts! Handlungsempfehlungen für Veranstaltungen in historischen Gärten, Stadt + Grün 01/2015, 25–31

Führen, Karl-Heinz, Baumschutzsatzung und -verordnung, in: Lübbe-Wolff, Gertrude/Wegener, Bernhard (Hrsg.), Umweltschutz durch kommunales Satzungsrecht. Bauleitplanung – Abfall – Abwasser – Abgaben – Baumschutz, 3. Auflage 2002, 273–300

Frenz, Walter/Müggenborg, Hans-Jürgen (Hrsg.), Bundesnaturschutzgesetz. Kommentar, 3. Auflage 2021

Gärditz, Klaus Ferdinand (Hrsg.), Verwaltungsgerichtsordnung mit Nebengesetzen. Kommentar, 2. Auflage 2018

Gebhardt, Hugo, Haftung und Strafbarkeit der Baumbesitzer und Bediensteten bei der Verkehrssicherungspflicht für Bäume, 2009

Giesberts, Ludger/Reinhardt, Michael (Hrsg.), Beck'scher Online-Kommentar Umweltrecht, Stand: 07/2021

Grams, Hartmut, Ausnahme gem. § 39 V S. 2 und 3 oder Befreiung gem. § 67 I Nr. 1, 2 BNatSchG während des Abschneideverbotszeitraums?, NuR 2016, 171–179

Große-Suchsdorf, Ulrich (Begr.), Niedersächsische Bauordnung. Kommentar, 10. Auflage 2020

Grotefels, Susan (Hrsg.), Abweichungsgesetzgebung im Naturschutzrecht, 2014

Grziwotz, Herbert/Lüke, Wolfgang/Saller, Roland Rudolf (Hrsg.), Praxishandbuch Nachbarrecht, 3. Auflage 2020

Günther, Jörg-Michael, Baumschutzrecht [Praxis des Verwaltungsrechts 10], München 1994

Günther, Jörg-Michael, Photovoltaikanlagen und der Schatten geschützter Bäume – Klima- und Naturschutz im Konflikt, NuR 2013, 387–391

Gürlich, Stephan, Die Bedeutung alter Bäume für den Naturschutz. Alt- und Totholz als Lebensraum für bedrohte Artengemeinschaften, in: Dujesiefken, Dirk (Hrsg.), Jahrbuch der Baumpflege 2009, 2009, 189–198

Haag, Kurt (Hrsg.), Der Haftpflichtprozess. Mit Einschluss des materiellen Haftpflichtrechts, 28. Auflage 2019

Haase, Dagmar, Was leisten Stadtökosysteme für die Menschen in der Stadt?, in: Breuste, Jürgen et al. (Hrsg.), Stadtökosysteme. Funktion, Management und Entwicklung, 2016, 129–163

Haaß, Bernhard, Bauplanungsrechtliche Regelungen im Gewande bauordnungsrechtlicher Vorschriften, NVwZ 2008, 252–257

Haberreiter, Brigitte, Naturnahe Landschaftselemente in der Agrarlandschaft des Weinviertels, in: Hochegger, Karin (Hrsg.), Kulturlandschaft – Natur in Menschenhand. Naturnahe Kulturlandschaften: Bedeutung, Schutz und Erhaltung bedrohter Lebensräume, 1999, 324–341

Hasan, Ramly/Othman, Noriah/Ahmad, Raziah, Tree Preservation Order and its Role in Enhancing the Quality of Life, Procedia – Social and Behavioral Sciences 2016 (222), 493–501

Heizmann, Wilhelm, Die Esche als Weltenbaum in der mythischen Überlieferung der Nordgermanen, in: Bayerische Landesanstalt für Wald und Forstwirtschaft (Hrsg.), Beiträge zur Esche [LWF-Wissen 34], 2001, 62–70

Hennig, Petra/Schnell, Sebastian/Riedel, Thomas, Rohstoffquelle Wald. Holzvorrat auf neuem Rekord, AFZ 2019, 24–27

Heß, Franziska, Aktivierung der Umweltverbandsklage, ZUR 2018, 686–691

Hewitt, Nick/Ashworth, Kirsti/MacKenzie, Rob, Using green infrastructure to improve urban air quality, Ambio 2020, 62–73

Hilsberger, Rainer, Fällgenehmigung auch bei nicht geschütztem Baum?, Baumzeitung 2017, 40–43

Hömig, Dieter/Wolff, Heinrich Amadeus (Hrsg.), Grundgesetz für die Bundesrepublik Deutschland. Kommentar, 12. Auflage 2018

Hönes, Ernst Rainer, Die Gartendenkmalpflege zwischen Kunstfreiheit und Umweltschutz unter juristischen Gesichtspunkten, in: ICOMOS (Hrsg.), Die Gartenkunst des Barock, 1999, 182–193

Hönes, Ernst Rainer, Über den Schutz von Alleen, ZUR 2006, 304–310

Hönes, Ernst-Rainer, Zum Schutz bestehender Alleen, LKV 2003, 7–11

Hönes, Ernst-Rainer, Zum Schutz historischer Alleen, LKV 2007, 337–344

Höreth-Marquardt, Gabriele/Wedekind, Birgit, Bäume – rechtliches Konfliktpotential in der Großstadt, DÖV 2001, 1034–1042

Hötzel, Hans-Joachim, Verkehrssicherungspflicht für Bäume – Zehn Jahre Rechtsprechung zum Visual Tree Assessment, VersR 2004, 1234–1239

Hötzel, Hans-Joachim, Verkehrssicherungspflicht und zivilrechtliche Haftung für geschützte Bäume, AUR 1999, 237–241

Hornmann, Gerhard, Hessische Bauordnung. Kommentar, 3. Auflage 2019

Hopp, Matthias, Alleenschutz im Spannungsfeld zwischen Natur- und Denkmalschutz, in: Bundesamt für Naturschutz (Hrsg.), Denkmalschutz und Naturschutz. Voneinander lernen und Synergien nutzen [Naturschutz und biologische Vielfalt 81], 2009, 153–189

Hoppe, Werner/Beckmann, Martin/Kment, Martin (Hrsg.), Gesetz über die Umweltverträglichkeitsprüfung / Umwelt-Rechtsbehelfsgesetz. Kommentar, 5. Auflage 2018

Hoppenberg, Michael/de Witt, Siegfried (Hrsg.), Handbuch des öffentlichen Baurechts, Loseblatt, Stand: 06/2020

Jäde, Henning et al., Bauordnungsrecht Thüringen. Kommentar, Loseblatt, Stand: 09/2020

Jäde, Henning et al., Bauordnungsrecht Sachsen. Kommentar, Loseblatt, Stand: 01/2021

Jäde, Henning, Wie verfassungswidrig ist das Bauordnungsrecht?, ZfBR 2006, 9–19

Jarass, Hans/Kment, Martin, Baugesetzbuch. Kommentar, 1. Auflage 2013

Kahl, Wolfgang/Gärditz, Ferdinand, Umweltrecht [JuS Schriftenreihe 98], 11. Auflage 2019

Kahrmann, Jens, Die Hamburgische Baumschutzverordnung, NordÖR 2012, 269–273

Kappis, Christel, Studie zum wissenschaftlichen Erkenntnisstand über das Feinstaubfilterungspotential (qualitativ und quantitativ) von Pflanzen, 2007

Kaspar, Heidi, Erlebnis Stadtpark. Nutzung und Wahrnehmung urbaner Grünräume, 2012

Kemper, Till, Der holistische Landschaftsbegriffs im deutschen Recht und in der Europäischen Landschaftskonvention, NuR 2010, 767–770

Kemper, Till, Der Schutz historischer Kulturlandschaften nach dem deutschen Recht im Lichte der Europäischen Landschaftskonvention. Rechtliche Möglichkeiten des passiven Schutzes gemessen an den Anforderungen des Denkmalschutzes, Dissertation, Tübingen 2015

Klausmeier, Axel, Vom Nutzen und der Funktionsvielfalt der Alleen, in: Lehmann, Ingo/Rohde, Michael (Hrsg.), Alleen in Deutschland, 2006, 58–63

Klinger, Remo, Stellungnahme zum Gesetzentwurf der Bundesregierung zu einem Gesetz zur Anpassung des Umwelt-Rechtsbehelfsgesetzes und anderer Vorschriften an europa- und völkerrechtliche Vorgaben, NuR 2016, 835–836

Kloepfer, Michael, Umweltrecht, 4. Auflage 2016

Klug, Peter, Kappung: Baumpflege oder Baumverstümmelung? Baumpflege und fachgerechter Kronenschnitt, AFZ 2003, 285–288

Klug, Peter, Praxis Baumpflege – Kronenschnitt an Bäumen, 4. Auflage 2021

Koch, Hans-Joachim/Hofmann, Ekkehard/Reese, Moritz (Hrsg.), Handbuch Umweltrecht, 5. Auflage 2018

Koch, Werner, Das Sachwertverfahren für Bäume in der Rechtsprechung, VersR 1990, 573–597

Köck, Wolfgang, Gesundheitsschutz im Umweltrecht, ZUR 2020, 464–471

Köster, Bernd, Rechtsfragen im Zusammenhang mit der Bekämpfung des Eichenprozessionsspinners, NuR 2020, 309–315

Kollmann, Johannes, Waldmäntel, Hecken und Gebüsche, in: Kollmann, Johannes et al. (Hrsg.), Renaturierungsökologie, 2019, 259–288

Kommission für „Nachhaltige Baulandmobilisierung und Bodenpolitik" (Baulandkommission), Empfehlungen vom 02.07.2019, https://www.bmi.bund.de/SharedDocs/downloads/DE/veroeffentlichungen/nachrichten/Handlungsempfehlungen-Baulandkommission.pdf;jsessionid=843D3930977730969FCD7031FBE769F9.1_cid287?__blob=publicationFile&v=1, zuletzt abgerufen am 19.08.2021

Konarska, Janina et al., Transpiration of urban trees and its cooling effect in a high latitude city, International Journal of Biometeorology 2016, 159–172

Kowarik, Ingo, Pflanzenwahl im Klimawandel: Synergien zwischen Naturschutz und Denkmalpflege, in: Kühn, Norbert/Gillner, Sten/Schmidt-Wiegand, Antje (Hrsg.), Gehölze in historischen Gärten im Klimawandel. Transdisziplinäre Ansätze zur Erhaltung eines Kulturguts, 2017, 78–83

Kowarik, Ingo/Schmidt, Erika/Sigel, Brigitt, Wege zu einem Dialog im Garten, in: Kowarik, Ingo/Schmidt, Erika/Sigel, Brigitt (Hrsg.), Naturschutz und Denkmalpflege, 1998, 11–16

Kraft, Martin/Plachter, Harald, Die naturschutzfachliche Bedeutung von Alleen, in: Lehmann, Ingo/Rohde, Michael (Hrsg.), Alleen in Deutschland. Bedeutung, Pflege, Entwicklung, 2006, 76–85

Kraus, Stefan/Zettl, Rebecca, Baumschutz und Baumfällen, Kommunalpraxis Bayern 2017, 392–397

Kreuter-Kirchhof, Charlotte, Kumulative Grundrechtseingriffe in das Grundeigentum. Verfassungsrechtliche Schranken kumulativer Inhalts- und Schrankenbestimmungen, NVwZ 2019, 1791–1797

Kroeger, Timm et al., Where the people are: Current trends and future potential targeted investments in urban trees for PM_{10} and temperature mitigation in 27 U.S. Cities, Landscape and Urban Planning 2018, 227–240

Kühn, Norbert, Einleitung in das Forschungsprojekt, in: Kühn, Norbert/Gillner, Sten/Schmidt-Wiegand, Antje (Hrsg.), Gehölze in historischen Gärten im Klimawandel, 2017, 25–31

Kuschnerus, Ulrich, Der sachgerechte Bebauungsplan, 4. Auflage 2010

Länderarbeitsgemeinschaft Naturschutz, Landschaftspflege und Erholung, Methodik der Eingriffsregelung. Teil II – Analyse, 1996

Landmann, Robert von/Rohmer, Ernst (Begr.), Umweltrecht. Kommentar, Loseblatt, Stand: 05/2021

Lehmann, Ingo, Alleen in Deutschland – ein Ausblick, in: Landesumweltamt Brandenburg (Hrsg.), Fachtagung über die Entwicklung von Alleen als prägende Landschaftselemente. Alleenbewirtschaftung in Märkisch Oderland [Studien und Tagungsberichte des Landesumweltamtes 56], 2008, 16–23

Leisner, Walter, Forstwirtschaft – Ökologie und Ökonomie, NVwZ 1991, 40–42

Lippe, Moritz von der, Historische Gärten und Parks als Objekte einer gewinnbringenden Zusammenarbeit von Denkmalpflege und Naturschutz, in: Brickwedde, Fritz (Hrsg.), Denkmalpflege und Naturschutz, 2012, 47–51

Lorz, Albert (Begr.), Naturschutzrecht mit Artenschutz und Europarecht/Internationales Recht. Kommentar, 3. Auflage, 2013

Louis, Hans Walter, Der Schutz von Einzelbäumen im Innenbereich durch die Eingriffsregelung, DVBl 2017, 823–827

Louis, Hans Walter, Naturschutz- und Bauplanungsrecht, DÖV 2017, 362–372

Lütkes, Stefan/Ewer, Wolfgang (Hrsg.), Bundesnaturschutzgesetz. Kommentar, 2. Auflage 2018

Martin, Dieter/Krautzberger, Michael (Hrsg.), Handbuch Denkmalschutz und Denkmalpflege. Recht, fachliche Grundsätze, Verfahren, Finanzierung, 4. Auflage 2017

Maunz, Theodor/Dürig, Günter (Begr.), Grundgesetz. Kommentar, Loseblatt, Stand: 10/2020

Meßerschmidt, Klaus, Kommentar zum Bundesnaturschutzgesetz, Loseblatt, Stand: 06/2021

Meyer, Margita, Leitlinien zur Erstellung von Parkpflegewerken für Gartendenkmale, in: Deutsche Gesellschaft für Gartenkunst und Landschaftskultur (Hrsg.), Historische Gärten in Deutschland. Denkmalgerechte Parkpflege, 60–70

Michl, Fabian, Die Baugenehmigung als Gegenstand der Umweltverbandsklage, NuR 2018, 845–847

Ministerium für Wirtschaft, Arbeit und Wohnungsbau Baden-Württemberg, Städtebauliche Lärmfibel. Hinweise für die Bauleitplanung, 2018

Modrow, Bernd/Gröschel, Claudia, Fürstliches Vergnügen. 400 Jahre Gartenkultur in Hessen, 2002

Möckel, Stefan, Agrar- und umweltrechtliche Anforderungen an Kurzumtriebsplantagen, NVwZ 2011, 663–666

Moench, Christoph/Otting, Olaf, Die Entwicklung des Denkmalschutzrechts (Teil 1) – Voraussetzungen der Denkmaleigenschaft, NVwZ 2000, 146–155

Molodovsky, Paul/Famers, Gabriele/Waldmann, Timm (Hrsg.), Bayerische Bauordnung. Kommentar, Loseblatt, Stand: 06/2021

Moser, Andrea et al., Stadtbäume: Wachstum, Funktionen und Leistungen – Risiken und Forschungsperspektiven, AFJZ 2018, 94–111

Mugdan, Benno, Die gesamten Materialien zum Bürgerlichen Gesetzbuch für das Deutsche Reich. Band III: Sachenrecht, 1899

Mühlleitner, Daniel/Busch, Christopher/Frobel, Kai, Verbreitung, Ausgestaltung und Effektivität von Baumschutzverordnungen in Bayern. Eine empirische Untersuchung, Naturschutz und Landschaftsplanung – Zeitschrift für angewandte Ökologie 2019, 322–329

Müller-Mitschke, Sonja, Der rechtliche Schutz von Streuobstbeständen in Deutschland, ZUR 2021, 269–276

Nahm, Michael/Morhart, Christopher, Multifunktionalität und Vielfalt von Agroforstwirtschaft, in: Böhm, Christian (Hrsg.), Bäume in der Land(wirt)schaft – von der Theorie in die Praxis, 2017, 17–24

Nowak, David et al., Carbon storage and sequestration by trees in urban and community areas of the United States, Environmental pollution 2013, 229–236

Ortloff, Karsten-Michael, Die Entwicklung des Bauordnungsrechts, NVwZ 1998, 581–588

Otto, Franz, Das Bauordnungsrecht des Landes Sachsen-Anhalt zum Schutz der Grünbereiche, LKV 1998, 344–345

Otto, Franz, Die neuere Rechtsprechung zu Baumschutzregelungen, DVP 1997, 276–278

Otto, Franz, Die Verkehrssicherungspflicht für geschützte Bäume, VersR 2007, 1492–1492

Otto, Franz, Die Verkehrssicherungspflicht und Haftung für geschützte Bäume, NJW 1996, 356–361

Palandt, Otto (Begr.), Bürgerliches Gesetzbuch. Kommentar, 80. Auflage 2021

Peters, Jürgen, Alleen und Pflasterstraßen als kulturelles Erbe. Entwicklungsgeschichte und heutige Bedeutung am Beispiel der Mark Brandenburg, UVP-Report 2004, 105–109

Plietzsch, Andreas, Feinstaub und Stickstoffoxide, Probaum 2019, 8–13

Potschin, Marion/Haines-Young, Roy, Defining and measuring ecosystem services, in: Potschin, Marion (Hrsg.), Routledge handbook of ecosystem services, 2016, 25–41

Pückler-Muskau, Hermann, Andeutungen über Landschaftsgärtnerei. Verbunden mit der Beschreibung ihrer praktischen Anwendung in Muskau, 1834

Queitsch, Peter, Kommunaler Baumschutz und Baurecht, StGRat 1994, 177–185

Ramsauer, Ulrich (Hrsg.), Verwaltungsverfahrensgesetz. Kommentar, 22. Auflage 2021

Reimer, Franz, Juristische Methodenlehre, 2. Auflage 2020

Reimer, Franz, Kommunaler Baumschutz revisited, in: Durner, Wolfgang et al. (Hrsg.), Das sinnvoll Denkbare denken, das davon Machbare machen. Gedächtnisschrift für Arndt Schmehl, 2019, 569–583

Renk, Jonas, Integrierte Landschaftsplanung, Stadt + Grün 12/2020, 23–27

Riedel, Thomas et al., Wälder in Deutschland sind eine wichtige Kohlenstoffsenke, AFZ 2019, 14–18

Ring, Gerhard/Grziwtz, Herbert/Keukenschrijver, Alfred (Hrsg.), Bürgerliches Gesetzbuch. Sachenrecht. Band 3: §§ 854–1296, 4. Auflage 2016

Rixner, Florian/Biedermann, Robert/Charlier, Jaqueline (Hrsg.), Systematischer Praxiskommentar BauGB/BauNVO, 3. Auflage 2018

Rohde, Michael/Sautter, Verena, Denkmalpflege und Naturschutz im Miteinander. Erste Vereinbarung im Land Brandenburg – modellhaft?, Stadt + Grün 5/2008, 26–33

Ruschemeier, Hannah, Der additive Grundrechtsbegriff [Schriften zum Öffentlichen Recht 1403], 2019

Sæbø, Arne et al., Plant species differences in particulate matter accumulation on leaf surfaces, Science of the Total Environmental 2012, 347–354

Säcker, Franz Jürgen et al. (Hrsg.), Münchener Kommentar zum Bürgerlichen Gesetzbuch. Band 8: Sachenrecht, 8. Auflage 2020

Saenger, Ingo (Hrsg.), Zivilprozessordnung. Kommentar, 9. Auflage 2021

Sautter, Verena, Denkmalschutz und Naturschutz in der Gartendenkmalpflege, in: Bundesamt für Naturschutz (Hrsg.), Denkmalschutz und Naturschutz. Voneinander lernen und Synergien nutzen [Naturschutz und biologische Vielfalt 81], 2009, 137–152

Schäfer, Heinrich/Fink-Jamann, Daniela/Peter, Christoph (Hrsg.), Nachbarrechtsgesetz Nordrhein-Westfalen. Kommentar, 17. Auflage 2018

Schall, Hermann/Günther, Jörg-Michael, Die Wertermittlungsmethode Koch bei Baumschutzsatzungen, NuL 1996, 59–63

Scherer-Leydecker, Christian/Schwetzel, Wolfram, Beeinträchtigung des Grundwassers durch Herbizide auf Gleisanlagen, NVwZ 2008, 388–390

Schickedanz, Erich, Über Baumschutz- und Grünschutzsatzungen, ZMR 2013, 327–331

Schink, Alexander/Reidt, Olaf/Mitschang, Stephan (Hrsg.), Umweltverträglichkeitsprüfungsgesetz – Umwelt-Rechtsbehelfsgesetz. Kommentar, 2018

Schlacke, Sabine/Schrader, Christian/Bunge, Thomas (Hrsg.), Aarhus-Handbuch. Informationen, Beteiligung und Rechtsschutz in Umweltangelegenheiten, 2. Auflage 2019

Schlacke, Sabine, Aktuelles zum Umwelt-Rechtsbehelfsgesetz. Kompensationen des Wegfalls der materiellen Präklusion, Anwendungsbereich, Rügebefugnis und Kontrollmaßstab im Spiegel der Rechtsprechung, NVwZ 2019, 1392–1401

Schlacke, Sabine, Die Novelle des UmwRG 2017, NVwZ 2017, 905–912

Schlacke, Sabine (Hrsg.), Gemeinschaftskommentar zum Bundesnaturschutzgesetz, 2. Auflage 2017

Schlichter, Otto et al. (Hrsg.), Berliner Kommentar zum Baugesetzbuch, Loseblatt, Stand: 05/2021

Schmidt, Reiner/Wollenschläger, Ferdinand (Hrsg.), Kompendium Öffentliches Wirtschaftsrecht, 5. Auflage 2019

Schneider, Wilhelm, Haftungsfragen im Zusammenhang mit der Verkehrssicherheit von Bäumen, VersR 2007, 743–760

Schoch, Friedrich/Schneider, Jens-Peter (Hrsg.), Verwaltungsrecht. Verwaltungsgerichtsordnung. Kommentar, Loseblatt, Stand: 02/2021

Scholz, Tobias/Ronchi, Silvia/Hof, Angela, Ökosystemdienstleistungen von Stadtbäumen in urban-industriellen Stadtlandschaften - Analyse, Bewertung und Kartierung mit Baumkatastern, AGIT 2016, 462–471

Schönfeld, Philipp, Klimabäume. Welche Arten können in Zukunft gepflanzt werden?, 2019

Schrödter, Hans (Hrsg.), Baugesetzbuch. Kommentar, 9. Auflage 2019

Schröer, Thomas/Kummer, Michael, Aktuelles zum Öffentlichen Baurecht. Förderung der Innenentwicklung und Nachverdichtung durch die Bauordnung, NVwZ 2019, 1577–1580

Schröer, Thomas, Kommunale Baumschutzsatzungen vor dem Aus, NZBau 2010, 98–100

Schulz, Hans-Joachim, Der Geldwert von Gehölzen als Grundstücksbestandteil und bei Unterschutzstellungen im Rahmen von Baumschutzsatzungen, Dissertation, Hannover 2004

Schulz, Hans-Joachim, Schäden an Bäumen – Zum Baumwert in Schadensersatzfällen, DS 2016, 276–286

Schumacher, Jochen/Fischer-Hüftle, Peter (Hrsg.), Bundesnaturschutzgesetz. Kommentar, 3. Auflage 2021

Schwade, Wolfgang, Probleme des Baumschutzes in den Kommunen, StGRat 1992, 108–115

Seidel, Achim, Bauordnungsrechtliche Verfahrensprivatisierung und Rechtsschutz des Nachbarn. Öffentlich-rechtlicher Schutzanspruch und quasinegatorischer Abwehranspruch im Vergleich, NVwZ 2004, 139–146

Siewniak, Marek/Kusche, Dietrich, Baumpflege heute, 4. Auflage 2002

Sodan, Helge/Ziekow, Jan, Verwaltungsgerichtsordnung. Kommentar, 5. Auflage 2018

Spannowsky, Willy/Hornmann, Gerhard/Kämper, Norbert (Hrsg.), Beck'scher Online-Kommentar BauNVO, Stand: 03/2021

Spannowsky, Willy/Manssen, Gerrit (Hrsg.), Bayerische Bauordnung. Kommentar, 2020

Spannowsky, Willy/Pützenbacher, Stefan (Hrsg.), Bauordnungsrecht Hessen. Kommentar, 2020

Spannowsky, Willy/Saurenhaus, Jens (Hrsg.), Bauordnungsrecht Nordrhein-Westfalen. Kommentar, 2020

Spannowsky, Willy/Uechtritz, Michael (Hrsg.), Bauordnungsrecht Baden-Württemberg. Kommentar, 2020

Spannowsky, Willy/Uechtritz, Michael (Hrsg.), Baugesetzbuch. Kommentar, 3. Auflage 2018

Stackelberg, Felix von, Die Abweichungsgesetzgebung der Länder im Naturschutzrecht [Schriftenreihe Natur und Recht 15], 2012

Staudinger, Julius von (Begr.), Staudingers Kommentar zum Bürgerlichen Gesetzbuch. Buch 3: Sachenrecht. §§ 903–924, 15. Auflage 2015

Steinberg, Rudolf, Baumschutzsatzungen und Baumschutzverordnungen, NJW 1981, 550–557

Stelkens, Paul/Bonk, Heinz Joachim/Sachs, Michael (Hrsg.), Verwaltungsverfahrensgesetz. Kommentar, 9. Auflage 2018

Stratópoulos-Le Chalony, Laura Myrtiá Faní, Klimabäume für die Stadt. Über die Rolle einer angepassten Arten- und Sortenwahl für die Kühlleistung von Straßenbäumen, Dissertation, München 2020

Strenge, Nikolas von, Naturschutzrecht außerhalb der Naturschutzgesetze [Schriften zum Umweltrecht 135], 2004

Thomas, Klaus, Praxis der Kommunalverwaltung – Bundeswaldgesetz. Kommentar, Loseblatt, Stand: 07/2018

Thomann, Andreas/Groß, Jonathan, Zur Druckverteilung durch den Slacklinesport auf den Baum als Anschlagpunkt, in: Roth, Ralf/Thomann, Andreas (Hrsg.), Aktuelle Studien zu Entwicklung und Praxis der Trendsportart Slackline [Natursport und Ökologie 28], 2012, 15–30

Timmermann, Daniel/Wieringer, Stefanie, Baumschutz durch Bebauungspläne, ZUR 2020, 521–525

Topp, Hartmut, Verkehr und Stadt. – Über die Integration der Verkehrsinfrastruktur in den urbanen Lebensraum, in: Braum, Michael/Bartels, Olaf (Hrsg.), Wo verkehrt die Baukultur? Fakten, Positionen, Beispiele [Bericht der Baukultur 3], 2010, 40–47

Tyrväinen, Liisa et al., Benefits and Uses of Urban Forests and Trees, in: Konijnendijk, Cecil et al. (Hrsg.), Urban Forests and Trees. A Reference Book, 2005, 81–114

Veste, Maik/Schillem, Steffi/Böhm, Christian, Baumarten in der Agrarholzproduktion, in: Veste, Maik/Böhm, Christian (Hrsg.), Agrarholz – Schnellwachsende Bäume in der Landwirtschaft. Biologie – Ökologie – Management, 2018, 81–118

Viebrock, Jan Nikolaus (Hrsg.), Hessisches Denkmalschutzgesetz. Kommentar, 4. Auflage 2018

Voßkuhle, Andreas, Das Kompensationsprinzip, 1999

Walsch, Beate Ulla, Umweltschutz durch örtliche Bauvorschriften [Gießener Abhandlungen zum Umweltrecht 25], 2016

Wank, Rolf, Juristische Methodenlehre. Eine Anleitung für Wissenschaft und Praxis, 2020

Wedekind, Birgit/Klein, Melanie, Verkehrssicherungspflicht in Bezug auf Bäume im öffentlichen Raum, KommJur 2009, 257–264

Welti, Felix, Barrierefreiheit als Rechtsbegriff, DÖV 2013, 795–801

Werkmüller, Dieter, Baumfrevel, in: Cordes, Albrecht et al. (Hrsg.), Handwörterbuch zur deutschen Rechtsgeschichte. Band 1, 2. Auflage 2008, 476–477

Wickel, Martin, Das Bundes-Klimaschutzgesetz und seine rechtlichen Auswirkungen, ZUR 2021, 332–339

Wimmer, Clemens, Alleen – Begriffsbestimmung, Entwicklung, Typen, Baumarten, in: Lehmann, Ingo/Rohde, Michael (Hrsg.), Alleen in Deutschland, 2006, 14–23

Wimmer, Clemens, Bäume und Sträucher in historischen Gärten. Gehölzverwendung in Geschichte und Denkmalpflege [Muskauer Schriften 3], 2001

Wittek, Oliver/Otto, Franz, Und wieder: Verkehrssicherungspflicht in Bezug auf Bäume im öffentlichen Raum, KommJur 2009, 373–376

Wohlleben, Marion, Über Konflikte und Gemeinsamkeiten von Denkmalpflege und Naturschutz, in: Bundesamt für Naturschutz (Hrsg.), Denkmalschutz und Naturschutz. Voneinander lernen und Synergien nutzen [Naturschutz und biologische Vielfalt 81], 2009, 35–46

Zerbel, Matthias, Die neue Brandenburgische Baumschutzverordnung, LKV 2005, 536–540

Zölch, Teresa et al., Regulating urban surface runoff through nature-based solutions – An assessment at the micro-scale, Environmental Research 2017, 135–144

Kolibri 360 GmbH
Ferdinand-Jühlke-Straße 7
99095 Erfurt, Deutschland
produktsicherheit@kolibri360.de